십자가, 그 신비와 역설

십자가, 그 신비와 역설

예수님은 자신의 십자가 죽음을
어떻게 이해하셨는가?

차재승 지음

Holy
WavePlus

서론

저는 십자가와 그리스도가 누구신가를 연구해온, 기독론을 전공한 신학자입니다. 그러나 이 책은 전문적인 지식을 나누는 데 초점을 맞춘 책은 아닙니다. 이 책은 예수님이 자신의 십자가에 대해서 직접 하신 다섯 개의 말씀에 대한 생각들을 담고 있으며, 그리스도의 죽음에 대해서 관심 있는 분이라면 누구든지 읽을 수 있습니다.

여기서 신학적인 정보를 가능한 한 배제하고─좀더 전문적인 내용은 각주에서 간략하게 다루었습니다─십자가를 논하고자 하는 것은 결코 신학을 경멸하거나 모독하려는 것이 아닙니다. 실제로 이 책에는 철학적·신학적인 훈련과 지식이 없으면 이해하기 힘든 내용들도 많이 포함되어 있습니다. 예를 들어, 신 존재 증명의 여러 이론과 그 이론들의 한계를 잘 알고 있어야 계시의 가치를 깨달을 수 있습니다. 기계적 대속론과 성경적 대속론을 구분하는 것은 말 그대로 분명히 성경을 근거로 삼고 있지만, 신학적 지식 없이는 쉽게 전개하거나 파악해낼 수 없는 사상입니다.

도덕적 모범론에 대한 비판도 십자가론을 많이 연구한 분들이 그 가치를 더 쉽게 이해할 수 있을 것입니다. 그리고 십자가 사상의 '포괄성'과 '동시성'이라는 주제, '십자가의 내적 원리'와 '십자가의 외적 원리', '십자가 그 자체'와 '넘치는 십자가' 등은 십자가 사상을 이해하는 저의 고유한 사상입니다만, 신학 잡지나 논문에서 접할 수 있는 전문적인 내용입니다. 따라서 이 책은 결코 신학을 등한시하지는 않습니다. 오히려 신학적 깊이를 갈구하는 분들과 더 쉽게 나눌 만한 생각을 담고 있습니다.

항상 그런 것은 아니더라도, 성경의 깊이를 깨닫기 위해서는 더 많은 신학적인 패러다임을 알고 그 각각의 장단점을 충분히 이해하고 있어야 합니다. 성경을 성경으로만 이해하려는 것은 불가능한 환상에 가깝습니다. 우리는 이미 너무 많은 정보와 논리와 인간 세상을 알고 있기 때문입니다. 복합물이 섞이지 않은 하나님의 단순성을 직관하기에는 우리 마음은 너무 혼탁합니다. 우리의 지식과 그 체계도 너무 복잡하게 발전되어서 단순한 마음을 우리에게 더 이상 허락하지 않습니다. 성경이 우리의 지식과 그 체계 속에서 이해되는 것이긴 하지만 그 경계를 압도하고 넘어서는 가치를 가지고 있다는 것을 잘 깨닫고 있어야 하는데, 이것은 고도의 신학적인 작업을 통해서만 가능합니다. 더 이상 돌아갈 수 없는 순진무구함을 확보하기 위해서 신학을 버릴 것이 아니라, 지금까지 쌓아올린 신학과 인간의 지성의 가치를 품고서도 더더욱 하나님의 신비에 겸허히 다가갈 수 있어야 합니다.

그러나 신학은 때때로 그 자신의 길로 가버리는 경우가 있습니다. 성경으로부터 출발하기도 하고 성경의 몇몇 본문에 의존하기도 합니다만, 자신의 길이 정해지면 그 길로 가기 위해서 자신만의 방법과 내용을 고집하는 경우가 허다합니다. 십자가 사상도 결코 예외가 아닙니다. 도덕적 모범론을 주장하는 분들은 좀처럼 대속론을 반기려 하지 않습니다. 대속론을 고집하는 분들 가운데는 도덕적 모범론이 통째로 잘못되었다고 비난하는 분도 있습니다. 십자가는 심판인가 사랑인가 하는 문제를 놓고, 서로 상대를 부정하면서 한쪽 길로만 가버리는 경우도 있습니다. 가장 안타까운 경우는, 그리스도 예수의 십자가의 죽음에 대해서 더 이상 파헤칠 것이 없을 정도로 이미 다 연구되었다고 믿는 경우입니다. 십자가가 뻔하고 식상하게 다가온다면 우리는 죽은 영혼과 다를 바 없을 것이기 때문입니다.

이러저러한 이유로, 이 책은 다음과 같은 경로를 밟아가려고 합니다. 철학과 신학의 패러다임을 참고하면서도 성경의 말씀에 더 초점을 맞추어서, 성경으로써 신학적인 다양성을 화해시키는 길을 추구하려 합니다. 십자가로 예수님이 하늘과 땅의 만물을 화해시키셨으니 이 작업은 당연하다 인정받아야 합니다. 물론 화해라는 것이 그저 "모든 것이 다 맞다"는 것을 외치는 것은 결코 아닙니다. 이 작업에는 일정한 법칙이 있고, 일정한 순서도 있습니다. 균형도 있고 질적·양적인 차이도 있습니다.

더 쉬운 비유를 들자면, 신학이 뼈대를 만들고 성경이 내용을 형성한다고 할 수 있습니다. 모든 신학적 작업이 다 그렇다는 것은 결코 아닙니다. 대부분의 신학적 작업에서는 신학이 내용도 만들어냅니다. 그러나 십자가 사상에서만큼은 신학은 그저 틀에 불과합니다. 하드웨어일 뿐입니다. 기계입니다. 겉모습입니다. 질그릇입니다. 신학이라는 틀이 십자가를 만드는 것이 아닙니다. 십자가라는 내용이 신학이라는 틀을 만듭니다. 성경만이 십자가라는 그 구체적인 내용을 가지고 있고 성경만이 그 구체적인 내용을 우리에게 알려줍니다. 성경만이 십자가의 실재(reality)를 가지고 있습니다. 성경 말고는 그리스도의 십자가 이야기를 그 어디서도 찾을 수 없기 때문입니다.

여기에 긴장과 흥미가 있습니다. 성경이 알려주는 십자가의 실재와 인간이 이해하고 기대하고 분석할 수 있는 십자가 사이에 일정한 간격이 있습니다. 그 간격을 만날 때마다 이 책은 성경적 실재가 우리의 지성을 압도하게 하는 길을 택할 것입니다. 포괄성과 다양성, 성경적 대신론, 내적/외적 원리 등은 모두 신학적 용어이지만 그 내용은 우리의 지성의 고집과 간교를 포기하고 성경적 신비를 받아들일 때라야 수용 가능한 그러한 개념들입니다.

신학은 어떤 신학자가 어떤 이야기를 쏟아놓았는가를 다룰 때가 정말 많습니다. 저도 그런 일에 종사하는, 즉 그러한 직업병을 가진 사람 가운데 한 명입니다. 그리고 앞으로 이러저러한 이유로 그 직업병이 도지면, 신학자들의 통찰을 하나님께서 우리에게 허락하신 선물로 기뻐하며 충실히 그 길을 따라서 살아갈 것입니다. 그러나 "십자가에 대해서 누가 어떤 이론을 펼쳤는가?"라는 문제보다 "십자가가 무엇인가?"라는 질문이 더 귀하고 소중합니다. 이 소중한 질문에 가슴으로 귀 기울이며 성경 속에 펼쳐진 우리 주 그리스도 예수님의 말씀을 좇아가려 합니다.

네 복음서에 등장하는 예수님의 말씀만이 더 가치 있고 의미 있다고 주장하는 것은 물론 아닙니다. 십자가에 대한 예수님 자신의 말씀을 다루면서도 신구약의 여러 말씀을 함께 참고할 것입니다. 그런데 "예수님 자신은 십자가의 의미를 잘 모르고 돌아가셨으며 부활 이후에야 비로소 자신의 정체성을 알게 됐고 전통적으로 주장해온 십자가론은 바울의 작품이다"라는 주장을 요즘 많이 접합니다. 그것이 문제입니다. 사도 바울이 십자가론을 만들어낸 것이 아닙니다. 예수님의 말씀만으로도 우리는 그리스도의 십자가에 대한 엄청난 내용들을 만날 수 있습니다. 물론 예수님이 십자가에 대해서 총체적으로 정리하여 말씀하신 것은 분명 아닙니다. 그러나 군데군데 펼쳐놓으신 말씀들을 잘 모아서 살펴보면 우리는 "예수님이 자신의 죽음에 대해서 얼마나 깊이 선포하고 계시는가!" 하고 감탄하며 십자가를 깨달을 수 있습니다. 신약·구약 십자가론의 다양한 단서가 예수님의 말씀 속에 이미 포함되어 있습니다. 이것이 바로 이 책을 쓰게 된 동기입니다.

그리스도 예수의 십자가 죽음은 신비이자 역설입니다. '신의 자기희생'은 인류의 사고 체계나 문화 코드나 사회 제도 속에서 찾아볼 수 없는 유일한 사건이자 실재입니다. 따라서 "왜 십자가가 신비인가?"를 먼저 잘 이해하는 것이 십자가로 향하는 첫걸음입니다. 그런데 우리에게 십자가는, 그 본질적인 내용이 신비일 뿐 아니라 그 해석하는 길도 신비입니다. 우리 삶의 내용과 사고를 십자가에 투영해서 그 의미를 파악하기보다는 말씀의 세계에 펼쳐져 있는 하나님의 모습을 근거로 해서 십자가를 이해하고 해석해야 합니다. 십자가는 또한 역설입니다. 초월자이자 내재자이신 역설적 하나님과 그분의 역설적 행위 사이의 관계를 근거로 하지 않고서는 도저히 십자가를 이해할 수 없습니다. 예수님이 하신 다섯 말씀의 의미도 이렇게 성경 속에 나타난 하나님의 역설을 근거로 풀어나갈 것입니다.

예수님을 따르는 길은 결코 쉬운 길이 아닙니다. 더욱이 십자가의 길은 가장 험난한 길입니다. 예수님의 십자가를 이해하는 길도 수고와 번민과 질문들로 가득 찬 신비의 길입니다. 다함없는 질문들을 안고 가야 하는 거칠고 힘겨운 길입니다. 인간 지성이 침 뱉고 조롱하는 길입니다. 그러나 신비와 역설로 가득 찬 십자가의 길에서 우리는 우리와 함께하시는 그리스도를 만날 것입니다. 그분의 약속과 기쁘신 뜻과 초대를 경험할 것입니다. 그리스도 예수께서 자신의 피와 살로 우리가 걷는 고난의 길에서 함께하신다는 것을 경험하는 기쁨과 감격을 독자들이 누리시기를 소망합니다.

인생이 무엇이냐고 누군가가 묻는다면 그냥 웃겠다는 분이 있습니다. 인간의 언어는 인생을 다 담아낼 수 없습니다. 십자가가 무엇이냐고 누군가가 묻는다면 평생을 바쳐서 그 의미를 연구한 후에라도 펑펑 울며 통곡해야 할지 모릅니다. 십자가는 언어가 감당할 수 없는 인생조차도 그것을 감당하고 표현하기에는 턱없이 부족한 신비이자 사랑이기 때문입니다.

제 1 부

신비와 전제

요즘 우리 모두가 좋아하는 개념이 있다. "쉽고 간단하게." 그리스도 십자가의 죽음에 대해서도 좀 쉽고 간단하게 설명해달라는 요청을 받을 때가 많다. 누구나 읽을 수 있는, 쉽고 간단한 글을 써야 한다는 시대적인 요구를 감안하며 이 글을 계획했다. 그러나 다시 생각해보면 그 발상은 참으로 천박하고 참혹하다. 하나님께서 인간으로 오셔서 십자가에 달려 죽으신 그 말할 수 없는 신비를 쉽고 간단하게 설명하려 하다니. 믿음도, 교회도, 신학도, 영생도, 하나님도, 마침내 십자가도, 나의 생각과 사고 안으로 낮추고 꿰맞추어 내 것으로 소유하려 하다니. 십자가가 아깝다.

팔십 평생 신학을 가르치다가 기독교를 떠났다는 어떤 노 신학자의 글을 읽었다. 속화된 교회의 아픔과 빈곤을 당신의 고통으로 절감하시는 그 깊은 질책에 벌거벗은 자와 같은 부끄러움을 느낀다. 그런데 그분의 질책은 십자가를 향하고 있었다. 십자가의 처참한 처형을 감행한 그 하나님은 '피에 굶주린 잔인한 신'이 아니냐고. 죄인들이 예수님의 죽음으로 죄를 대신 용서받았다는 것은 인간성의 말살이 아니냐고. 대신 죽는다는 것이 도대체 정의로운 일이냐고. 그분은 십자가 때문이 아니라 십자가론(論) 때문에 기독교를 떠났다. 십자가를 해석하는 여러 내용 가운데 다소 극단적인 형태인 기계적 형벌대속론 때문에 기독교를 떠났다.

노 신학자의 편협한 십자가 이해 앞에 당혹감을 감출 수가 없다. 진정으로 십자가가 이토록 단순하고 간단하다고 생각하는가? 십자가 앞에서 2,000년 동안 고민하고 의문하며 기도하고 사색하면서 축적해온 기독교 지성과 영성이 그토록 단순할 것이라고 생각하는가? "십자가에 대한 우리의 이해가 너무 천박해서 하나님을 이 지경으로 만들어버렸을 수도 있다"는 가능성에 대해서는 상상조차 할 수 없단 말인가? "내가 이해하고 있는 십자가는 성경이 선포하는 십자가의 참 모습보다 치명적으로 저급할 수 있다"는 자각 속에서 인간의 한계를 대면하며 두렵고 떨림으로 멈추어 서본 적은 없다는 말인가? "인간의 언어, 표현, 논리, 사고의 틀, 비유, 상상력 등이 포착할 수 있는 십자가와, 십자가의 실재(참 모습) 사이에 상당한 간격이 있을 수도 있다"는 인식 속에서 본질적인 의문을 가슴 깊이 품어본 적이 없단 말인가? 우리는 우리 자신에 대해서 그렇게도 자신이 있는가? 십자가 앞에서조차.

우리는 우리가 잘 알지 못하는 것을 간혹 '무지를 동반한 신비'라고 부른다. 알고 있는 내용이 늘 일부에 불과하다면 우리는 그것을 '포괄적 신비'라고 부른다. 우리 지성의 오류를 바로잡는 것을 우리는 '차원 높은 신비'라고 부른다. 그리고 그 내용이 너무 충격적이어서 그 어떤 비유와 사고를 다 동원해도 우리의 이해의 틀을 넘어서버리는 것을 우리는 또한 '초월적 신비'라고 부른다.

함께 무너져 내리기를 간절히 소망한다. 십자가 앞에서.

1장 신비

십자가는 무엇인가?

십자가는 신비다. 세상에는 여러 종교가 있다. 각 마을마다 초월적인 존재를 믿고 숭배해왔다. 그러나 십자가의 이야기는 그 어떤 곳에서도 찾아볼 수 없는 기독교의 고유한 이야기다. 인간이 감히 상상할 수 없는 다른 차원의 이야기이기 때문이다. 신이 인간이 되었다는 이야기도 흔한 이야기요, 인간이 영원히 죽지 않고 다시 살아난다는 부활 이야기도 상상 가능한 스토리다. 인간이 꿈꾸고 희망하는 초월자는 인간이 할 수는 없지만 꼭 이루고자 하는 것을 할 수 있는 존재이기 십상이다. 그런 존재는 우리의 상상과 소망의 틀 속에 이미 자리하고 있다.

인간이 도저히 자신을 감당하지 못해서 절절히 혼자임을 느낄 때, 초월자를 아득히 그리워하며 그 초월자가 마침내 우리를 찾아오기를 희망할 수도 있다. 시간 속에 갇힌 존재로서 피할 수 없는 인간의 한계가 우리 자신의 삶을 도려내며 우리에게 죽음의 순간만을 남겨놓을 때, 죽음이 우리 실존의 마지막이 아니라는 것을 믿으려 하는 충동은 플라톤 시대 이전부터도 유행이었다. 도무지 그 근원과 깊이를 가늠할 수조차 없는 기괴한 죄악들, 투기꾼의 변덕 같은 삶의 오르내림, 가장 가까운 한 사람조차 이해할 수 없는 참을 수 없는 무지를 견딜 수 없어서, 하늘을 훨훨 날아올라 신들의 세계에서 노닐고 싶어하는 마음은 노자 시대부터 대중의 환호를 받아왔다. 신이 인간이 되는 이야기나 인간이 영원성을 가지는 신적 존재가 되는 이야기는 그다지 높은 지적 수준을 요구하지 않는 인간의 본능적인 충동일 뿐이다.

>>> 우리는 십자가에서 죽으신 그리스도를 선포하니, 유대인에게는 넘어지는 것(거리끼는 것, skandalon)이요 이방인에게는 바보 같은 것(moria)이다 (고전 1:23).[1]

그러나 십자가는 결코 인간이 원하는 이야기가 아니다. 인간이 만들수 있는 스토리가 아니다. 십자가는, 하나님을 그리 잘 믿었던 유대인들이 스캔들처럼 꺼리는 이야기요 플라톤과 아리스토텔레스를 배출한 헬라인들이 도저히 이해할 수 없는 바보(moron) 같은 이야기다. 초월자가 인간의 몸으로 와서 인간을 위해서 죽는다는 이야기는, 그리고 그 죽음이 인간에게 구원이 된다는 이야기는 인간이 도저히 납득할 수 없는 이야기다. 왜 죽어야 하는가? 정말 신이 죽은 것인가? 왜 하필 죽음을 통해서 생명이 생겨나는가? 왜 하필 예수님이 죽어야 했는가? 예수님은 하나님과 어떤 관계 속에서 죽었는가? 하나님으로부터 버림받았는가? 예수님과 우리는 어떤 관계 속에 있는가? 십자가 때문에 우리는 하나님으로부터 버림받았는가? 십자가가 인간을 소외시키는가? 혹은 십자가에서 인간은 예수님과 함께 죽었는가? 도대체 함께 죽는다는 것이 무슨 의미인가? 단한 번의 죽음이 아직도 유효한가? 유효하다면 어떻게 그의 죽음 이후에도 세상은 별로 달라진 것이 없는가? 그의 죽음 이후에도 인간은 여전히 죽음을 맞이하지 않는가? 죽음이 도대체 어떤 결과물을 만들어낼 수 있는가? 혹은 죽음은 과거를 청산하는 것에 불과한가? 십자가에서 예수님의 몸만 죽었는가? 그분의 영과 신성은 죽지 않았는가? 대답할 수 있는 것보다 대답할 수 없는 것들이 더 많은 것을 우리는 신비라고 부른다.

>>> 일찍 죽임을 당하사 각 족속과 방언과 백성과 나라 가운데서 사람들을 피로 사서 하나님께 드리시고(계 5:9).

십자가 이야기는 엉성하기 짝이 없다. 똑똑한 인간에게는 어림 반푼어치도 없는 이야기다. 우스꽝스럽게도 제자들부터 이 십자가의 이야기에 살을 붙이기 시작했다. 이해 가능함 직한 논리와 비유와 상징을 동원했다. 가장 황당한 비유는 물건을 사고파는 시장의 거래에 비유한 것이다. 인간이 죄 혹은 죽음이라는 빚을 졌고 그 빚을 대신 갚기 위해서 예수님이 죽음으로 그 빚을 지불했다는 이야기다. 일단 이해하기는 쉽다. 돈을받고 예수를 판 가룟 유다가 가장 쉽게 이해할 논리다. 우리가 그토록 좋아하는 돈이 오가고 물건을 사고 주식 투자하기 위해서 집을 저당 잡히고하는 친근한 이야기다.

그런데 죽음을 지불로 비유하는 것은 정말 함량 미달이다. "인생은 즐겁게, 라면은…" 하며 우리를 현혹하고, 맥주 한 병 해변에 차려놓고 "Life is so good!"을 외치던 그 시절의 인생관과 흡사하다. 그런 광고가 유행하던 시절, 라면 한 그릇의 맛과 맥주 한 병의 즐거움에 내 인생의 의미와 기쁨이 좌우되어야 한다는, 그 참을 수 없는 인생의 가벼움으로 인해서 밀려오는 모멸감을 지울 수 없었다. 인생이 경험하는 고난의 깊이와 인간 죄악의 심오함이 물건 사고 빚 갚는 일과 유사할 수만 있다면 차라리 다행스러운 일이다. 하물며 하늘로부터 오신 그분의 죽음을 '모종의 거래'로 해석하고자 하는 비유에는 억장이 무너져 내린다. 틀렸다는 얘기가 아니라 모자라도 너무 모자란다는 얘기다. 인간의 것들 가운데 한두 가지를 적용해서는 도저히 그 실체를 다 담을 수 없는 것을 우리는 신비라고 부른다.

>>> 그들은 영광의 주를 십자가에 못 박았다(고전 2:8).

인간 법정에서는 '유죄나 무죄'(guilty or innocent) 둘 가운데 하나를 선택해야 한다. 물론 형량을 낮추면서 일정한 중도, 곧 화해를 모색할 수도 있다. 그러나 일단 유죄를 판정하면 더 이상 동일인에게 무죄를 선고할 수 없다. 일단 유죄가 선고된 죄인을 동시에 용서할 수도 없다. 인생은 이렇게 수도 없이 일부를 선택하고 나머지를 버리면서 살아간다. 포괄적이고 총체적인 사상을 간혹 소유할 수는 있어도 그 사상을 동시에 내 삶 속에 펼쳐놓고 실현하며 살아갈 수는 없다. 인간은 일부 속에 갇혀서 전부로부터 소외당하며 살아간다. 그러나 그리스도의 십자가가 드러내는 가장 중요한 특징 가운데 하나는 **총체성과 동시성**이다. 그리스도 예수의 죽음은 영광의 주의 죽음이다. "영광의 주께서 어떻게 죽을 수가 있는가?"라고 인간은 반문할 것이다. 그러나 그 영광의 주 그리스도께서 죽으셨다.

그리스도 예수는 만물을 만드시고 화해시키고 새롭게 하신 분이다. 그리스도 예수는 만물을 세우시고 천상의 신적 실체를 자기 안에 거하게 하시고 모든 사람들을 자신에게로 모으신 분이다(골 1:16-20; 요 12:32; 엡 1:10). 그리스도는 총체성들의 총체다(the totality of totalities). 그리스도 예수는 거룩한 신이신 동시에 아기 예수로 태어나신 분이다. 상처 입음으로써 동시에 상처를 치료하시고, 하나님의 나라를 선포하시면서 동시에 바로 자신을 선포하셨다. 예수님은 십자가 위에서 어찌하여 버리셨나이까라고 절규하시기도 했지만 또한 동시에 다 이루었다고 선포하셨다. 따라서 십자가는 심판이자 용서이고, 희생이자 정의이며, 버림받았지만 다 이루신 것이다. 십자가에서 우리를 나누시는 동시에 우리를 짊어지신다. 십자가로 자신을 우리에게 나누시는 동시에 우리를 자신에게로 모으신다. 죽음 앞에 생명(성육신)이, 죽음 안에 생명(십자가)이, 죽음 후에 생명(부활)이 동시에 도사리고 있다. 총체적인 사태를 함께 품고 있을 뿐만 아니라 그 총체성이 동시적일 때 우리는 이것을 신비라고 부른다.

>>> 아무든지 나를 따라 오려거든 자기를 부인하고 자기 십자가를 지고 나를 좇을 것이니라(막 8:34).

요즘 매우 유행하는 이야기는 예수님이 십자가에서 돌아가시면서 우리에게 본보기가 되셨다는 주장이다. 우리가 십자가를 지고 예수님을 따라 갈 것을 예수님 스스로 말씀하셨다. 예수님의 죽음이 기독교 윤리의 정수요 성화의 뼈대라는 것은 아무리 강조해도 모자랄 뿐이다. 그런데 이상하게도 상당히 많은 사람이 예수님의 죽음은 아무런 다른 의미가 없고 도덕적인 본보기일 뿐이라고 주장하고 있다. 예수님의 행적과 삶의 의미를 역사적으로 재구성하는 데 관심이 많은 분들과, 인간의 찬란한 윤리 의식으로 인간은 '마땅히 해야만 하는 것'을 '할 수 있다'고 믿는 순진한 분들이 그러하다. 그리스도와 인간의 진정한 일치를 위해서 죽음마저 우리의 본보기가 될 수 있다는 점에서, 우리에게 끼치는 그리스도의 죽음의 효과가 탁월하고 강력하다.

그러나 조금만 뒤집어놓고 생각해보면 죽음이 도덕적 가치만 가진다는 주장은 허무하기 짝이 없는 논리다. 어떻게 죽음이 그 자체로 도덕적 가치를 가질 수 있는가? 만약 우리가 죽기 위해서 그리스도를 좇아가야 한다면 우리는 그리스도를 좇아갈 필요조차 없다. 우리는 모두 죽기 때문이다. 죽음은 도덕적인 가치가 아니라 인간의 현실이다. 자연적 죽음, 자살, 사고로 인한 죽음은 아무런 도덕적 가치를 가지고 있지 않다. 예를 들어, 십자가의 죽음이 희생적 죽음이라면, 그 희생적 죽음만이 도덕적 가치를 가질 수 있다. 그렇다면 죽음이 그 자체로 도덕적 가치를 가지기 전에 희생으로서의 가치를 먼저 가져야만 한다. 따라서 죽음은 도덕적 가치만을 가질 수는 없다. 십자가가 엉성한 것이 아니라 십자가 앞에 서 있는 인간의 생각이 엉성하다. 그 앞에서만 서면 인간의 논리가 무너져 내리는 것을 우리는 신비라고 부른다.

>>> 그들이 그를 십자가에 못 박고, 누가 그의 옷의 어떤 부분을 얻을까를 제비를 뽑아서 (결정하고) 그의 옷을 나누었다(막 15:24).

십자가 앞에서조차 우리는 이글거리는 탐욕을 버릴 수 없다. 전리품에 눈멀었던 로마 병사들이 바로 우리의 모습이다. 그들에게 예수의 죽음은 한 유대인의 죽음일 뿐이었다. 그들에게 가치 있는 것은 예수의 죽음이 아니라 그 죽음이 가져온 콩고물이었다. 그들에게는 죽음에 대한 생각보다는 한 죽음에 따른 부산물이 더 흥미로웠다.

예수님의 죽음이 어떤 의미가 있는가를 생각할 때, "그 죽음이 어떤 것일까?", "그 죽음과 하나님은 어떤 연관이 있을까?", "그 죽음을 통해서 예수님은 무엇을 하셨으며 어떤 분이 되셨을까?"라는 질문보다는 "그 죽음으로 **우리**에게 어떤 **유익**이 있을까?"를 먼저 생각하게 된다. 십자가 앞에서조차 우리는 우리 자신에게 눈먼 자요, 예수님보다 그분의 옷에 더 관심이 많은 자들이다. 십자가를 팔아서 궁전 같은 교회를 짓고, 십자가를 팔아서 명예와 권력의 옷을 지어 입고, 십자가를 팔아서 신학적 업적을 쌓고, 십자가를 팔아서 조건 없는 영생을 소유하기를 원한다. 예수님이 자신을 버리자 우리는 우리를 주워 담는다.

십자가 앞에서 죽음보다 영광에 더 관심이 많은 자들을 마르틴 루터는 '영광의 신학자'라고 불렀다.[2] 십자가는 영광에 눈먼 인간의 가난함을 역설적으로 드러낸다. 십자가는 십자가 앞에서조차 죽음에서 생명으로 성급하게 옮겨가려는 인간의 천박함을 로마 시대부터 지금까지 변함없이 나타낸다. 바로 이런 인간들을 위해서 예수님이 돌아가셨다! 십자가 앞에서 우리는 벌거벗은 자가 된다. 십자가는 인간의 수치스러운 본성을 드러내기 때문이다. 그것이 무엇인지 잘 안다고 자부하는 자에게도 늘 심각한 도전이 되는 이것을 우리는 신비라고 부른다.

2장 유일한 신비

십자가를 어떻게 해석해야 하는가?

>>> 우리에게 대항하고 구속하는 빚 증서와 공식적인 법적 구속력(*dogma*) 을 취소시키고, 없애버리고, 십자가에 못 박으시고(골 2:14).

십자가는 신비다. 세상을 십자가에 못 박았기 때문이다. 세상의 잣대, 세상의 법칙, 세상의 빚, 세상의 도그마를 십자가에 못 박았기 때문이다. 그러나 십자가를 이해하려 할 때 우리는 우리의 잣대로 십자가를 세상에 못 박는다. 인간은 무엇을 위한 무엇(*quid pro quo*)이라고 하면, 아하 하고 이해할 수 있다고 생각한다. 그래서 예수님의 죽음을 우리 인생사의 그 무엇으로 비유하면 이해 가능하다고 생각한다. 예를 들어, 죄를 지으면 심판받아야 하고, 복을 받기 위해서는 제물을 바쳐야 하고, 빚을 진 사람은 빚을 갚아야 하고, 화가 난 이는 그 화를 달래야 한다. 정말 지독하게 인간적인 이야기다. 인간 냄새가 풀풀 나는 것을 견딜 수 없다. "원인과 결과가 잘 연결되고 비슷한 가치가 서로 교환되면 이해할 수 있다"라고 생각하는 것은 우리 이야기다. 십자가를 이러한 틀로 이해하는 한, 우리는 여전히 우리 자신의 빚 증서와 법적 구속력 아래에 있는 셈이다.

사실 이러한 교환의 법칙을 '논리'니 '인과 관계'니 '정의'니 '합리'니 하면서 칭송하지만 이러한 법칙들은 인간사에도 잘 먹혀들지 않는 경우가 허다하다. 인간의 사고가 인간 세상을 다 해석해내지 못한다는 것을 우린 오래전부터 잘 알고 있지 않은가! 한때 시대를 풍미했던 실존주의는 '인간의 사고와 인생의 실재 사이의 불일치'를 고발한 철학이다. 인간 사고와 실존 사이의 괴리 때문에 인간은 얼마나 부조리한 삶을 살아가는가! 하물며 예수님의 죽음을 우리의 사고의 틀에 끼워 맞춰서 이해하고 해석해야 하는가! 인간은 인간의 잣대로 예수를 십자가에 못 박았다. 그리고 또다시 예수님의 죽음을 우리의 잣대로 해석하려고 한다. 이는 예수님을 두 번 죽이는 행위다.

인간에게 이해 가능하다는 점이 십자가의 참 모습을 보장할 수는 없다. 우리가 우리를 이해하고 해석하는 방법이나 틀을 예수님의 죽음을 이해하고 해석하는 방법과 틀로 설정할 수는 없다. 십자가 앞에서 우리는 겸허히 기다려야 한다. 우리를 십자가에 투영하는 것이 아니라 십자가가 우리에게 다가오도록 기다려야 한다. 십자가가 우리의 혼과 영과 관절과 골수를 찌르며, 십자가가 우리의 생각과 뜻을 감찰한다. 십자가 앞에서 우리는 우리의 사고의 허물을 벗고 벌거벗은 존재가 된다(히 4:12-13).

>>> 함께 십자가에 못 박힌 자들도 "이스라엘 왕 그리스도가 지금 십자가에서 내려와 우리로 보고 믿게 하라"라고 하며 예수를 욕하더라(막 15:32).

십자가를 이해하려면, 먼저 우리의 사고와 이해 방법을 십자가에 못 박아야 한다. 그러나 우리는 예수님을 향해서 십자가에서 뛰어내리라고 한다. 우리가 이해할 수 있는 용어로, 우리 눈으로 보고 만족할 수 있는 방법으로 내려오라고 예수님께 요구한다. 그러나 십자가 앞에서 인간의 판단과 사고와 가치 체계는 모두 그 판단을 중지(epoché)해야 한다.

십자가라는 내용뿐만이 아니라 그 내용을 이해하고 해석하는 것조차 도 인간에게 신비로 감추어져 있다. 이 신비에 접근하기 위해서는 기독교 고유의 독특한 길을 가야 한다. 이 고유의 독특함을 다음과 같이 좀더 풀 어 설명할 수 있다.

텍스트의 고유함

인간이 어떤 사태 혹은 사물을 이해하는 방법에는 여러 가지가 있다. 오 래전에는 인간과 무관한 사태 그 자체가 별도로 존재한다고 보았기에, 인 간과 무관한 **사물 그 자체**를 어떻게 이해해야 하는가를 중점적으로 연구 했다. 그러다가 사태 그 자체보다는 사태를 바라보는 **주체**에 따라서 사태 에 대한 이해가 달라진다는 것을 깨닫게 되었다. 주체와 사태의 관계에서 어떤 요소가 더 중요하냐고 서로 견줄 때, 어떤 **주제**에 관한 것이냐 하는 것도 중요한 요소 가운데 하나로 포함되었다. 그리고 그 사태를 만들어낸 공동체와 문화도 이해해야 하고, 독자가 속한 **공동체와 문화**도 중요하게 여기게 되었다.

그런데 "성경을 어떻게 해석하고 이해하는가?" 하는 문제에는 상당히 다른 요소가 첨가되어야 한다. 성경에 대한 이해에서는 "인간이 세계를 어떻게 이해하느냐?" 하는 문제 위에 성경이라는 **텍스트**가 첨가되기 때문이다. 그리고 인간이 관계하는 세계만이 아니라, 20세기 프랑스 철학자 폴 리쾨르가 주장했듯이 하나님이 자신을 우리에게 알려주는 말씀, 즉 텍스트의 세계가 그 자체로 별도로 존재하고, 그 텍스트 속의 사태나 인물들은 성경의 텍스트 내에서 이해되어야 한다는 점을 놓치지 말아야 한다.[3]

텍스트의 세계가 별도로 존재한다는 것은 고전 문학을 읽을 때도 적용할 수 있는 요소다. 플라톤의 『공화국』이나 고려 시대에 지어진 「상춘곡」을 읽을 때, "누가 어느 시대에 그 글을 읽느냐"에 따라서 글의 의미가 달라질 수 있다. 또한 "그 글이 어떤 주제에 관한 것이냐"도 고려해야 할 점이다. 그런데 세상이 바뀌어도 여러 시대에 걸쳐서 여전히 읽을 만한 내용을 텍스트가 가지고 있다면 그 텍스트는 자신의 고유한 세계를 가지고 있다고 보아야 한다. 좀 심하게 이야기하자면, 고전을 읽고서 "은혜를 받는다"고 하는 현상은, 텍스트 앞에서 우리의 모습이 파괴되고 텍스트의 세계를 옷 입는 것과 마찬가지다.

그런데 성경은 고전 문학과 또 다른 차원의 이야기로 가득 차 있다. 성경은 무엇보다도 하나님이 누구시고 하나님이 세상과 어떻게 관계하시는가를 선포하고 드러내기 때문이다. 말씀의 세계는 3주 만에 다 떼는 영어 참고서, 하룻밤에 통독하는 만화로 보는 역사 이야기나 예술 교양서가 아니다. 말씀의 세계는 내가 사로잡을 수 있는 세계가 아니라, 나를 사로잡으며 다가오는 세계다(빌 3:12). 말씀의 세계는 '나'를 세우는 인간의 세계가 아니라, 하나님이 찾아오셔서 '나'를 허무는 하나님의 세계다.

성경의 다양성

물론 성경에는 인간의 통상적 사고와 잣대로 판단해보아도 번민을 일
으키고, 거부하고 도려내고 싶은 부분이 심심찮게 등장한다. 부모가 자
녀를 먹는다든가(왕하 6:26-30), 전쟁에서 승리하고 나서 딸을 바친다든가
(삿 11:29-40), 기분 나빠서 사람을 죽였다(왕하 2:23-24)는 혐오스러운 내용도
성경에 들어 있다. 이런 내용을 접하면 "인간의 지성과 문화는 역사성을
띠고 있다"라는 한계를 명백히 인정해야 하고, 하나님의 낮추어 찾아오
심(accommodation)이나 하나님의 드러나심도 인간의 한계 지워진 상황 속
에서 표현되었다고 마음을 가다듬어 생각할 수밖에 없다. 그것이 임마누
엘 하나님의 한 단면이요 성육신의 전주곡이 아니겠는가!

더욱이 역사성과 보편성이 충돌할 때, 역사적이고 문화적이며 시대
적인 사실들이 가질 수밖에 없는 가변성을 비난하기보다는, 이를 판단하
고 평가하는 우리네 자체가 역사 속에 자리하고 있는 가변적이고 임시적
인 존재들이라는 사실 또한 기억해야 한다. 그리고 성경의 하나님은 역사
의 틀에 갇힌 하나님이 아니라 역사 속에서 역사를 향하여 '지금 여기 우
리'를 새롭게 하시는 살아 계신 하나님이신 것도 깊이 이해해야 한다. 신
적 신비와 초월을 우리에게 알리실 때조차 우리를, 그리고 우리의 역사와
문화와 원시성을 소외시키지 않으시는 그 놀라운 하나님의 끌어안으심
을 잠잠히 헤아려보아야 한다. 그리할지라도 돈과 권력을 위해서 사람
을 죽이는 우리와 별다른 차이가 없는 내용이 성경 속에 있다는 사실이
도저히 이해되지 않는다며 교부신학자 오리게네스는 그 불편함을 감추지
않았다.[4]

또한 성경에는 우리가 무릎을 치며 감탄해하는, 우리 수준보다 조금 높은 이야기도 많다. 인생이 흙이니 흙으로 돌아간다(창 3:19)는 말씀은 인생도 알고 흙도 아는 우리에게는 결코 어려운 얘기가 아니다. 흙이 가지고 있는 의미가 인생에 덧붙여져 인생을 잘 표현하고 있다. 귀먹은 자를 저주하지 말고 소경 앞에 장애물을 두지 말라(레 19:14)는 말씀은 귀먹은 자, 눈먼 자, 저주, 장애물을 모두 잘 알고 있는 우리가 얼마든지 이해할 수 있는 말이다. 뿐만 아니라, 하필 귀먹은 자 앞에서 그들이 듣지 못하는 말로 저주를 하며 하필 눈먼 자 앞에 그들이 볼 수 없는 장애물을 놓는가를 생각해보면, "우리 인생의 교활함과 가련함을 어쩜 이렇게도 생생하고 절묘하게 드러내고 있는가!" 하는 감탄이 절로 나온다. 그러나 이런 말씀들의 세계는 우리가 살아가는 세계와 심각하게 다르지는 않다.

성경에 나오는 인간에 대한 말씀 중에는, 우리 수준보다 한참 높고 깊은 말씀도 아주 많다. 그런 말씀은 우리 수준과 큰 차이가 나서 혹 믿기 어려울 수 있지만, 그렇다고 이해 불가능하지는 않다. 대표적인 것이 창조 이야기다. 인간이 하나님의 숨결과 형상과 모양으로 지음 받고, 흙으로 지음 받고, 아담의 뼈와 살로 지음 받은 복합물이라는 내용은 비록 모든 인간이 다 믿고 받아들일 수 있는 이야기는 아니라 하더라도, 모든 인간에게 기가 막힌 통찰을 제공한다. 인간은 모든 동식물과 구분되는 고결함을 가지고 있으면서도 자연의 일부인 먼지─창 2:7, 3:19에 있는 흙이라는 단어는 흙과 먼지라는 두 가지 의미를 다 가지고 있다─에 지나지 않는다는 사실이 통쾌한 역설을 제공한다. 더 속 깊은 이야기는 아담이 하와를 보고 던지는 첫마디에서 발견할 수 있다. "내 뼈 중의 뼈요 살 중의 살이라"(창 2:23). 애당초 하나님이 인간을 창조하셨을 때는, 즉 인간의 역사가 시작된 그 최초의 시절에는, 인간들 서로서로가 뼈와 살로 연결되어 있었던 하나의 몸이었다. 그런데 이 거룩한 연대, 유대, 연합, 하나 됨이 아담과 하와의 타락으로 깨어져 버렸다. "죄란 하나님과 자연과 인간의 상상할 수 없이 깊은 하나 됨이 깨어진 것이다"라는 성경적인 죄 개념은 "과일 하나 따먹은 인간의 죄가 죽을 수밖에 없는 원죄냐?" 하고 비웃는 사람들조차 숙연하게 한다. 우리가 이렇게 심오한 창조 이야기를 믿고 고백하는 것은 '말도 안 될 정도로 터무니없기 때문에 믿거나'(credo quia absurdum) 혹은 '이해하기 위해서 믿는 것'(credo ut intelligam)이 아니다. 우리가 창조 이야기를 믿고 고백하는 이유는 인간이 진리로 받아들이겠다며 정해놓은 몇 가지 요건들에는 걸맞지 않다 하더라도, 그 요건들을 충족시키는 사실과 진리들이 주는 통찰의 수준을 훨씬 넘어서는 내용을 창조 이야기가 가지고 있기 때문이다.

>>> 여호와의 말씀에 내 생각은 너희 생각과 다르며 내 길은 너희 길과 달라서 하늘이 땅보다 높음같이 내 길은 너희 길보다 높으며 내 생각은 너희 생각보다 높으니라(사 55:8-9).

성경은 세계와 인간에 대한 것을 넘어서서 하나님에 대해서 선포하고 말한다. 뼛속까지 저리고 살 떨리는 일이다. 뼈와 살들이 다 모여 거룩한 연대를 회복해도 하나님 앞에 서면 벌거벗은 아이가 되어버린다. 인간이 감히 어떻게 초월자 하나님을 이해하고 분석하고 설명하고 선포할 수 있단 말인가?

신 존재 증명

인간의 지성은 초월자를 이해할 때 양극단의 모순을 보이기 십상이다. 초월자를 이해하는 첫째 방법은 인간을 부정(否定)함으로써 초월자를 설명하는 것이다. 이는 초월자가 인간과 질적 차이를 가지고 있다는 것을 의미하기 때문에 우선 우리에게 큰 위로가 된다. 예를 들어, 인간이 유한하기 때문에 신은 무한하다, 인간이 완전하지 않기 때문에 신은 완전하다 등등이 그러한 생각 방식이다. 그런데 이렇게 인간을 부정함으로써 초월자를 설명하는 방법(via negativa)은 치명적인 한계를 가진다. 인간을 부정해서 얻은 내용이 그 무엇인가를 설명하고 있는 듯 보여도, 사실 양파 껍질을 벗기고 나면 남는 것이 없는 것과 마찬가지이기 때문이다. 거기에는 초월자에 대한 구체적이고 설명 가능한 아무런 정보가 담겨 있지 않다. "그게 아니다"라는 말로만 설명할 수 있는 "이거다"라는 내용은 빈약하고 허섭스레기 같을 수밖에 없다.

둘째 방법은 인간을 보고 이와 비슷한 초월자를 생각하는 방법이다 (via analogica). 자식을 사랑하는 부모를 보고 "신은 참된 아버지나 어머니다"라고 생각하거나, 인간끼리 서로 용서하며 사랑하는 것을 보고 "신은 용서하고 사랑하는 분이다"라고 생각하는 방법이다. 여기서는 초월자와 인간의 차이가 양적 차이에 불과하기 때문에 일단 그 내용을 이해하기 쉽다. 요즘 유행하는 상황신학적 가르침을 쫓아서 인간의 문화 속에서 하나님의 실체를 이해하고 인간의 공동체 속에서 하나님을 해석하는 방법이라 할 수 있다. 예를 들어, 인당수에 몸을 던진 심청의 이야기에서 예수의 죽음을 하나님의 진노를 달래기 위한 희생으로 해석할 수 있는 단서를 발견하는 방법이다. 이 방법은 신과 인간이 친밀하게 사귈 수 있게 인도한다는 장점이 있는 반면에 우리와 유사한 신을 경배하고 찬양하게 만드는 황당함을 가진다. "우린 이렇다"를 근거로 "하나님도 이럴 것이다"라고 단정하는 것은, 초월자의 내용을 우리가 잘 이해하게 도울 수는 있어도 그 내용에 만족하게 할 수는 없다. 우리와 비슷한 하나님? 상상하기도 싫다. 내가 가장 견딜 수 없는 자가 바로 나 자신이며 내가 가장 멀리하고 싶은 자 또한 바로 나 자신인데, 그런 나를 닮은 자가 하나님이라니!(*analogia entis*) 정말 그런 하나님이 이 세상을 창조한 것이라면 그 어떤 희망도 그 어떤 기대도 접어야 할 것이다.

결국 인간과 전혀 다른 신을 상정하는 것은 그 내용을 알 수 없기에 빈곤하고, 인간과 비슷한 신을 상상하는 것은 알기는 쉽겠지만 그 내용이 저급하다. 이렇게 우리를 보고 신을 생각하는 것은 전체적으로 보면 귀납적 방법이라고 할 수 있다. 귀납적으로 하나님의 존재를 증명하는 것은 단 하나의 반증만을 찾아도 그 논증이 허물어지기 때문에 견고할 수 없다. 그리고 비록 존재가 입증된다손 치더라도, 그러한 입증을 통해서 만날 수 있는 신은 알 수 없거나 우리와 비슷할 수밖에 없는 존재일 것이다.

신의 존재 내용보다는 신의 존재만을 입증하려는 시도로서, 신의 존재로부터 신의 존재를 입증하는 연역적 방법도 있다. 안셀무스가 전개한 논리인데, '그보다 더 이상 더 위대할 수는 없는 어떤 것'(*aliquid quo nihil maius cogitari possit*)을 신이라고 정의한다. 그리고 그런 존재는 마음에만 있는 것(*esse in intellectu*)보다는 실제로 있는 것(*esse in re*)이 더 위대하며 따라서 '그보다 더 이상 위대할 수는 없는 존재'는 실제로 존재할 수밖에 없다고 논증한다.[5]

이 논증에는 두 가지 치명적인 결함이 있다. 첫째, 이 논증은 존재로부터 출발한 것이 아니라 존재에 대한 정의로부터 출발했다. 세상에서 가장 아름다운 섬이라는 정의는 그 존재를 가능하게 하는가? 물론 '세상에서 가장 아름다운 섬'이 갖는 의미와 '초월자'가 갖는 의미가 다르기 때문에 동일하게 적용할 수 없다고 반박할 것이다. 그렇다면 초월자라는 정의 그 자체가 초월자의 존재의 유무를 좌우하는 요소를 이미 갖고 있다고 생각할 수밖에 없고, 그것은 정의(definition)나 사고(thought)가 존재(being)를 낳는다는 상당히 불합리한 논지에 이르게 된다. 그리고 이 논증은 초월자라는 정의가 이미 초월자의 존재를 포함하고 있다는 결론을 낳기 때문에 동의반복, 뱅뱅 도는 정의, 세 마리 개가 서로 꼬리를 물고 도는 것과 유사하다.

둘째로, "무엇이 더 위대한가?"(*quid maius est?*)라는 문제를 먼저 설정해야만 '그보다 더 이상 위대할 수는 없는 존재'에 대한 논증을 이어갈 수 있다. 왜냐하면 '위대함'에 대한 정의를 먼저 내리지 않고서는, 왜 실제로 존재하는 것이 마음속에 존재하는 것보다 더 위대한지를 입증할 수 없기 때문이다.[6] 예를 들어, 도저히 실현 불가능한 위대함은 실제로 존재하는 것보다는 마음속에 존재하는 것이 더 위대할 수 있다. 영원히 사는 죽지 않는 존재는 우리가 알기에는 실제로 존재하지 않는다. 그러나 우리의 지성 속에는 존재한다. 따라서 지성 속에만 존재하는 존재가 실제로 존재하는 존재보다 더 위대하다. 극단적인 예로는 악과 고난을 들 수도 있는데, 악과 고난은 마음에만 존재하는 것이 실제로 존재하는 것보다 더 위대하다(더 낫다). 왜냐하면 악과 고난은 존재하지 않는 것이 더 위대하기 때문이다. 결국 신 존재 증명은 '위대함'에 관한 다른 정의에 의존하고 있다.

신은 '그보다 더 이상 위대할 수는 없는' 가장 위대한 존재인데, '위대함'이라는 개념에 의해서 신의 존재 유무가 결정된다면 '신'보다는 '위대함'이 더 위대하다. 따라서 이 논증은 자기 모순적이다. 결국 "실제로 존재하는 것이 마음속에 존재하는 것보다 더 위대하다"라는 주장이 성립하려면 수많은 다른 전제들을 먼저 확정해야 한다.

연역적 방법과 귀납적 방법이 묘하게 결합된 것처럼 보이는 토마스 아퀴나스의 논증도 있다. 토마스 아퀴나스는 원인으로부터 결과로 진행하는 것을 선험적(*a priori*) 논증이라 불렀고, 결과로부터 원인으로 진행하는 것을 후험적(*a posteriori*) 논증이라고 불렀다. 우리가 알 수 있는 논증은 후험적 논증이기 때문에 그는 결과로부터 원인을 추적해서 거슬러 올라가는 귀납에 가까운 방법을 우선 택한다. 예를 들어, 그가 택한 첫 번째 논증은 운동으로부터의 논증이다. 그 논증에 따르면, 만물은 움직임 속에 있고 움직이는 만물은 그것을 움직이게 하는 것에 의해서 움직여진다. 운동의 원인을 계속 거슬러 올라가면, 마지막에는 자신은 움직임을 당하지 않지만(*quod a nullo movetur*) 움직이게 하는 자, 즉 제1원인, 제1동자(*primum movens*)에 **반드시** 도달해야 하는데(*necesse est devenire*) 우리 모두는 그것을 신이라고 이해한다.[7]

그러나 도대체 그 이유가 무엇일까? 왜 제1원인이 있어야만 하는 것일까? 사실 이 부분에 관해서 아퀴나스는 명확하지 않다. 가장 희미한 단서는, "제1동자, 처음으로 움직이게 하는 것(first mover, *primum movens*)이 없으면 결과적으로는 어떤 동자(other movers, *aliud movens*)도 없게 되어버린다"라는 그의 주장이다.[8] 두 번째 인과관계의 논증에서도 제1원인이 없으면 중간 원인도 없기 때문에 제1원인이 있어야 한다고 주장한다. 그리고 세 번째 필연성의 논증에서도 그는 두 번째의 논증에 의존하고 있다. 따라서 제1원인과 바로 그 다음의 제2원인이 존재론적으로 달라야만 하는데 아퀴나스는 그 차이점을 설명하고 있지 않다. 아퀴나스의 신 존재 증명은 (1) "원인과 결과가 반드시 인과관계라는 고리로 연결되어야만 하는가?"라는 치명적인 의문뿐만 아니라, (2) "무한의 원인이 있다고 하는 것은 원인이 없다고 하는 것과 동일한 주장인가?"라는 질문 앞에 별다른 대책을 세우지 못하고 있다.[9]

더 나아가, 소위 서양의 신 존재 증명은 "존재가 존재의 원인을 제공해야 한다"라는 논리와 "존재와 비존재는 서로 넘나들 수 없는 다른 영역이다"라는 전제에서부터 출발하고 있는데, 도덕경에 의하면 만물은 유에서 나오고 유는 무에서 나온다. 이렇게 도교에서는 "존재란 무와 유 사이를 자유롭게 넘나든다"고 이해하기 때문에, 신 존재 증명들이 사용하는 서양 철학의 전제들이 자명한 것은 아니다.[10]

계시 종교의 가치

더 심각한 문제는 이렇게 해서 신의 존재가 증명되고 우리가 그 논리를 다 받아들인다고 할지라도, 우리가 궁금해하는 것은 신의 **존재 유무**가 아니라 신의 **존재 방식**과 **존재 내용**이다. 계시 종교의 독특함과 유일함이 여기에 있다. 초월자 하나님이 스스로를 낮추어(accommodation) 인간에게 자신을 드러내고 계시하시는 것, 여기에 기독교의 하나님이 드러나는 계시의 가장 중요한 특징이 있다.[11] 인간을 넘어서는 초월적인 하나님이 인간 세상에 자신을 드러내신다는 성경의 이야기! 계시란 이렇게 부정의 방법(*via negativa*)과 긍정의 방법(*via analogica*)의 치명적인 한계를 거꾸로 세워놓은 것이다. 우리를 부정하는 것을 통해서도 아니고, 우리를 긍정하는 것을 통해서도 아니라, 하나님께서 스스로를 낮추어 우리에게 찾아오셨다. 우리를 거슬러 올라가서 하나님께 도달하는 것도 아니고 하나님의 본질과 개념으로부터 하나님을 도출하는 것도 아니다. 하나님이 우리를 창조하시고 우리를 찾아오셨고 성경이라는 계시로 우리에게 자신의 존재와 그 내용을 드러내셨다. 계시 속에는 신의 존재도 있고 존재의 내용도 풍성하게 담겨 있다.

아! 십자가

성경과 대자연을 통해서 하나님이 자신을 드러내고 나타내시는 그 어떤 계시의 내용과 방식보다도 우리의 지성과 영혼을 가장 크게 강타하는 것은 바로 예수, 십자가에 달려 돌아가신 그분이다. 예수님이야말로 우리가 믿는 하나님이 누구신가를 가장 선명하게 드러내신다.

>>> 나를 본 자는 아버지를 보았거늘 어찌하여 아버지를 보이라 하느냐
(요 14:9).
>>> 이에 예수께서 가라사대 너희는 인자를 든 후에 내가 그인 줄 알고
(요 8:28).

예수님은 자신을 보면 아버지를 알 수 있다고 말씀하셨다. 그리고 십자가에 달려 돌아가신 바로 그 예수님을 볼 때, 예수님이 누구신지를 알 수 있다고 말씀하셨다. 이 두 말씀을 합하면, 결국 다른 어떤 내용이나 계시보다도 더욱 선명하게 하나님이 누구신지를 알려주는 것은 '예수님의 십자가'라고 예수님이 말씀하신 셈이 된다.

어떻게 이렇게 알리시는가? 왜 하필 죽음으로 자신을 알리시는가? 어떻게 자기 아들조차 아끼지 않으심으로 자신을 알리실 수 있는가? 어떻게 버림받은 자가 버린 자를 알릴 수 있는가? 어떻게 하나님이 이렇게 하실 수 있는가? 왜 초월자는 인간 모두가 죽는 그 죽음으로 자신을 알리시는가?

아, 십자가. 이 충격적인 하나님의 존재 방식과 존재 내용을 우리는 어떻게 이해하고 해석할 수 있단 말인가! 성경의 수많은 이야기들 가운데 하나님에 관한 이야기, 특별히 십자가로 드러난 하나님에 관한 이야기를 이해하는 방법은 우리의 이야기를 십자가로 투영하는 것이 아니라, 십자가의 이야기가 세상의 어두움을 비추고 세상의 논리를 강타하고 세상의 지혜를 미련하다 하고 마침내 세상을 구해내도록 하는 것이다. 세상을 근거로 십자가를 해석하는 것이 아니라 십자가를 근거로 세상을 해석해야 한다.

>>> 저희는〔세상의 아버지는〕잠시 자기의 뜻대로 우리를 징계하였거니와 오직 하나님은 우리의 유익을 위하여 그의 거룩하심에 참예케 하시느니라 (히 12:10).

단 하나의 사건

세상의 아버지와 하나님 아버지는 다르다. 따라서 '인간을 먼지로 부르는 것'과 '하나님을 아버지로 부르는 것'은 차원이 다르다. 인간을 먼지에 비유할 때, 우리는 인간도 알고 먼지도 알기 때문에 먼지를 가지고서 인간의 의미를 해석할 수 있다. 그런데 우리는 아버지는 알지만 하나님은 잘알지 못한다. 따라서 아버지를 보고 하나님을 해석해내는 것은 결정적인 결함을 가진다.

인간은 먼지다: 먼지 → 인간

하나님은 아버지다: 아버지 → 하나님?

물론 먼지의 특성이 인간의 특성을 설명할 수 있듯이 아버지의 특성도 하나님의 성격을 해석할 수 있는 요소를 가지고 있다. 그러나 실체를 가지고 있는 양자 사이의 비유는 균형과 조화와 타당성을 동반할 수 있지만, 어느 한쪽을 경험할 수 없는 경우에 둘 사이의 비유의 타당성은 임시적이고 제한적인 수밖에 없다. 더 심각한 것은 인간 아버지 가운데 생각하기조차 끔찍한 아버지가 많다는 사실이다. 술 먹고 아내와 자녀를 폭행하는 아버지, 자신의 권력과 욕심만 쫓아가는 아버지, 권력 앞에 한없이 쪼그라드는 아버지, 남의 여자를 탐하는 아버지, 세상이 싫다면서 자신의 세계 속에 틀어박혀 있는 아버지, 잘 살라는 쪽지 하나 써놓고 자살하는 아버지…. 그런 아버지로부터 말할 수 없는 수치와 학대를 당해온 자녀들이 과연 하나님을 아버지라고 부를 수 있는가?

>>> 그리하면 그가 세상을 창조할 때부터 자주 고난을 받았어야 할 것이로되 이제 자기를 단번에 제사로 드려 죄를 없게 하시려고 세상 끝에 나타나셨느니라(히 9:26).

일찍이 데이비드 흄은 『자연신학에 관한 대화』라는 저서에서 목적론적 신 존재 증명에 대해서 심각한 도전을 가했다. 목적론적으로 신 존재를 증명하는 방법이란, 간단하게 말해 "사막에서 시계를 발견했다면 그시계가 자연스럽게 만들어진 것이 아니라 누군가가 시계를 만들었다고 생각하지 않을 수 없듯이, 시계보다 훨씬 더 복잡한 우주를 보면서 그냥 생겼다고는 믿기 어렵다. 따라서 누군가가 우주를 만들었을 것이고 그분이 바로 신이다"라고 증명하는 방식이다.

흄은 여러 가지 이유로 이러한 논리를 반박하는데, 결코 우주가 정교하거나 필연적으로 움직이고 있지 않다는 점, 우주 안에 있는 일부를 보고서 이 일부를 포함하고 있는 우주에 대한 논리를 만들어낼 수 없다는 점.[12] 우주란 그 우주 내에는 그 어떤 상응하는 유사한 것(parallel)이 없는 유일한 것(single case alone)이기에 우주 내에 있는 경험을 가지고 그 우주에 대해서 말할 수 없다는 점을 들며 비판한다.[13] 이 비판에 대해서 미국의 철학자 알빈 플란팅가는 일부가 전부를 나타낼 수도 있다고 하면서 앞의 두 번째 논리를 비판했고, 목적론적 논증이 신 존재 증명보다는 신 존재 믿음의 강력한 무기가 된다고 주장했다. 그러나 플란팅가는 '유일한 사건'(single case alone)의 경우에 발생할 수 있는 유비의 한계라는, 목적론적 증명의 한계에 대해서는 충분히 받아들였다.[14]

단 하나의 사건! 하나님이 십자가로 인간과 함께하시는 이 엄청난 사건은 다른 그 어떤 사건과도 비교할 수 없는 단 하나의, 사건 중의 사건 (the single case of single cases)이 아닌가? 하나님을 아버지로 부르거나, 여인이 해산하는 고통에 하나님의 사랑을 비유하거나, 예수님을 신랑이나 동산지기나 목동이나 친구로 비유하는 것들도 모두 제한적 의미만을 전달할 뿐이다.

기독교는 독특함이다. 신학은 이 독특함에 대한 학문이다. 그러나 요즘 유행하는 신학 속에는 자신만의 세계를 가지는 기독교의 고유한 품격을 잃어버리는 경우가 허다하다. 인간의 사고 속에는 변치 않는 보편이나 제1원리가 더 이상 존재하지 않는다고 인간의 문화가 단정하면, 신학은 정초주의가 무너졌다고 화답한다.[15] "진리가 무엇인가?"를 결정하는 요소 가운데 개인적인 것, 구체적 시간과 장소의 변수가 반드시 포함되어야 한다고 철학자가 주장하면, 인간의 구체적 상황과 문화―엄청나게 다양한 상황 가운데 주로 지리적인 상황이라는 이상한 카테고리를 적용하지만―를 중시하는 상황신학이 꽃을 피운다. 신학은 인간으로부터 출발해서 인간으로 끝나야 한다고 어느 교황이 말하면, 개신교 학자들조차 평범한 민중이 신학의 주체라고 요란하고 민감하게 반응한다. 민중이? 감히 인간이? 과연 인간으로부터 하나님으로의 유비가 가능한가? 인간으로부터 하나님께로, 다시 인간에게로 돌아오는 것이 아니라, 하나님으로부터 인간에게로, 다시 하나님께로 가는 것이 기독교의 본질, 성육신의 참 모습 아닌가?

인간의 고난을 보고 신 존재를 부정할 수도 있다. 그러나 기독교는 그 본질적인 방향이 다르다. 하나님을 보고 인간의 고난을 이해하고 해석할 수 있어야 한다. 인간 고난의 비참함과 그 원인에 대해서 하나님께 탄원

할 수도 있다(욥기와 시편). 그러나 또한 하나님이 우리에게 찾아오시어 온 갖 종류의 고난과 박해와 환란을 가장 가까이서 지켜보고 계시지 아니한 가? 온갖 종류의 고난과 박해를 예수님 스스로 나누고 짊어지고 계시지 아니한가? 기독교는 '인간이 하나님께로 올라가기 때문에'가 아니라, '하나님이 인간에게로 찾아오시기 때문에' 그 어떤 다른 종교보다 인간의 총체적인 비참함에 대해서 가장 민감하다. "십자가의 실재가 무엇인가?"를 이해하는 데 있어서, 인간 편에 서서 인간의 가난, 인간의 논리, 인간의 문화, 인간의 필요성으로 십자가를 바라보는 한 기독교는 그 고유함을 잃어버리게 된다. 인간들이 자신의 잣대로 계속해서 예수님을 십자가에 못 박고 있기 때문이다. 예수님은 바로 이런 인간들을 위해서 돌아가셨다! 이것이 복음이요 구원이다. 더 이상 십자가를 세상에 못 박을 수는 없다. 세상을 십자가에 못 박아야 한다.

십자가에 대한 해석은 인간으로부터 출발하는 것이 아니라 성경의 세계로 돌아가서 성경으로부터 출발해야 한다. "성경이 하나님의 말씀이다"라는 이데올로기를 위해서 다른 모든 것에 귀 막고 눈감자고 하는 얘기가 아니다. 성경이 고백으로서 가치를 가지기 때문에 그 내용을 입증할 필요가 없다고 하는 것도 아니다. 성경이 인간에 의해서 조작된 것이 아니라 하나님의 거룩한 영감으로 기록되었기 때문에 성경으로부터 출발하자는 이야기도 아니다. 우리가 성경으로부터 출발해야 하는 것은 성경이 아니고는 십자가로 찾아오신 하나님을 발견할 수 없기 때문이다. 성경이 아니고는 성경이 우리에게 알려주는 그 내용을 우리 지혜로 다 감당할 수 없기 때문이다. 성경이 아니고는 십자가로 찾아오시는 하나님을 우리가 다 해석할 수 없기 때문이다. 성경이 아니고는 십자가를 이해하고 해석하고 설명하고 선포할 수 있는 그 어떤 철학이나 과학이나 문학이나 언어나 문화적인 틀이 존재하기 않기 때문이다. 성경만이 십자가의 **내용**을 우리에게 알리고 그 내용을 **설명**하고 있기 때문이다.

십자가는 신비다. 그 신비를 설명하시는 분도, 그 신비를 우리에게 알려주시는 분도 바로 그분, 십자가에 달려 돌아가신 그 말씀(로고스)이시다. 하나님이 십자가로 우리를 찾아오셨다면 하나님께 가까이 갈 수 있는 유일한 방법은 하나님이 보내신 그분을 통해서다. 우리는 그리스도를 통해서 그리스도께로, 하나님께로 나아간다. 그분은 알파요 오메가이실 뿐만 아니라 길이요 진리이시기 때문이다. 길이신 그분을 통해서 진리이신 그분께로 나아간다.

3장 대전제

예수님은 참으로 하나님이시고 참으로 인간이시다

성경의 세계는 "예수님은 참으로 하나님이시고 참으로 인간이시다"라는 엄청난 전제를 담고 있다. 예수님이 십자가에서 돌아가셨다는 것은 십자가에서의 죽음이라는 사실 자체만을 선포하는 것이 아니다. 그 말에는 "십자가에서 돌아가신 그분은 누구신가?"라는 질문이 항상 함께 포함되어 있다. "예수님은 누구신가?"라는 질문은 별도의 책에서 다루어야 할 정도로 복잡하고 긴 역사적인 배경을 가지고 있지만 십자가에 대한 논의의 대전제가 되기 때문에 여기서 간략하게라도 다루고자 한다.

"예수님은 참으로 하나님이시고 참으로 인간이시다"라는 고백은 그리스도인들에게는 너무도 당연한 고백이요 신앙의 핵심적인 내용이겠지만 사실 역사적으로 오래전부터, 예를 들어 1세기 말부터 에비온주의자들은 예수님의 신성보다는 인성을 더 강조했다. 혹시 예수님은 인간으로 태어나셔서 점점 더 신적인 존재가 되어간 것 아닌가? 세례 받으시고 부활하신 이후에 비로소 신적인 존재로 승화된 것은 아닌가? 이러한 주장은 그 정도에 따라서 다양한 유형이 있지만, 전체적으로 보면 '인간 예수'를 더 강조한다는 점에서 '아래로부터의 기독론'(Christology from below), '낮은 기독론'(Low Christology), '역사적 예수 연구' 등과 그 방향을 같이한다고 볼 수 있다. 이에 반해서 하나님이 인간이 되셨다는 성육신과 예수님의 신성을 더 강조하는 '위로부터의 기독론'(Christology from above), '높은 기독론'(High Christology), '칼케돈 기독론'이 있다. 예수님의 인성과 신성을 동일하게 강조해야 한다는 면에서 혹자는 아래로부터의 기독론과 위로부터의 기독론이 조화되어야 한다는 주장을 펼치기도 한다.

인간이신 예수님

먼저 예수님은 참으로 인간이시다. 예수님은 역사 속에서 역사적인 한 인물로 이 땅에 오셨다. 오늘날 이 인간 예수가 복음서에서 어떻게 기억되고 편집되고 기록되었는가를 추적하고 이론화하는 작업이 왕성하게 이루어지고 있다. 마가복음이 비교적 원래의 역사적인 사건을 잘 기록한 것에 가깝고, 다른 공관복음은 마가복음과 다른 자료들을 참고로 해서 기록되었으며, 요한복음은 특정한 신학적 관점(예수님의 신성)을 더 부각하는 쪽으로 기록되었을 것이라고 일반적으로 생각한다. 물론 마가복음의 말씀도 조각조각 내서 어떤 부분이 정말로 예수님이 하신 말씀인가를 분석하고 분류하는 작업이 한창이다. 이러한 신학적 경향은 아래로부터의 기독론에 더 힘을 실어주고 있다.

마가복음에는 인간 예수의 모습이 선명히 드러나 있다. 예수님은 당시

많은 사람처럼 세례를 받으셨고(1:9), 우리처럼 사탄에게 시험당하셨으며 (1:13), 당시의 지도자들처럼 제자들을 두고 가르쳤고(1:16-21), 야고보와 요셉과 유다와 시몬의 형님이었고 몇몇 여동생의 오빠였다(6:3). 고향 사람들이 자신을 믿지 않는 것을 이상히 여기셨고(6:6), 가난하고 배고픈 무리를 불쌍히 여기셨으며(6:34; 8:2), 무엇보다도 죽음을 앞에 두고 심히 놀라고 슬퍼하셨으며 고민하여 죽게 될 정도였다(14:34-35). 잔혹한 채찍질을 당하셔서 구레네 사람 시몬이 십자가를 대신 져야 할 정도로 약한 육체를 가지셨으며(15:21), 그리고 마침내 죽으셨다(15:37). 이러한 인간 예수의 모습이 역사적으로 깊이 주목받지 못했기 때문에 오늘날 아래로부터의 기독론이 부각되는 것이 당연하며 인간 예수의 참 모습은 반드시 회복되어야 할 신앙의 본질적인 내용 가운데 하나다. 인간으로서 예수님은 위선적인 당시의 사회를 통렬히 비판하시고 가난한 자들의 아픔을 함께하시며 이를 슬퍼하신 사회 혁명가요 빈민 운동가셨다.

예수님은 참으로 인간이시다. 하나님과 사람의 중보자로서도 '사람이신 그리스도 예수'(ἄνθρωπος χριστὸς Ἰησοῦς)시다(딤전 2:5). 지극히 당연한 얘기인데, 역사적으로 예수님이 누구이신가를 한창 뜨겁게 토론했던 주후 4-8세기에 사람들은 예수님의 인성에 대해서 상당히 모호한 입장들을 취했다. 그들이 "예수님이 참 인간이시다"라는 것을 강조하는 데는 몇 가지 이유가 있었다. "인간의 총제적인 인격이 구원받으려면 인간 예수가 온전히 인간이어야 하기 때문이다"라는 주장이 있었는데, 이러한 주장은 예수님이 누구신가에 대한 기독론적 논의보다는 '구원론'과 '필연성'이라는 목적론적 논리가 도사리고 있어서 맑지 못하다.[16] "인간이 이러저러하게 구원받아야 한다"라는 필연성으로부터 "예수님의 인성은 이렇다"라는 예수님의 본성에 관한 내용을 끄집어내는 것은 결코 올바른 길이라고 할 수 없다.

요즘 들어서는 예수님의 삶에 초점을 맞추어서 예수님의 인성을 강조하는 경우가 많다. 그리고 예수님의 삶이 인간에게 가장 훌륭한 본보기를 보여주었다고 주장한다. 너무도 당연한 주장이긴 하지만 이런 주장에는 세 가지 난점이 있다. 우선 예수님의 삶이 우리의 삶 가운데 가장 훌륭한 본보기라는 사고는 예수님의 인성과 우리의 인성이 질적으로 유사하다는 면을 부각시킨다. 이는 예수님의 인성이 가지고 있는 생명 그 자체, 우리의 인성과는 다른 고유함을 놓쳐버릴 수 있다. 둘째, 인성을 강조하면서, 인간에게 가장 훌륭한 모범은 바로 인간이어야 한다는 논리를 내세우는 경우도 있지만, 인간이 가장 인간다운 삶을 살아가기 위해서는 인간 가운데 가장 훌륭한 모범이 필요한 것만은 아니다. 인간을 넘어서는 신적 내용과 실재가 오히려 인간을 가장 훌륭한 인간으로 만들 수 있다. 셋째, 예수님의 삶을 강조하는 것이 예수님의 인성을 가장 잘 이해하는 것은 결코 아니다. 예수님의 죽음과 부활 속에서 예수님의 인성이 무엇인가라는 물음도 예수님의 인성을 이해할 수 있는 참으로 중요한 주제다.

예수님이 부활을 통해서 비로소 참 인간이 완성되었다는 견해도 있다. 물론 결코 틀린 얘기가 아니다. 예수님은 잠자는 자들의 첫 열매시기 때문이다(고전 15:20). 그러나 예수님의 인성을 부활하고만 연관시키는 것 또한 많은 문제점을 안고 있다. 예수님은 이미 그 삶과 죽음에서도 인성과 깊은 관계 속에 있었다. 따라서 삶과 죽음, 부활을 포괄적으로 끌어안고 있는 예수님의 인성은 점진적이고 역사적인 동시에 본질적이고 탈역사적이다. 이것은 우리가 감히 상상하고 예측하고 분석할 수 있는 적절한 대상이 아니다. 우리와 동일하면서도 동시에 우리와 다르다. 예수님의 인성을 올바로 이해하기 위해서 부활만을 강조하게 되면 '초월적 인성', '유일한 인성' 혹은 아타나시우스의 말을 빌리자면 '생명 그 자체'(αὐτοζωή)인 예수 그리스도의 인성이 별다른 의미를 갖지 못하게 되고,[17] 십자가의 죽음으로 우리에게 나누어진 그리스도의 인성의 가치도 놓치게 된다.[18]

간혹 예수님의 인성을 다루면서 예수님이 완전한 인간이어야만 하는 이유를 예수님 외의 다른 요소나 필요성에서 찾는 경우도 있는데, 이렇게 되면 "예수님이 누구신가?"라는 주제 위에 다른 무엇이 있다고 인정해버리는 결과를 낳는다. "예수님이 누구신가?"라는 문제를, '우리의 구원', '좋은 모범이 필요하다', '참 인간이 회복되었다'라는 '우리에 관한 것들'이 결정할 수는 없다. 인간의 필요가 예수님의 본성을 결정할 수도 없다. 우리가 그리스도를 결정할 수 없기 때문이다.

예수님이 진정으로 인간이셨다는 것을 우리가 믿고 고백하고 강조하는 이유는 성경의 세계 속에 인간 예수가 너무도 선명하게 드러나 있기 때문이다. 예수님은 고난받는 인간들과 함께하셨다. 그리고 고난받는 인간이셨다. 십자가에서 돌아가셨다. 그는 죽었다. 십자가는 그리스도의 인성을 가장 극렬하게 드러낸다.

그러나 아래로부터의 기독론은 예수님의 **역사성**을 가장 중요한 전제로 삼고 출발한다는 점에서 많은 문제를 야기시킨다. 우선 오늘을 사는 우리는 과거의 역사를 엄밀하고 완전하며 객관적으로 재구성할 수 없다. 많은 역사적 자료의 저자들이 역사적 사실 그 자체를 기록하기보다는 역사적 사실에 대한 자신의 독자적 이해와 해석을 기록했고, 보통 일정 기간이 지난 후에 기억이나 다른 자료에 의존해서 기록했다. 성경도 사실 그 자체를 기록한 것이 아니라, 상당한 시간이 흐른 후에 이미 발생했던 것들을 제자들이 기억하고 편집해서 기록했다. 뿐만 아니라, 해석자는 역사적 사실에 대한 해석을 역사적인 사실에 투사하기 때문에 역사적 사실의 엄밀함을 배반한다. 오늘을 사는 우리 가운데 어느 누구도 역사적인 사실의 완전한 재구성자가 될 수 없다. 우리는 역사를 우리의 시각과 해법으로 바라보는 해석자일 뿐이다. 더 나아가 설혹 우리가 역사적 사실을 객관적이고 엄밀하게 재구성할 수 있다고 하더라도 그 엄밀함이란 신학의 엄밀함으로서는 함량 미달이다. 신학은 역사성만이 아니라 계시, 선포, 관계, 고백, 진리, 의미와 가치, 사유 등을 포괄적으로 다루는 종합 학문이고, 종교는 역사 속에서 역사를 넘어서기 때문이다.

심지어, 감각 세계의 가치를 평가하는 심미적인 분야에서도 소리의 아름다움 그 자체, 꽃의 향기 그 자체, 그림과 건축물의 직관적 아름다움 그 자체, 소설과 영상이 알려주는 부조리, 평화, 느끼함, 권태 그 자체를 높이 평가할 뿐만 아니라, 그 이면의 배경과 현상과 의미와 논리를 파헤치고 수많은 꼬리표를 달며, 엄청난 시간과 세월을 공들여 평가하고 기록하고 토론하며 함께 나누고 이를 즐거워하지 않는가! 왜 종교적인 가치를 설명하고 논의하는 장에서는 역사적 사실만을 남겨놓으려고 하는가?

사실과 역사의 세계는 의미로 세계로 나아가지 않는 한 역사 그 자체 속에 갇힌 채 버려져 있지만, 진리와 의미의 세계는 역사 속에서 역사를 넘나든다. 더구나 기독교는 말씀과 계시의 종교다. 계시가 담고 있는 '하나님과 인간의 관계의 포괄성'이 기독교의 가장 중요한 관심사요 우리의 믿음의 내용이다. 바로 이런 맥락에서, 복음서로 알려지고 선포된 하나님의 말씀을 우리 주님 예수 그리스도의 말씀으로, 신구약을 하나님의 거룩한 성령이 저자들을 통해서 기록하신 계시로 이해하고 고백하는 것이 신학의 참된 출발점이다.

하나님이신 예수님

신약성경의 가장 강력한 주제는 "비록 예수님이 인간으로 와서 당시의 제자들과 많은 사람들이 그의 삶과 죽음과 부활을 지켜봤지만, 바로 그 나사렛 예수가 위로부터 오신 하나님이다"라는 것이다. 바로 이 사실 때문에 초기 그리스도인들은 유대인들에게 박해를 받았고, 바로 이 차이를 설명하고 선포하는 일이 제자들이 주로 한 일이었으며, 바로 이것을 위해서 신약성경이 기록되었다.

사도행전 2장에서 베드로는 그리스도의 부활이 바로 하나님이 하신 일이라고 강조하면서 십자가에 못 박힌 예수를 그리스도가 되게 하셨다(ἐποίησεν, 만들었다)고 설교했다(행 2:36). 이 부분만을 주목하면 마치 예수님이 부활 후에 비로소 그리스도가 된 것으로 해석할 수 있다. 그러나 베드로의 설교는 "예수님의 부활이 유대인들이 믿어왔던 바로 그 하나님의 일이다"라는 것을 강조하고자 했던 것으로 보인다. 후에 사도행전 10장의 설교에서 베드로는 예수님을 '만유의 주'라고 선포한다(행 10:36). 바울은 다메섹에서 예수님을 만난 후에 곧 회당에서 예수님이 하나님의 아들이라는 것을 전파한다(행 9:20). 그리고 에베소의 장로들과 이별하면서 교회를 '하나님이 자기 피로 사신 교회'라고 부르면서 그리스도를 하나님으로 지칭했다(행 20:28).

신약성경 가운데 특별히 바울 서신은, 비록 부활로 인해서 예수님이 하나님의 아들로 선포/결정되었다(ὁρισθέντος)는 것도 서술하고 있지만 (롬 1:4), 그리스도 예수는 바로 창세 전에 하나님과 함께했던 위로부터 오신 하나님의 아들이요 영광의 주이신 것을 선포하는 것을 가장 중요한 계시의 내용으로 삼았다(고전 2:8; 엡 1:4; 빌 2:6; 골 1:15-20). 그러므로 소위 인간 예수의 삶을 너무 강조하는 현대의 기독론은 신약성경의 핵심적인 주제, 신약성경이 기록된 의도, 신약성경을 계시한 성령의 역사에 대해서 보다 더 균형 잡힌 접근이 필요하다.

뿐만 아니라, 마가복음만 살펴보아도 예수님이 위로부터 오신 분임을 충분히 깨달을 수 있다. 마가는 그 복음서 첫머리에 자신이 쓰는 글이 하나님의 아들에 관한 기록이라고 단언하고 있다(1:1). 그의 기록에 의하면, 다른 사람들처럼 예수님도 세례를 받았지만 하늘의 소리가 있어 그 사랑받는 아들로 선포되셨고(1:11), 우리처럼 시험당하셨지만 천사들이 섬겼던 분이다(1:13). 그 외에도 예수님 스스로 자신이 위로부터 온 자임을 보여주시는 장면과 말씀이 허다하다. 예수님은 자신이 죄를 용서하시는 자 (2:5), 안식일의 주인(2:28)이라는 엄청난 선포를 하셨다. 인간의 마음을 살피시는 자요(7:21; 12:38-44), 어린아이의 연약함(9:37)과 순전함(10:15)을 역설적으로 끌어안으실 정도로 세밀하면서도, 동시에 자신의 운명(8:31; 9:12; 10:33), 유대인들의 운명(12:1-12), 예루살렘 성의 앞날(13:1-2), 온 세상의 종말(13:5-23, 28-37), 그리고 그 종말 이후에 자신이 다시 오실 것(13:24-27) 등을 선포하신 우주적인 분(cosmic Christ)이시다. 예수님은 자신의 삶과 그 역사적 실재 속에서 역사를 넘나드는 초월성을 드러내셨다.

마가복음 4장은 특히 주목할 만하다. 예수님은 씨앗에 대한 세 가지 비유와 등불에 대한 비유를 통해서 하나님 나라에 대해서 가르치신다. 하나님 나라가 여러 인간과 어떻게 관련되는지를 자세히 설명하시고(4:3-20), 그 나라가 등불처럼 드러나는 것을 선포하시면서(4:21-25), 작은 겨자씨가 땅위의 모든 씨보다 작지만 모든 식물보다 커지듯이 그 나라도 그러할 것을 가르치신다(4:30-32). 그러나 26-29절의 비유에서는, 우리가 밤낮 자고 깨고 하면서 하나님 나라가 자라나고 열매 맺는 것을 볼 수는 있지만 어떻게 그런 일이 일어나는지 알지 못한다고 말씀하신다. 우리는 단지, 땅이 스스로 열매를 맺으면 수확할 시기라는 것을 알 뿐이다. 과연 누가 하나님 나라에 관해서 이렇게 말씀하실 수 있는가? 하나님 나라에 관한 것을 가르치면서도 우리가 그것을 다 알 수 없다는 것을 동시에 선언하시는 분은 누구신가? "나는 하나님 나라를 알지만 너희들은 다 알 수 없다"고 말씀하실 수 있는 분은 바로 그 하나님 나라로부터 오신 자가 아닌가? '예수님 자신과 하나님 나라의 관계'는 '인간과 하나님 나라의 관계'와는 본질적으로 다르다는 것을 알리시는 것 아닌가? 예수님은 하나님 나라의 핵심적인 내용이시면서 또한 하나님 나라로부터 오신 분이다. 이 땅의 삶 속에서도 하나님 나라를 가르치셨고, 부활 후에도 하나님 나라의 일을 가르치셨다(행 1:3). 부활하신 하나님이 바로 성육신하신 하나님이시다. 아래로부터의 기독론은 그 가치가 충분히 조명되어야 한다는 점에서는 위로부터의 기독론과 분명히 조화되어야 한다. 그러나 위로부터의 기독론이 우선이다. 역사적으로 이것을 신성의 수위성(the primacy of Christ's divinity)이라고 표현하지만 인성을 등한시하려는 의도와는 명백히 구분되어야 한다. 문제는 우선순위다. 위로부터의 기독론이 우선이요, 그 다음에 아래로부터의 기독론이 펼쳐놓은 가치가 충분히 고려되고 보완되어야 한다.

예수님은 위로부터 오신 하나님이시다. 그리고 참으로 인간이시다. 십자가에서 돌아가셨기 때문에 참으로 인간이셨다. 그리고 하나님 나라, 예수님 자신, 그리고 우주적인 종말뿐만 아니라 바로 자신의 죽음이 어떻게 이루어질 것인가를 설명하고 선포하신 후에 십자가에서 돌아가셨기 때문에 더더욱 참 하나님이셨다. 우리를 위해서, 우리가 되어서, 우리를 짊어지고 십자가에서 돌아가셨다. 바로 십자가 위에서 예수님은 참으로 인간이요 참으로 하나님이셨다. 이것이 역사 속에서 역사를 압도하는 십자가론의 출발이요 대전제다.

제2부

신비와 역설

십자가의 죽음에 대한 예수님 자신의 가르침과 선포

4장

내 몸과 피

마가복음 14:22-25

자신을 나누심

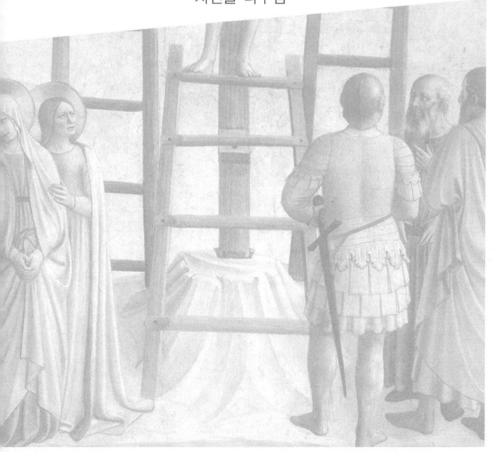

>>> 그가[예수께서] 그들에게 말씀하셨다. "이것은 많은 사람을 위하여
흘리는, [새] 언약의 나의 피니라"(막 14:24).

우리는 흔히 공관복음에서 공통적으로 등장하는 최후의 만찬 장면을 성
찬에 관한 것으로 이해한다. 예수님이 성찬을 시작하시고 성찬의 의미를
선포하셨다. 누가복음 22장 19절에서 "기억하라"고 말씀하셨고 바울이
고린도전서 11장 25절에서 "기념하라"고 했기 때문에 우리는 습관적으로
'예수님의 최후의 만찬'을 우리가 행하면서 기념해야 하는 '성찬의 원형'으
로만 축소해서 이해하는 경향이 있다. 그러나 마가복음 14장 22-25절, 마
태복음 26장 26-29절에는 "기념하라"라는 성례적인 선포가 없다. 예수님
은 가장 압축된 언어로 자신의 몸과 피가 많은 사람에게 나누어지고 그
들이 먹도록 하는 새 언약이라는 것이라는 것을 말씀하고 계신다. 따라서
최후의 만찬은 '성찬을 제정하신 것'에 앞서서, '다가올 십자가의 죽음을

앞에 두고 자신의 죽음이 무엇인가를 선포하신 것'이라고 이해하는 것이 옳다. 최후의 만찬에서 예수님이 하신 말씀을 읽으면서 우리가 더 근원적으로 관심을 가져야 하는 것은 "성찬에 어떻게 참여할 것인가?"보다는, "최후의 만찬에서 예수님은 자신의 죽음에 대해서 어떤 선포를 하고 계시는가?"다.[19]

오늘날 많은 진보적인 신학자들은 예수님 스스로는 자신의 십자가 죽음이 어떤 의미인지 분명한 의식을 갖고 있지 못했다고 주장한다. 마가복음에서도 예수님이 자신이 고난당하며 죽을 것이라는 사실 그 자체를 반복적으로 말하고 있지만, 정작 죽음의 의미에 대해서는 특별히 언급하지 않는다는 점, 제자들이 오순절 성령을 받은 후에야 비로소 예수님의 죽음에 대해서 해석을 하기 시작했다는 점 등을 근거로 그러한 주장을 하는 듯하다. 그런데 이상한 것은 그런 주장을 하는 이들이 예수님이 최후의 만찬에서 하신 말씀을 주목하지 않는다는 점이다. 최후의 만찬에서 예수님이 하신 이 짧은 말씀은 기묘한 내용들로 가득 차 있다. 공관복음의 공통적인 요소를 요약하면 다음과 같다.

(1) 받아라, 이것은〔내가 너희와 나누는 이 떡은〕내 몸이다.
(2) 이것은〔내가 너희와 나누는 이 포도주는〕내 피다.
(3) 내 피는 많은 사람을 위하여 흘리는 것이다.
(4) 내 피는〔새〕언약이다.
(5) 포도나무에서 난 것을 하나님의 나라에서 새 것으로 마시는 날까지 더 이상 마시지 않을 것이다.

이러한 다섯 가지 진술을 고려하면, 우리는 다음과 같은 중요한 점을 발견하게 된다. 먼저 예수님은 자신의 몸과 피를 언급하셨고 그 몸이 나누어져서 사람들이 먹을 것이며, 피가 흘려져서 사람들이 마실 것을 말씀하셨다. 그리고 그 피가 많은 사람을 위한 것이며 또한 언약이라는 기묘한 말씀도 선언하셨다. 하나님 나라에서 다시 마실 때까지 더 이상 제자들과 함께 마시지 않겠다는 이별이자 약속의 말씀도 첨가하셨다. 제자들이 그리스도의 몸과 피를 먹을 수 있으려면 예수님의 몸과 피가 그들에게 나누어질 수 있는 상태에 있어야 한다. 많은 사람을 위해서 흘리는 피라면, 그 피는 죽음을 통해서 생길 수 있는 피다. 그리고 그 피는 많은 사람을 위해서 그 어떤 가치를 가진다. 더욱이 피가 언약이라면 이것은 최후의 만찬 그 자체가 선언할 수 있는 내용을 훨씬 넘어서서 십자가의 죽음이 선포하는 하나님의 약속을 의미한다. 그리고 다시 마시지 못한다는 말씀 속에는 마지막 작별, 죽음이 드리워 있다. 하나님 나라에서 다시 마시겠다는 소망은 예수님의 죽음이 몰고 올 새로운 세상을 기대하게 한다. 이 모든 점들을 종합해보면, 최후의 만찬에서 예수님이 하신 이 기묘한 말씀은 예수님이 자신의 죽음에 대해 말씀하신 것임을 분명히 알 수 있다.

1. 최후의 만찬은 그리스도의 죽음에 관한 그리스도 자신의 선언이다

그 죽음은 많은 사람을 위한 것이다. 이는 어떤 의미일까? 어떻게 죽음이 많은 사람을 위한 것일 수 있는가? 정치적으로나 종교적으로 그 어떤 긍정적인 결과를 초래할 것이라는 의미였을까? 일단 자신의 죽음이 무가치하거나 억울한 죽음이 아님을 선포하신 것은 확실하다. 만약 예수님이 유대 종교 지도자들의 모함이나 로마 제국의 정치적 판단의 결과로 자신이 억울한 죽음을 당하는 것이라고 이해하고 있었다면 결코 많은 사람을 위해서 흘리는 피라고 미리 말씀하실 수는 없었을 것이다. 자신의 죽음으로 인해서 이스라엘의 정치적 독립을 이룰 수 있었던 것도 아니고 유대의 종교적 정결함을 회복할 수 있었던 것도 아니었다. 도대체 어떤 의미로 예수님은 자신의 죽음이 죽음 그 자체가 아니고 많은 사람을 위한 것이라고 선언하실 수 있었을까?

이 의문에 가까이 다가가기 위해서는 더 근원적인 말씀에 주목해야 한다. 예수님은 유월절 식사나 유대인들의 애찬에서는 전혀 사용하지 않는 말씀을 첨가하셨다.

>>> 이것은 내 몸이다. 이 잔은 내 피다.

도대체 누가 감히 식사할 때 먹는 떡을 자신의 몸이라고 하고 포도주를 자신의 피라고 할 수 있는가? 뿐만 아니라, 왜 "이것은 나 자신이다"가 아니라 '내 몸'이라고 하시면서 자신의 몸, 그 신체성을 강조하셨을까? 어떻게 이렇게 황당할 수 있는가? 이 얘기를 들은 제자들이 별다른 토를 달거나, "예수님 도대체 무슨 말씀이십니까?"라고 묻지 않은 것으로 보아, 제자들이 예수님의 말씀을 유월절 상황과 관련시켜서 이해했을 것이라고 생각해볼 수도 있다. 유월절 어린 양의 피와 예수님의 피가 그 연관성을 암시한다. 그리고 '나 자신'이 아니라 '내 몸'은, 유월절 어린 양의 흘린 피만을 포괄하는 것 아니라 그 양의 나누어진 고기를 먹는다는 '신체성과 나눔'을 구체적으로 상징할 수 있다. 그러나 이 점도 그렇게 간단히 넘길 수 있는 문제가 아니다.

첫째, 제자들은 예수님의 이 말씀이 예수님의 죽음과 연관된다는 것을 정확하게 알지 못해서, 예수님이 최후의 만찬에서 떡과 잔이 자신의 몸과 피라고 했을 때 예수님의 죽음으로 인해서 이러한 의미가 발생한다는 것을 그들이 깨닫지 못했을 가능성이 있다. 유월절의 풍습, 즉 어린 양의 피와 예수님이 죽음으로 흘리시는 피를 제자들이 바로 연관시킨다는 것이 결코 용이한 일은 아니었다. 둘째, 유월절 예식에서도, 그리고 각종 제사에서 바쳐지던 희생제물도 모두가 동물의 피였지 사람의 피는 아니었다. 구약에서 사람을 제물로 바치는 얘기가 없는 것은 아니지만, 유대의 풍습이라고 볼 수는 없다. 오히려 구약 여러 곳에서 사람을 제물로 바치는 것을 엄격히 금하고 있다(신 12:31; 겔 16:20). 따라서 우리는 당시의 정치적 상황, 유대 종교적 가치, 유월절 풍습, 제자들의 침묵이라는 해석학적 배경들을 최후의 만찬에서 예수님이 하신 말씀들을 이해하는 데 유용한 핵심적 자료로 참고할 수 없다. 도대체 무엇을 근거로 예수님은 최후의 만찬의 떡과 포도주를 자신의 몸과 피라고 했을까? 십자가 죽음이 무엇이길래, 그 죽음으로 예수님의 몸과 피를 제자들이 먹고 마실 수 있단 말인가? 결국 우리가 주목해야 하는 것은 예수님 자신의 말씀과 예수님 자신의 이해, 그리고 그 자신의 죽음만이 가질 수 있는 고유함이다.

만약 예수님이 자신의 죽음이 많은 사람을 위해서 어떤 역할을 할 것이라는 사실 자체만 비유적으로 설명하시기를 원하셨다면 "이것은 나 자신이다"라고 하는 것이 더 포괄적이고 효과적인 표현이었을 것이다. 그런데 예수님은 "이것은 내 몸이다"라고 말씀하셨다. 우리는 두 가지를 생각해야 한다. 우선, 그리스도의 몸을 유월절 어린 양의 몸을 근거로 이해하는 것은 일종의 환원주의(reductionism)에 가깝다. 유월절이 십자가를 포함하고 있는 것이 아니라 십자가가 유월절을 포함하고 있고, 십자가에서는 양의 몸이 아니라 인간으로 오신 그리스도의 몸이 나누어지기 때문이다. 비록 성경이 예수님을 유월절 양이라고 말하지만(고전 5:7) 유월절은 예수님의 죽음이 드러내는 실재의 일부를 예표하고 있을 뿐이다. 유월절이라는 사건의 본질은 이스라엘 백성의 악에 관한 것이 아니라 타자의 악에 대한 하나님의 심판과 승리다. 따라서 유월절은 예수님이 십자가로 악과 세상을 이기신 것과는 잘 연결되지만 그 범위가 십자가의 실재보다 훨씬 좁다고 할 수 있다.

'내 몸'이라는 표현이 유월절과의 연관성을 넘어선다면, 그리고 '나 자신'이 '내 몸'보다 더 포괄적이고 효과적인 진술이라면, '내 몸'이라는 표현은 단순히 상징인 것만이 아니라 '그 어떤 실재'를 나타낸다고 생각할 수밖에 없다. 예수님은 여기서 유월절 어린 양이라는 실재가 아니라, 십자가에서 나누어지는 그리스도 자신의 몸이라는 실재를 말씀하고 계신다. 유월절로 회귀하는 실재가 아니라 유월절은 넘어서는 실재인 동시에, 포괄적이고 추상적인 실재가 아니라 죽음을 맞이하는 자신의 몸이라는 구체적 실재를 드러내신다.

그리스도 그 자신의 몸, 죽음으로 우리에게 나누어지는 몸. 유월절 어린 양의 몸, 예수님이 직접 사용하셨던 아람어로 '몸'이라는 단어의 의미, 헬라어로 쓰인 신약성경이 사용하고 있는 '몸'이라는 단어의 의미, 당시 지중해를 중심으로 하는 세계를 지배하고 있었던 그리스 철학에서 이해하고 있었던 '몸'의 의미, 상황신학의 흐름을 쫓아서 도교에서 말하는

'몸'의 의미 등을 우리가 다 파악하면 '십자가에서 죽음으로 나누어지는 그리스도의 몸'의 의미를 알 수 있을까. 이 모든 배경이 십자가의 의미를 해석하는 일을 가능하게 할까.

이러한 해석학적 틀과 배경을 사용하는 것은 비록 학문 세계에서는 유행하는 방법론이어도 십자가 앞에서는 참으로 어려운 이야기다. 예수님이 사용하셨을 것으로 추측하고 있는 아람어로 몸에 해당하는 대표적인 단어가 두 개 정도 있는데 어떤 단어를 예수님이 사용하셨는지 우리는 확정할 수 없다. 헬라어 성경 본문에서 사용한 몸이라는 단어는 육체성을 더 강하게 의미하는 다른 단어와는 달리 육체성과 구체성을 의미하는 단어이고, 그리스 철학에서 이 단어는, 한편으로는 '영'보다는 불완전한 인간의 육체를 의미하기도 하고, 다른 한편으로는 우주, 어떤 단체의 전체성을 의미하는 단어로 사용되기도 했다. 도교의 몸은 음양사시가 흐트러지면 몸이 상할 정도로 우주와 연결되어 있는 범신론적인 요소를 가지고 있다. 이렇게 인간이 몸을 이해하는 것은 매우 다양하다.

우리는 우리의 선지식(preknowledge)을 동원해서 예수님의 말씀을 더 풍부하게 해석할 수도 있다. 그러나 그 전에, 예수님이 선포하신 이 신비스러운 말씀 속에서 '가장 원초적인 두 가지 점'을 발견한다. (1) 떡을 **떼어** 제자들에게 주시며 "**받으라 이것이 내 몸이다**"라고 말씀하신 것을 주목하면, 예수님의 몸과 피는 '하나의 몸'인데 십자가의 죽음으로 모든 자들에게 나누어진다는 것—쪼개어진다는 의미(divided)가 아니라 함께 공유하게 된다는 의미로(shared)—과 (2) **많은 사람**을 위하여 흘리는 나의 피라는 말씀과, 자신의 살(flesh)이 참된 양식이요 피는 참된 음료라는 예수님의 말씀(요 6:54)을 참고하면, 예수님의 몸과 피가 떡과 포도주처럼 우리에게 생명을 주는 음식이라는 것을 파악할 수 있다. 예수님의 죽음으로 우리는 예수님의 몸과 피를 먹고 마신다. 그리스도의 몸과 피를 먹고 마시면 그리스도께서 우리 안에 거하시기 때문에 우리는 그리스도의 공동체가 된다. 예수님은, 유월절 어린 양으로서 유대 공동체를 만드시는 것이 아니라, 자신의 죽음으로 자신의 몸과 피를 함께 나누어 그리스도와 한 몸을 이루는 그리스도의 공동체를 만드시는 것이다.

2. 그리스도의 죽음은 자기 자신의 몸과 피로 하나의 공동체를 만드시고 먹이시는 것이다

아담이 하와를 보고 거룩한 인간 연대를 고백했다. "내 뼈 중의 뼈요 내 살 중의 살이라." 그러나 이 거룩하고 신비스러운 인간 공동체는 하나님과의 관계가 무너지면서 허물어졌다. 하나님도 인간으로 인해서 고통을 당하시고, 땅도 인간으로 인해서 부패와 착취를 겪는다. 그리고 인간이 인간으로 인해서 고난을 당한다. 동일한 몸과 피를 가진 타인과 더불어 자신의 뼈와 살을 더 이상 나눌 수 없다면, 인간은 죄 그 자체이며 죄덩어리이고 죄로 꽁꽁 둘러싸인 존재다. 죄로 인해서 인간은 단절과 소외 속에서 살아간다.

또한 인간은 타인의 죽음을 늘 지켜보면서도 그 죽음을 함께 나눌 수 없고, 자신의 죽음을 미리 경험하지도 못한다. 죽음에 관한 한 인간은 절대타자일 뿐이요, 자신과의 단절 그 자체다. 인간은 이렇게 죄와 죽음으로부터, 인간에게로부터 버림받은 단절의 존재다. 하나님과, 타인과, 땅과, 자기 자신과 처절하게 분리된 단절의 존재로 살아가는 우리에게 모든 신성이 충만하신 예수님이 몸으로(골 2:9), 그 몸과 피로 찾아오셨다. 독생자의 영광이요 은혜와 진리가 충만한 그분이 우리의 육신이 되시어 (요 1:14) 그 몸과 피로 찾아오셨다. 그리고 그 몸의 죽음으로 그 자신의 몸과 피를 "받으라"고 하시며 우리에게 나누어주신다. 그 자신이 하나의 몸이므로 그 몸과 피를 먹고 마시는 자는 그리스도와 한 몸으로 공동체를 이룬다. 갈기갈기 찢겨진 단절과 상실 속에 있던 '뼈 중의 뼈와 살 중의 살'들은 그리스도의 몸과 피로 다시 한 몸을 이루게 되었다.

예수님은 그 몸과 피로 그리스도의 공동체를 회복하셨다. 그 몸은 만나와는 다른 영원히 배고프지 않는 참된 양식이요(요 6:55-58), 그 피는 영원히 목마르지 않는 참된 생명수다(요 4:14; 6:53-55). 사마리아 여인과 제자들에게 이미 이것을 선포하신 예수님이 최후의 만찬에서 이것은 내 몸이요 내 피라고 선포하셨다면 이건 정말 어마어마한 사건이다. 예수님의 몸은 이렇게 우리와 아주 동일한 몸이면서도 우리와 아주 다른 몸이다. 우리의 몸까지 포함할 정도로 우리와 함께하는 몸이요, 우리 모두에게 나누어질 정도로 우리의 몸과는 다른 몸이다. 아담의 몸의 일부가 하와의 몸을 이루듯이, 그리고 그들의 몸이 인류의 몸으로 나누어져 왔듯이, 예수님의 몸이 그 죽음으로 우리에게 나누어진다. 아담이 인류 공동체의 몸인 것처럼 그리스도의 몸도 인류 공동체의 몸이다. 그는 둘째 아담이요 (고전 15:47) 마지막 아담이다(고전 15:45). 그러나 첫째 아담의 공동체는 무한 분열을 계속해왔다면 둘째 아담 그리스도는 인류를 다시 하나로 묶는 살리는 영이시다(고전 15:45). 우리와 동일한 몸이시기에 우리와 나누어지시며, 우리와 다른 몸이시기에 우리의 갈기갈기 찢긴 단절된 몸을 죽음으로 하나 되게 하신다. 죽음이라는 가장 극단적인 단절을 통해서, 다시는 단절되지 아니하는 새로운 생명, 영원한 생명의 공동체를 만드신다. 죽음으로 그의 몸과 피가 우리에게 나누어졌다. 성찬의 떡과 포도주가 그리스도의 몸과 피를 나누는 것이 아니라 그리스도의 몸과 피가 나누어졌기 때문에 성찬의 떡과 포도주가 그리스도의 몸과 피를 드러낸다.

그런데 어떻게 이것이 가능한가? 예수님이 하나님이시기 때문에 무엇이든지 가능할 거라는 전제 속에서만 이것이 가능한 것이 아닌가?

우리는 간혹 거룩한 희생적 죽음을 만난다. 한 사람이 다른 사람들을 살리기 위해서 죽음으로 희생한다. 전쟁에서 동료를 살리기 위해서 부상당한 자가 홀로 남아 끝까지 저항하며 죽음을 맞이하기도 한다. 일본에서 공부하던 한국인 유학생이 철도에 몸을 던져 다른 사람을 구하고 자신은 거룩한 죽음을 맞기도 했다. 그러나 그 어떤 희생적 죽음도 죽음으로 다른 사람들과 하나 될 수는 없다. "그리스도가 하나의 몸이다"라는 사실을 알 뿐이지 어떻게 죽음이 새로운 공동체를 만들어내는지를 우리의 지성으로는 이해하지 못한다. 예수님은 "자신의 죽음으로 자신의 몸과 피가 우리에게 나누어지고 우리가 그 몸과 피를 먹는다"는 사실 자체를 선포하셨지만 "어떻게 그것이 가능한가?"를 설명하시지 않으셨기 때문이다. 우리 주 예수 그리스도께서 이것을 꼼꼼히 설명하시지 않으신 이유는 인간 지성이 파악할 수 있는 그 어떤 패러다임을 사용해도 이 유일한 사건의 내막을 파헤치고 이해하기에는 턱없이 모자라기 때문이었을 것이다. 그런데 예수님은 이런 허술한 지성을 가진 우리를 버려두고 소외시키지 않으셨다. 예수님은 '새로운 약속'을 선언하셨다. 예수님은 최후의 만찬에서 나누어진 잔이 피로 세우는 새 언약이라고 하셨다.

3. 죽음으로 예수님의 몸과 피를 나누고 그리스도의 한 몸의 공동체를 만들 수 있는 이유는 예수님이 죽음으로 새로운 약속을 하셨기 때문이다

피로 세운 새로운 언약! 죽음으로 세운 약속보다 더 강한 약속이 있을 수 있는가! 하늘에서 오신 하나님 나라의 주인이신 예수님은 자신의 몸과 피로 우리를 먹이시어 우리를 그리스도의 공동체, 죽음의 공동체, 그리고 생명의 공동체를 만드신다는 것을 그저 말씀으로만 약속하신 것이 아니라 죽음으로, 바로 자신의 피로 약속하셨다. 그렇다면 인간이 요청하고, 인간이 믿을 수 있다 하고, 인간이 이해할 수 있다 하고, 인간이 합리적이라고 하는 일체의 모든 것보다 더 확실한 것이 아닌가! 뿐만 아니라, 예레미야 선지자는 그 새로운 약속의 내용을 놀랍도록 생생하게 우리에게 미리 알려주었다.

>>> 나 여호와가 말하노라 보라 날이 이르리니 내가 이스라엘 집과 유다 집에 새 언약을 세우리라. 나 여호와가 말하노라 이 언약은 내가 그들의 열조의 손을 잡고 애굽 땅에서 인도하여 내던 날에 세운 것과 같지 아니할 것은 내가 그들의 **남편이 되었어도** 그들이 내 언약을 파하였음이니라. 나 여호와가 말하노라 그러나 그 날 후에 내가 이스라엘 집에 세울 언약은 이러하니 곧 내가 나의 법을 그들의 속에 두며 그 **마음에 기록하여** 나는 그들의 하나님이 되고 그들은 내 백성이 될 것이라. 그들이 다시는 각기 이웃과 형제를 가리켜 이르기를 너는 여호와를 알라 하지 아니하리니 이는 작은 자로부터 큰 자까지 **다 나를 앎**이니라. 내가 그들의 **죄악을 사하고** 다시는 그 죄를 기억지 아니하리라 여호와의 말이니라(렘 31:31-34).

하나님이 우리의 남편이 되어도 우리는 늘 하나님을 떠나서 하나님의 백성이 되지 못했는데 이제는 새로운 언약을 세우셨다. 그 새로운 언약이란, 남편으로 옆에 서 계신 것이 아니라, 자신의 몸과 피를 우리에게 나누시어 바로 자기 자신을 우리 속에, 우리 마음속에 기록하시는 것이다. 이 새 언약은, 계명의 율법을 자기 육체로 폐하시고(엡 2:15), 하나님이 굳게 세우신(롬 3:31) 그리스도 자신의 율법인데(고전 9:21), 모든 율법을 완성하시는 사랑을(롬 13:10) 십자가에서 이루셔서 율법의 마침이 되신(롬 10:4) 예수 그리스도 자신이시다. 이 새로운 언약의 그리스도는 우리와 일정한 거리를 두고 있는 우리의 남편이 아니라, 바로 우리가 되셨다. 우리의 마음에 그리스도가 새겨졌다. 그 몸과 피를 우리에게 먹이셨기 때문이다. 이 새로운 언약은 예수님이 십자가에 들리면 모든 민족을 모으시듯이(요 12:32), 유대인들만을 위한 언약이 아니라 작은 자로부터 큰 자까지 다 알게 될 언약으로 바로 우리의 죄를 사하는 언약이다. 우리의 마음이 바뀌지 않는 한, 우리의 속사람이 바뀌지 않는 한, 참된 죄의 용서는 불가능하다. 예수님이 자신의 피와 살로 우리를 먹이시어 우리에게 들어오시고 우리가 되셨다. 죽음으로. 이것이 로마서와 갈라디아서가 전하는 '칭의'의 보다 본질적이고 원초적인 의미다. 칭의란 율법적 상태의 변화가 아니요, 믿음이란 인식론적 의식의 전환이 아니다. 하나님의 의가 그리스도의 몸과 피로 우리에게 들어와 우리의 전 인격을 송두리째 새롭게 하는 것이다. 우리의 뼈와 살 속에 그리스도의 몸과 피가 새겨지는 것이다. 예수님이 들어오시는 것이다. 첫째 아담 속에 둘째 아담이 죽음의 약속으로 새겨지는 것이다. 세상 끝 날까지 우리와 함께하신다는 그 약속은 그 자신의 몸과 피로 우리 속에 새겨짐으로써 이루어졌다.

그러나 이렇게 예수님이 이루신 이 엄청난 일이 우리 안에서 얼마나 실질적으로 일어나는가에 대해서는 결코 낙관할 수 없다. 말씀의 조명으로도, 성령의 내주하심으로도, 교회와 전통의 가르침으로도 우린 아직 여전히 이 땅에서 이 땅의 가치에 의해서 부침을 거듭하는 가난한 자들이다. 이런 우리에게 예수님이 소망의 약속을 주셨다. "하늘나라에서 새 포도주를 마실 때까지 다시 마시지 아니하리라."

4. 예수님의 죽음은 마지막 소망이다

예수님은, 다시는 마시지 않겠다고 하시며 십자가에서 돌아가셨고, 하늘나라에서 새 포도주로 마실 때까지라고 하시며 천국 잔치를 준비하신다. 그리스도의 죽음은 우리에게 가장 강렬한 소망이다. 예수님이 하늘나라로 가셨다는 것과 그 하늘나라에서 예수님과 다시 잔치를 함께 누릴 것을 확정하는 소망이다. 어린 양의 혼인 잔치에 참여하리라는 기쁨과 즐거움의 소망이다(계 19:7-9). 예수님은 가나의 혼인 잔치에서 물을 포도주로 새롭게 하셨고(요 2:2-11), 하나님 나라가 혼인 잔치에 초대받은 자들의 잔치라고 가르치셨으며(마 25:10), 사람들이 동서남북으로부터 와서 하나님 나라의 잔치에 참석할 것을 선포하셨고(눅 13:29), 거리와 골목에 거하는 가난하고 상처 입은 우리를 강권하여 잔치에 불러 모으셨다(눅 14:12-24). 그리스도의 몸과 피를 먹고 마신 자들은 지금 여기서 성찬에 참여하며 그리스도의 몸과 피를 마시고 그의 죽으심으로 오늘을 살아간다. 그리고 마침내 천국의 혼인 잔치에 참여하여 어린 양의 몸과 피를 먹고 마실 것이다. 그리스도를 먹고 마신 자는, 그리스도를 먹고 마시며, 그리스도를 먹고 마실 것이다. 최후의 만찬에서도, 성찬에서도, 천국 만찬에서도 예수님은 잔치를 베푸시고 자신의 몸과 피를 우리에게 주신다. "받아라, 먹어라, 이것이 너희를 위하는 내 몸이다." 그리스도를 먹고 마시는 자는, 이 땅에서 그 어떤 수욕과 모욕과 참혹함과 고난을 당해도 예수님이 다시 잔치를 여실 때에 그리스도를 먹고 마실 것이다. 주 예수여 어서 오시옵소서!

예수님은 십자가의 죽음으로 자신의 몸과 피를 우리에게 먹이셨다. 하나의 몸이신 그리스도께서 우리에게 나누어지셔서 우리가 그리스도의 공동체가 된다. 비록 우리가 어떻게 이런 신비스러운 일이 일어나는지를 잘 알 수는 없지만, 그것이 그리스도의 몸과 피로 새로운 생명을 우리 마음에 기록하시는 하나님의 언약이기 때문에 믿고 고백한다. 그리고 그것은 여전히 이 땅을 살아가는 자들에게, 하나님 나라에서 그리스도를 먹고 마시리라는 소망으로 간직되어 있다.

5장 어찌하여 나를 버리셨나이까?

마가복음 15:34

자신을 우리에게로

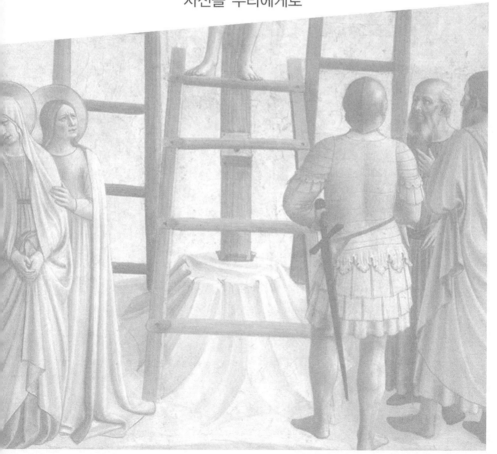

기독교를 처음 접하는 이들이 가장 당혹스러워하는 말씀 가운데 하나가 바로 십자가에서 예수님이 하신 "어찌하여 나를 버리셨나이까?"라는 말씀이다. 어떻게 하나님이 자기 아들을 버릴 수 있단 말인가? 예수님이 죽음을 맞이하면서 하신 최후의 말씀이 '하나님으로부터 버림받음'이라면 십자가의 죽음은 처절한 실패를 의미하는 것 아닌가? 물론 누가복음과 요한복음에서는 이 곤혹스러운 최후의 말씀이 제외되어 있지만 마가복음 (15:34)과 마태복음(27:46)에는 선명하게 기록되어 있다. 뿐만 아니라 히브리어 "엘리 엘리 라마"와 아람어 "사박다니"를 섞어서 말씀하신 내용을 그대로 먼저 기록하고 있고 그 다음에 헬라어 번역을 첨가하고 있는 것으로 봐서 기록자는 예수님이 실제로 이 말씀을 하셨다는 점을 강조하려고 한 듯하다. 물론 시편 22편을 기록하는 데 사용된 히브리어로 다 말씀하셨는지, 아니면 예수님이 실제로 사용하셨던 것으로 생각되는 아람어로 말씀하셨는지, 혹은 이렇게 섞어서 말씀하셨는지에 대한 논란은 있다. 확실한 것은, 논란의 여지가 너무도 많은 이 말씀이 여과 없이 그대로 기록되었다는 사실 자체가 오히려 이 말씀의 역사성을 더 강하게 입증한다는 점이다. 성경의 여러 사본 가운데 어설프고 조악하고 당시의 상황과 잘 맞지 않는 표현이 그대로 남아 있는 사본을 더 오래된 사본으로 쳐주는 것과 비슷한 이치다. 따라서 우리는 이 말씀이 예수님이 큰 소리를 지르며 운명하시기 전에(막 15:37) 직접 하신 말씀임을 확신할 수 있다. 그렇다면 이제 문제는 심각해진다. 다음의 두 가지 점에서 그 내용이 참으로 충격적이기 때문이다.

(1) 하나님이 자기 아들을 버리셨는가?
(2) 왜 그리스도는 죽음 직전에 자신이 버림받았다고 절규하셨는가?

첫 번째 질문은 "십자가의 죽음이 성부 하나님과 성자 하나님의 관계에 관한 것인가?" 하는 문제이고, 두 번째 질문은 "십자가의 죽음의 본질이 무엇인가? 버림받음인가?" 하는 문제다. 이 두 가지 난해한 점을 해결하기 위해서 다음과 같이 다양하게 본 구절을 해석할 수 있다.

1. 정치적인 의도가 실패했음을 드러냄. '버림받았음'을 문자적으로 해석.
2. 시편 22편의 배경: 죽음과 고난이라는 인간 현실을 고통스럽게 탄식하면서도 하나님의 신실하심을 의심하지 않고(시 22:22-31), 하나님의 뜻을 따르는 순종의 고백.
3. 고난의 심오함: 하나님과 연합되어 있는 신 의식이 참혹한 고통에 의해서 압도당하는 순간, 죽음 직전의 혼미한 상태에서 하나님으로부터 버

림받았다는 것을 육신이 부르짖음.

4. 거룩한 분노의 대속적 경험: 하나님이 인간의 죄를 얼마나 싫어하시는
   가를 가장 객관적이고 웅변적으로 대변하는 동시에 그 죄를 자신의 죽
   음으로 짊어지심.

5. 치열한 투쟁: 고난, 죽음, 세상, 사탄이 사로잡은 세계와 겨루시는 승리
   를 향한 마지막 투쟁.

이제 이러한 다섯 가지 이해를 하나하나 조목조목 따져보자.

1. 정치적인 실패

우선 이 말씀을 정치적 의도가 실패했음을 의미하는 것으로 이해하거나,
'버림받았음'을 문자적으로 해석하는 것은 십자가의 죽음을 정치적으로
해석하고 실패로 간주하기 때문에 받아들이기 힘들다. 빌라도가 예수를
심문하면서 유대인의 왕이냐고 묻자, 예수님은 그렇다고 짧게 대답하셨
다(막 15:2). '왕'이라는 동일한 표현을 함께 사용하면서 서로 다른 실재를
생각하시는 예수님의 모습이 얼마나 기막힌 절제 속에 표현되고 있는가!
예수님이 자신의 죽음으로 정치적인 성과를 낼 것이라고 설명하고 가르
치신 곳은 성경 가운데 단 한 군데도 없다. 부활하신 후에도 정치적 의도
와 결과에 대한 말씀을 단 한 마디도 언급하지 않으셨다. 갈릴리로 가신
다거나(막 16:7), 복음을 전파하라고 하셨다(막 16:15). 부활 후에 하늘의 모
든 권세를 받았다고 선포하신 것도(마 28:18) 정치적 권세를 넘어서는 포괄

적 권세이며, 마태복음의 맥락에서 이해하더라도 영적인 세계를 포함하고 있다(마 11:27-30). 누가복음에서는 예수님이 부활하신 후에, 가장 구체적으로 자신의 죽음과 부활의 의미를 죄의 용서와 회개라는 맥락 속에서 선포하고 계신다(눅 24:47).

물론 예수님이 유대 지도자들을 꾸짖고 예루살렘 성전에서 상을 엎으시면서 예루살렘 성의 몰락을 예언하신 것은 정치적인 '행위'이며, 가난한 자들에게 깊은 연민으로 떡을 나누어 주신 것은 분명 사회적인 '선행'이다. 그리고 누가복음 4장 18절에서 이사야서를 인용하시면서 '포로 된 자에게 자유를, 눈먼 자에게 다시 보게 함을, 눌린 자에게 자유'를 주시는 이가 바로 자신임을 명백하게 선포하셨다.

그러나 예수님의 삶에 정치적이고 사회적인 행위가 있다고 할지라도, 그분의 죽음을 정치적인 맥락 속에서만 해석해야 하는 것은 결코 아니다. 오히려 예수님은 하나님 나라와 자신의 일의 영적인 실체를 드러내시는 일에 더 열심이셨다. 예수님이 하나님의 복음을 전하실 때 이 복음의 내용은 정치적인 것이 아니라 "회개하라!"(막 1:14-15)였으며, 자신에게 죄를 용서할 권세가 있다는 것(막 2:10)과 자신이 온 이유는 의인을 위해서가 아니라 병든 자, 즉 죄인들을 위해서임(막 2:17)을 선언하셨다. 가장 결정적으로, 예수님을 '메시아'라고 정의한 베드로에게 당시 유대인들이 생각하고 있었던 정치적인 메시아와는 전혀 반대되는 고난의 종을 가르치셨다. 즉 "인자가 많은 고난을 받고 장로들과 대제사장들과 서기관들에게 버린바되어 죽임을 당하고 사흘 만에 살아나야 할 것"(막 8:31)을 가르치셨다. 더나아가 고난당하고 죽을 것이라는 이 황당한 말씀에 대해서, 정치적 메시아를 예상했던 베드로가 발끈하며 이를 막으려 하자 예수님은 베드로를 사탄이라고 부르시며 뒤로 물러가라고 꾸짖으셨다(막 8:33). 예수님 스스로 "정치적 메시아상은 사탄의 생각이다"라고 정의하신 셈이다.

다음으로, 예수님의 죽음이 과연 '실패'인가 하는 문제를 살펴볼 때, 우리는 오히려 예수님이 여러 군데서 자신의 죽음을 미리 앞서서 예언하셨음을 발견할 수 있다. 뿐만 아니라 마가복음은 이 예언의 말씀이 정말 참고 참다가 비로소 제자들에게 말씀하시는 너무도 중요한 내용이었고(막 8:31), 세례 요한이 고난당한 것처럼 예수님 자신도 고난과 멸시를 당할 것이라고 하셨으며(막 9:12), 제자들이 감히 두려워서 묻기를 꺼려할 정도로 확실히 "사람들이 나를 죽이고 나는 죽임을 당한 지 삼 일 만에 살아날 것이다"라고 반복하셨으며(막 9:31-32), 예루살렘으로 가는 길에 이제 올라가면 자신이 정치적 성공을 이루는 것이 아니라 죽임당할 것을 다시금 단단히 일러주시면서 "사람들이 조롱하고 침 뱉고 채찍질하고 죽일 것이다"라고 더욱 생생히 설명하셨고(막 10:33-34), 정치적인 성공을 위해서 서로 다투는 제자들에게 섬김의 도를 가르치시면서 "인자는 자기 목숨을 내어줄 것이다"라는 것을 가르치셨음(막 10:45)을 우리에게 알려준다.

더욱이 예수님은 한 여자가 고급 향유를 예수님의 머리에 붓자 "내 장례를 미리 준비했다"라고 섬뜩한 의미를 부여하셨으며(막 14:8), 최후의 만찬에서 제자 가운데 한 명이 자신을 팔 것을 앞서 말씀하셨고(막 14:18), 곧이어 떡과 포도주가 자신의 몸과 피라는 것을 천명하셨으며(막 12:22-24), 목자를 칠 것이니 양 떼가 흩어질 것이라는 스가랴 13장 7절을 인용하시면서 자신이 고난을 당하면 제자들이 자신을 버릴 것까지 말씀하셨다(막 14:27). 그리고 마침내 체포되는 순간 "이것은 성경의 말씀을 이루려는 것이다"라고 사건의 전말을 훤히 꿰뚫고 계셨던 분답게 처연하게 대처하셨다(막 14:49). 이렇게 예수님이 반복적으로, 치열하게, 손에 잡히고 눈에 보일 듯 선명하게, 온갖 상황에서 수많은 요소 요소를 자신의 죽음과 연결지으면서, 마치 아이에게 설명하고 설명하고 또 설명하듯이 자신의 죽음을 미리 앞서서 예언하신 후에 마침내 그 예언대로 돌아가셨는데 이것을 실패로 생각할 수 있는가!

2. 시편 22편의 배경

죽음과 고난이라는 인간 현실을 고통스럽게 탄식하면서도 하나님의 신실하심을 의심하지 않고(시 22:22-31) 하나님의 뜻에 따르는 순종의 고백으로 이 말씀을 이해하는 것은 오랫동안 환영받아온 해석이다. 시편을 그대로 인용하셨다는 점에서 예수님이 이 심각한 부르짖음으로 "그 무엇을 의도하신 것이 아닌가!"라고 생각할 수 있다. 한 걸음 더 나아가, '시편을 인용하셨다는 사실'로부터 "시편의 맥락에서 그 탄식을 이해하는 것을 의도하시거나 그것을 허용하셨다"라고 추론할 수도 있다. 또한 초기 교회 공동체는 예수님이 부르짖은 십자가 위에서의 절규를 시편의 맥락에서 이해했을 가능성이 높다. 시편의 메시아적 예언이 바로 그리스도의 십자가의 죽음의 순간에 실현되었다! 만약 그렇지 않았다면 오히려 이 예수님의 절규로 인해서 많은 사람이 예수님의 신적 실체를 의심하고 그를 떠났을 것이다. 따라서 예수님 자신도, 초기 기독교 공동체도 우리에게 시편 22편의 맥락에서 '하나님으로부터 버림받았음'을 이해하기를 요청하는 것으로 보이며, 우리가 이러한 연관성을 염두에 두며 예수님의 선언을 이해하는 것이 대단히 중요해 보인다. 시편 22편은 다음과 같이 네 가지 점에서 '그리스도의 버림받음'을 이해하는 데 결정적인 실마리를 제공한다.

첫째, 시편 22편의 저자는 참혹한 고난 가운데 있었다. 물론 가장 심각한 문제는 이 고난의 순간에 하나님이 함께하시지 않는 것으로 보인다는 점, 즉 하나님으로부터 버림받은 것으로 보인다는 점이다. 하나님은 멀리 계시고(1, 11, 19절), 응답하지 않으시며(2절), 현재와 비교해 과거에는 저자와 선조들을 늘 구원해주셨다(4-5, 9-10절). 그리고 시편 저자가 겪고 있는 고난이 마치 그리스도의 십자가의 고난인 것처럼, 특히 그 '고난의 신체성'과 '고난이 외부의 세력으로부터 온다는 것'을 생생하게 묘사하고 있다. 시편 저자는 조롱과 비웃음을 당하며(6-8절), 물같이 쏟아졌으며 뼈가 일그러졌고(14절), 힘이 말라서 질그릇 조각 같고 혀가 턱에 붙었으며 사망의 흙/먼지에 처하고(15절), 해를 입힐 수 있는 힘센 동물들이 에워쌌으며(12-13, 16, 20-21절), 사람들이 그의 겉옷을 나누고 속옷을 제비 뽑는다(18절). 비록 시편 저자가 왜 고난을 당하고 있는가가 정확히 밝혀져 있는 것은 아니지만, 그 고난이 외부의 두렵고 악한 세력에 의해서 이루어지고 있고, 단순히 정신적 고난만 아니라 육체적 고난이 심각하게 동반됨을 알 수 있다.

이렇게 "하나님으로부터 버림받았다"는 절규의 가장 원초적인 내용은 "현재 하나님이 나와 함께하시지 않는다"는 것과 "내가 외부의 세력에 의해서 심각한 고난에 처해 있다"는 것이다. 세상 속에서 타인들에 의해서 뼈와 살이 찢겨나가는 고난을 당하고 있는 이 땅의 모든 압제당하는 자들과 예수님이 함께하시며 '버림받음'을 목 놓아 부르짖고 계신다.

둘째, 1절부터 21절까지는 고난당하고 있는 저자가 '나'라는 일인칭을 사용하지만 22절에서부터는 그것이 공동체로 확산된다. 형제와 회중(22. 25절), 야곱의 모든 자손과 이스라엘의 모든 자손(23절), 심지어 땅의 모든 끝과 열방의 모든 족속(27절)까지. 과연 시편 저자는 '나'로부터 '전 인류'에게로 그 대상을 펼쳐나감으로써, 자신이 당하는 고난이 앞으로 자신의 공동체 그리고 전 인류가 하나님께로 돌아오게 되는 것과 어떤 연관이 있다는 것을 의미했던 것일까? 아쉽게도 시편 저자는 구체적으로 이러한 급진적인 전환의 이유와 근거를 밝히지는 않는다. 그러나 이러한 시편의 전환은, 버림받았다는 부르짖음을 예수님 자신만의 사건이 아니라 전 인류에게로 확장되는 사건으로 이해할 단초를 제공한다.

셋째, 1절에서의 '버림받음'에 관한 부르짖음은 하나님과 인간의 관계의 한 단면에 불과하다. 비록 저자는 현재 고난 가운데 있지만 하나님 외에는 도울 분이 없고(11절), 하나님은 나의 힘이시며(19절), 내 영혼을 칼에서 건지시며 내 유일한 것을 구하시는 분이고(20절), 곤고한 자의 곤고를 멸시하거나 싫어하지 않으시며 얼굴을 숨기시지 않는 분이라는(24절) 신뢰를 결코 버리지 않았다. 버림받았다는 절규는 결코 하나님이 버리시지 않을 것이며 그분만이 유일한 구세주이신 것을 오히려 더 강력하게 선언한다. 결국 버린 자는 하나님이 아니라 시편 저자에게 고난을 가하고 있는 악의 세력이라는 것이 암시적으로 역설적으로 드러나 있다. 따라서 "하나님께서 왜 버리셨는가!"라는 부르짖음은 "하나님이 버리셨다"는 직설법적(indicative) 선언이 아니라 "멀리 계신 하나님이 나의 유일한 구세주이시니, 이렇게 내가 인간들에게 고난을 당하도록 버려두지 마시고 빨리 내게 오셔서 나를 구원하시옵소서!"를 부르짖은 요청이며, "결코 나를 떠나시지 않으실 것이다"라는 하나님에 대한 깊고도 깊은 신뢰의 고백이다.

즉 선언이 아니라 요청이요, 하나님만이 유일한 구원자가 되신다는 고백이다.

넷째, 22절에서부터 '버림받음'은 이제 승리와 영광의 찬송으로 바뀐다. '버림받음'이 일의 모든 실재가 아니라는 것을 비로소 깨닫게 된다. 나의 고난의 승리는 형제들에게, 공동체에게 퍼져간다(22절). 내가 속한 모든 공동체가 하나님을 찬송하며 그분께 영광을 돌리고 경외한다(23절). 벌레처럼 조롱당하며 사망의 흙에 처했던 고난당했던 자가(6, 15절), 이제는 흙으로 내려가는 자들과 영혼을 살리지 못한 자들을 지켜보게 될 것이라는 데 기막힌 반전이 있다(29절). 죽음을 가한 자들이 죽임을 당할 것이다. 가난하고 겸손한 자들이 더 이상 가난과 배고픔에 처하는 것이 아니라 배부를 것이며 여호와를 찾는 자들이 (여호와를 찾고 나서) 기쁨으로 여호와를 찬송할 것이다(26절). 그리고 이 승리는 현재로 끝나지 않을 것이다. 그 후손이 대대에 주를 전할 것이다(29절). 하나님의 정의가 이 땅에 실현되어 장차 다가올 세상에서도 계속 전해질 것이다(30-31절). 하나님으로부터 버림받았다는 현재의 고난이 일의 전부가 아니라는 사실을 깨달을 때, 다음과 같은 '참 실재'(true reality)가 드러나게 된다. (1) 하나님이 떠나신 것이 아니라 인간이 하나님을 떠났기 때문에 하나님께로 다시 돌아와야 한다(27절). (2) 현재의 고난은 하나님의 정의가 실현되는 과정 속에 포괄적으로 이해되어야 한다(31절). 그리고 (3) 고난 속에 직면했던 죽음은 여호와를 찬송하는 가운데 그 마음이 영원히 사는 생명으로 거듭나게 된다(26절).

이렇게 시편 22편은 예수님이 부르짖은 '하나님으로부터 버림받음'에 대해 참으로 수많은 해석학적 동기들을 제공하고 있다. 그러나 그리스도의 죽음을 시편 22편의 맥락으로만 이해하기에는 감당하기 어려운 난점들도 많다. 가장 어려운 점은 "정말로 예수님이 시편 22편의 맥락에서 자신의 죽음을 이해하기를 원하셨을까?" 하는 의문이다. 예수님은 전체 31절의 수많은 얘기들을 뒤로 하고 오직 첫 구절만을 언급하셨는데 그것을 근거로 시편 22편 전체를 하나의 해석학적인 배경으로 간주한다는 것은 지나친 부풀림일 수 있다. 만약 정말로 예수님이 시편 22편 전체를 '의도'하셔서 "아버지여 어찌하여 버리셨나이까?"를 외치신 후에 "내 영혼을 구하소서"(20절), 혹은 "열방이 아버지를 경배하리라"(27절) 등을 덧붙이셨더라면, 우리 모두는 의심 없이 시편 22편 전체의 맥락을 예수님의 의도로 확신할 수 있다. 더 어려운 점은, 버림받음과 죽음의 관계다. 시편 저자는 죽음과 같은 고난 가운데 있었지만 하나님을 신뢰함으로 죽지 않았다. 그러나 예수님은 '버림받음'을 절규하신 후에 돌아가셨다. 시편의 버림받음은 죽음 같은 고난이지만, 예수님의 버림받음은 죽음 그 자체였다.

신학적으로 가장 어려운 점은 우선 시편 22편에서 저자가 비록 공동체를 향한 포괄적 찬양을 첨가하고 있지만 고난의 모습을 그리는 전반부 1-21절은 지나치게 저자 자신인 '나'와 하나님의 관계에 국한된 고백으로 일관하고 있다. 이로 인해서 시편의 맥락에서 이해하게 되면 예수님의 '버림받음'이 '예수님과 하나님과의 관계'로 축소되어 이해될 우려가 발생한다. 사실, 앞의 네 가지 요소 가운데 세 번째, 즉 버림받았다는 절규가 신뢰를 동반하고 있다는 해석을 많은 사람이 받아들이고 있다. 그런데 바로 이 해석도 십자가 사건을 하나님과 그리스도의 관계라는 좁은 범위로 축소해버리는 한계가 있다.

또한 고난의 원인이 오직 외부의 불순한 세력에 의해서라면 시편 저자의 고난은 인간의 고난을 대변할 수 없다. 우리 고난의 많은 부분은 외부 세력 때문에 발생하기도 하지만 바로 '나' 때문에 발생한다. 인간 고난의 원인은 철학이나 신학이 함부로 결론 내리기 힘든 가장 어려운 주제 가운데 하나다. 그러나 성경적인 이해 가운데 하나는 인간 자신이 바로 인간 고난의 원인 제공자라는 사실이다. 실제로 고난의 상당 부분이 우리 자신의 죄와 탐욕과 무지로 인해서 발생한다. 인간이 되신 예수님은 인간에 의해 저질러진 죄의 죽음을 인간으로서 당하시는 그 순간에야말로 인간 자신의 고난을 나누고 짊어지신다. 예수님이 인간으로서 인간의 죽음을 당하시는 가장 중요한 이유는 인간 외부의 고난이 아니라 인간 내부의 죄와 무지와 천박함을 죽음으로 짊어지시고 고난당하시기 때문이다. 만약 죄 없는 예수님이 인간으로서 인간의 죽음을 당하시는 그 순간까지도 인간 자신의 죄와 한계로 죽는 것이 아니라면 그 죽음은 인간의 죽음을 흉내 낸 가현적인 죽음(docetic death)에 그치고 말 것이다. 이러한 의문들로 인해서 우리는 다음 세 번째 해석의 가치를 깨달을 수 있게 된다.

3. 고난의 심오함

우리가 살피고 있는 예수님의 외침은 하나님과 연합되어 있는 신 의식이 참혹한 고통에 의해서 압도당하는 순간을 드러내며, 죽음 직전의 혼미한 상태에서 하나님으로부터 버림받았다는 것을 육신이 부르짖은 것이라고 이해할 수 있다. 예수님이 고난당하셨다! 예수님이 십자가에서 고난의 참혹함을 부르짖었다는 것은 특히 현대인들의 마음을 사로잡는다. 죽음 그 자체의 고난을 가장 원초적으로 드러낸다는 점에서 특히 주목받을 만한 견해다. 어떤 목적도 어떤 결과도 요구하거나 강요하지 않는다. 예수님이 십자가에서 참혹한 고통 가운데 돌아가셨다는 사실 그 자체가 가장 우선적으로 중요하지 아니한가? 우리는 너무 오랫동안 예수님의 죽음의 의미, 원인, 결과, 논리, 혜택 등을 파헤치기를 즐겨하지 않았던가! 우리는 너무 습관적으로 죽음 그 자체보다는 신속하게 부활로 옮겨가기를 원하지 않았던가! 그러나 예수님이 고난을 당하셨다는 사실 그 자체에 대해 우선적으로 생각할 수 있어야 한다. "십자가 그 자체는(the cross as such) 죽음이다"라는 사실이 십자가에 대한 모든 해석이나 이해보다 앞선다. 십자가는 죽음이다! 우리의 모든 십자가론은 이 사실 자체로부터 출발해야 한다.

사건 그 자체

이렇게 십자가에 대한 이해를 죽음이라는 가장 원초적인 사실 그 자체로부터 시작하면, 별도의 신학적 패러다임을 상정할 필요 없이 버림받음이라는 문자적 의미를 고난과 죽음으로 바로 연결시킬 수 있어서 그 의미가 생생하다. 우리가 십자가의 고난에 대해서 이야기할 때 "고난, 고난" 말하면서도 예수님이 하나님이신데 그래도 무언가 고난 말고 다른 차원의 일이 있었겠지 하는 생각을 무의식적으로 할 수 있다. 그러나 버림받았음을 절규할 정도로 고통이 극심했다는 것, 하나님과 하나 된 신 의식이 참혹한 고통 속에서 흐려졌을 정도로 심각한 고통이었다는 사실 그 자체야말로 가장 우선하는 십자가의 참 모습이다. 버림받았다는 절규를 죽음 그 자체, 고난 그 자체와 바로 연결시킬 수 있는 이유는 예수님이 인간으로 죽으셨기 때문이다. 이렇게 십자가는 하나님이 인간으로 오셨다는 것을 가장 극단적으로 드러낸다. 인간 예수의 죽음 없이는 성육신도 부활도 모두 거짓이 되어버리고 만다. 인간인 척하는 신이 우리를 찾아오시는 것도 달갑지 않을뿐더러, 어차피 초월적인 신이 다시 부활하는 것은 초월자들만의 사치스러운 놀이일 뿐이다. 예수님은 십자가에서 돌아가셨다. 이로 인해서 인간으로 찾아오신 성육신도, 다시 살아나신 부활도, 인간으로서 인간을 압도하는 신비가 된다.

그러나 버림받았음을 예수님의 인성하고만 연관시키는 것은 상당히 어려운 문제를 야기한다. 인간 예수가 고난을 당했다는 사실이 그리 놀라운 일인가? 인간 예수가 고난으로 인해서 '버림받았다'는 원색적인 발언을 했다는 점이 그토록 주목받을 일인가? 예수님의 신 의식이 흐려져야 참 인간으로 고난당했다고 간주할 수 있는가? 예수님의 죽음 앞에 우리는 그분의 신성과 인성을 이토록 '기능적'으로 구분해야만 하는가? 혹은 인간 예수의 고난만을 남겨놓아야 하는가? 신 의식이 흐려진 인성의 죽음만을 버림받음이라고 이해하면 예수 그리스도를 신과 인간으로 분리시키는 결과를 낳고 만다.

인성이 아무리 강조된다고 할지라도 예수님은 오로지 인간으로서만 고난당하신 것은 아니다. 아버지의 뜻을 따른 예수, 독생자를 사랑하는 성부 하나님이 함께하시는 예수, 창세 전에 계시고 만물 가운데 그로 말미암지 않고는 그 어떤 것도 지음 받은 것이 없는 성자 하나님(골 1:16-7)이 바로 그 고난당하는 예수님이시다. 예수님이 아버지로부터 버림받았다는 것을 선포하는 그 순간에도 예수님은 하나님이시기를 포기하신 적이 없다. 죽음은 하나님과 인간의 가장 처절한 단절이기도 하지만 그 단절이 예수님의 참 모습을 파괴할 수는 없기 때문이다. 오히려 그 단절의 순간이야말로 하나님이 인간으로 오신 분인 그리스도에게서 인성과 신성이 하나로 연합되는 신비가 극대화되는 순간이다. 그 단절의 순간이야말로 하나님이 인간으로, 인간이 하나님 속에 연합되는 순간이다. 그 단절의 순간이야말로 하나님과 인간의 깨어져 버린 관계가 비로소 다시 하나로 회복되는 순간이다. 인간이 그 어떤 시대와 상황 속에 있다고 할지라도, 인간 지성이 그 어떤 해석학적 진보를 이룬다고 할지라도, 우리가 결코 폐할 수 없는 성경적 배경은, 예수님이 "참으로 하나님이시고 참으로 인간이시다"(vere Deus et vere homo)라는 점이다. 그리고 참 인간과 참 하나님인 그분이 십자가에서 고통스럽게 드러났다. 이렇게 우리는 인간 예수의 고난만을 부각시키는 현대적인 해석의 한계를 분명히 지적할 수 있어야 한다.

하나님이 고난당하시다!

이제 우리는 예수님의 고난에 관해서 또 다른 패러다임을 발견할 수 있다. 하나님이 예수 안에서 인간의 고난과 함께하신다! 인간 고난의 참혹한 현장에서 하나님이 죽음으로 우리와 함께하신다는 십자가의 이 놀라운 실재는 우리의 상식을 초월하고 우리의 상상을 넘어선다. 이 사상은 성부 하나님이 고난당하셨다는 초기 교회의 성부 고난설과는 분명히 구분되어야 한다. 사실 "하나님으로부터 버림받았다"는 선언 그 자체가 이미 성부 고난설의 문제점을 지적하고 있다. 성부가 스스로를 버릴 수는 없기 때문이다.

　유대인 학살에 이용된 강제수용소 아우슈비츠에서 기적적으로 살아

남아서 고국 이태리로 돌아오는 과정을 그린 실화소설 『휴전』(La Tregua)을 영화화한 〈휴전〉(The Truce)을 보면, 가스실에서 극적으로 살아남은 주인공들이 대화를 나눈다. "아우슈비츠가 존재한다면 신은 존재하지 않는다." 그런가⋯. 인간의 극심한 고난과 비극은 인간의 실존에 어떤 형식으로든지 관여해야 하는 하나님의 책임인가? 인간이 만들고, 인간이 부수며, 인간이 학대하고, 인간이 소멸하는 그 참혹한 인간 비극이 하나님의 책임인가? 인간 고난의 근원을 하나님께 떠넘기기 전에, 그 고난의 한가운데에서 우리와 함께하시는 예수 그리스도를 발견할 수 있어야 한다. 그리스도는 옆에 서 계신 것이 아니라 하나님으로서 또한 인간으로서 인간의 고통 속에 계신다. 영화의 주인공은 또 이렇게 선언한다. "수용소에서 우리가 잃어버린 것은 생명이 아니었다. 우리가 잃어버린 것은 인간이 인간과 함께하며 마땅히 나누어야 하는 연민이었다." 이 영화는 죽음을 눈앞에 두고 타자에 대한 관심과 나눔보다는 자신의 목숨에만 집착하는 인간의 모습을 적나라하게 묘사하고 있다. 고난이 극심하면 인간이 가지고 있는 임시적이고 제한적인 사랑과 연민마저 사라져버린다. 함께 죽는 죽음으로도 그들은 하나가 될 수 없었다. 이러한 고난의 한가운데로 하나님은 그리스도의 죽음으로 찾아오신다. 고난이 극심한 순간에 인간은 인간과 함께할 수 없지만 예수님은 인간과 함께하시며 고난 그 자체를 나누신다.

기독교는 인간의 고난과 가장 가까이 있는 종교다. 그리고 고난을 섣불리 제거하지 않는다. 천둥번개와 기적으로 고난을 날려 보내지도 않는다. 온갖 기적으로 사람들을 불러 모으셨던 예수님이 십자가에서 뛰어내리지 않으신 이유는 우리의 고난과 함께하시기 위해서다. 장터에서 친구를 모아 피리를 불어도 아무도 춤추지 않는 세상에서 예수님 홀로 십자가

에 계신다. 죽음으로 춤추고 계신다. 아무리 통곡해도 함께 울어줄 자 없
는 이 세상 한가운데서 예수 홀로 통곡하고 계신다(눅 7:32). 예수 홀로 우
리와 함께 고난당하신다. 예수 홀로 모든 버림받은 인간들과 함께하신다.
그는 홀로 우리와 함께하신다. 네덜란드의 신학자 판 드 베익은 '십자가
에서 예수님의 나눔'을 이렇게 표현한다.

> 예수님이 우리의 삶을 나누시기 때문에, 비록 우리의 삶이 늘 예전처럼 유
> 한하다 할지라도 죽음이 더 이상 우리를 위협하지 못한다. 과거 우리가 한
> 행위의 그 어떤 것도 다시 되돌릴 수는 없지만, 죄책은 더 이상 동일한 위
> 협이 아니다.…궁극적으로 중요한 것은 우리 자신의 상실이다. 존재에 대
> 한 위협이 우리를 압도하고, 우리의 삶은 사악한 행위의 연쇄 고리를 끊을
> 수 있는 능력을 상실하고 있다. 바로 이런 이유로 모든 위협은 죽음의 형
> 태를 띠며, 비존재의 모든 범주를 포함하고 있다. 그러나 우리 자신의 상
> 실의 순간에 우리는 예수 그리스도를 만난다. 우리가 어느 누구에게도 돌
> 아갈 수 없고, 더욱이 우리 자신에게는 결코 돌아갈 수 없게 홀로 버려져
> 있다는 것은 참으로 끔찍한 일이었다. 이렇게 참혹하게 버려진 우리 자신
> 을 자각할 때, 예수님이 우리를 찾아오신다. "나는 너와 함께 있다." 예수
> 님이 체포되고 모든 사람이 떠났을 때, 그는 남아 있었다. 우리가 체포되
> 고 모든 사람이 우리를 떠날 때, 예수님은 우리와 함께하신다. 우리가 우
> 리 자신으로부터 도망칠 때조차, 예수님은 우리와 함께하신다. 예수님은
> 내가 존재하기 전에 계셨고, 내가 더 이상 존재하지 않을 때도 계실 것이
> 다. 우리 주님은 처음이요 마지막인 하나님이시다. 예수님은 내 삶과 이
> 세상의 처음이자 마지막이시다.[20]

인간이 가장 처참한 비극 가운데 하나는 버림받는다는 것이다. 초월 자로부터, 자연으로부터, 사람들로부터, 그리고 우리 자신으로부터 우리는 버림받는다. 어찌하여 나를 버리셨나이까! 심지어 우리는 우리 자신들이 세워놓은 이데올로기, 상상, 꿈으로부터도 버림받는다. 우리가 세워놓은 평화와 이상이 우리에 의해서 파괴되기 때문이다. 살육과 파괴와 지진과 해일로 우리가 사망의 깊고도 깊은 골짜기로 한없이 빨려 들어갈 때 예수님은 그 피와 살로 우리를 안으시며 함께하신다. 우리가 질병과 가난과 학대로 죽음보다 더 참혹한 삶을 살아갈 때, 예수님은 참혹한 십자가로 우리와 함께하신다. 무지와 차별과 자기애와 분노의 노예가 되어 죽음보다 더 수치스럽게 살아가는 자들도 외면하지 않으시며, 십자가의 말할 수 없는 수치로 함께하신다. 하나님이 그리스도 안에서 버림받은 자들과 죽음으로 함께하신다. 우리는 더 이상 우리의 고난으로 우리 자신을 잃어버릴 수 없다. 예수님이 우리와 함께하시기 때문이다. 임마누엘 하나님이 우리와 함께하신다는 것은 상상과 예언의 세계에서나 발생 가능한 언어적 놀이가 아니다. 말할 수 없는 고난으로 인간이 자신과 세상과 동료 인간을 가장 처참하게 잃어가는 참혹함과 상실의 한복판에, 예수님이 죽음으로, 고난으로 우리와 함께하시기 때문이다. 일체의 두려움, 일체의 억압, 일체의 부조리, 일체의 정의롭지 못함, 일체의 무화(無化)되어가는 상실의 존재가 전혀 다른 차원의 실존을 자각하게 된다. 하나님이 예수 안에서 우리와 함께하신다. 우리는 이 고난의 그리스도를 만나면서 비로소, 그 어느 누구, 그 어떤 시간, 영적 존재, 높고 깊은 세계, 피조물도 자기 아들까지 아끼지 아니하신 하나님의 사랑에서 우리를 끊을 수 없다는 것을 고백하게 된다(롬 8:32-39).

하나님이 인간으로서 우리의 고난과 함께하신다는 신비의 무게는 결코 가벼운 것이 아니지만, 여전히 어려움이 남는다. 함께하심이 십자가의 결말인가? 함께만 하셨기 때문에 고난이 지금도 계속되고 있는 것은 아닌가? 하나님이 그리스도 안에서 인간의 고난과 함께하신다는 것은 임마누엘 하나님의 가장 극단적인 모습을 드러낸다. 그러나 이것은 십자가의 한 단면일 뿐이다. 우리는 십자가의 가장 원초적인 모습으로부터 다음과 같은 신학적인 해석을 요청하게 된다.

4. 거룩한 분노의 대속적인 경험

예수님은 하나님이 인간의 죄를 얼마나 싫어하시는가를 가장 객관적이고 웅변적으로 대변하시면서, 동시에 그 죄를 자신의 죽음으로 짊어지셨다. 버림받음이란 단순히 고난 속에 있다는 것과는 다르다. 버림받았다는 것은 그 어떤 질책을 받았다는 것을 의미한다. 버림받은 자가 무엇인가 잘못을 저질렀다는 의미이기도 하다. 따라서 정말 그 표현 그대로 "하나님은 아들을 버리셨다"라는 의미가 타당하다고 생각해보자. 아버지가 아들을 버리신 것이라면, 아들을 질책하시며 죽음에 이르기까지 심판하신 것이다. 그러나 문제는 성경에서 선포하는 성부와 성자의 관계는 사랑으로만 설명될 수 있는 관계라는 점이다. 복음서가 기록하고 있는 가장 신비스러운 계시는 바로 하늘로부터 들린 '내 사랑하는 아들'이라는 음성이다(막 1:11; 9:7). 이것은 기록된 계시 한가운데 쏙 들어 있는 또 다른 차원의 원초적인 계시다. 계시 중의 계시다. 계시의 근원이다. 계시의 출발점이다. 신앙과 신학의 토대다. 그리고 이러한 사랑의 관계는 예수님 스스로도 천명하셨다(요 17:23). 따라서 성경의 가장 본질적인 계시를 배경으로 십자가를 이해하면, 아들을 버려야만 하는 그 어떤 실마리도 아버지에게서 찾을 수 없다. 또한 아들은 아버지를 결코 배반하지 않았다. 오히려 자신의 죽음에 대해서도, 겟세마네 동산에서 기도하시며 고민하여 죽게 되기까지 자신의 뜻을 추스려 아버지의 뜻을 따랐다(막 14:36). 아들에게서도 아버지로부터 버림받아야만 하는 그 어떤 단서도 찾을 수 없다. 어떻게 이런 아버지가 이런 아들을 버리고 심판하고 마침내 죽음에 이르게 할 수 있단 말인가?

육화된 인간을 심판

아버지가 버린 자는 아들만이 아니라 그 아들이 육화된 인간이다. 그 아들은 육신이 되신(요 1:14) 인간이요, 신성이 충만하신 그 아들이 육체로 거하신(골 2:9) 바로 그 인간이며, 하나님과 동일한 분이지만 자기를 낮추시고 죽기까지 복종한(빌 2:6-8) 바로 그 종(slave)이 된 인간이며, 자녀들이 피와 몸을 함께 나누는 것처럼 우리와 피와 몸을 함께 나누신(히 2:14) 바로 그 인간이시다. 전 인류를 자신 자신에게로 끌어안으신 그 인간이시다. 한 인간이 되심으로써 모든 인간이 되신 바로 그분이다. 됨으로써 품으신 바로 그 인간이시다. 따라서 하나님은 죄가 없는 자기 아들을 버리신 냉정하고 무정한 하나님이 아니시다. 하나님은 인간의 참혹한 죄악을 심판하신 것이다(심판은 형벌적 대속론의 주제로 다음 장에서 다룰 것이다).

하나님이 예수님을 십자가에서 버리셨다는 것은 인류가 되셔서 인류를 끌어안으신 그 아들, 즉 인간을 심판하신 것이다. 여기에는 인간을 향한 하나님의 거룩한 분노, 정의를 향한 우주적인 선포가 서려 있다. 인간이 도저히 이해하지 못할 신비가 예수님의 죽음이다. 신이 죽음으로써 인간이 죽었다! 자신을 희생함으로써 인간을 심판하셨다. 자신을 버림으로써 인간을 버리셨다. 이것은 단순히 자기희생으로 홀로 죽음을 감행한 고독한 죽음도 아니요, 먼발치에서 인간의 죽음을 집행한 무심한 하나님의 심판도 아니다. 인간이 버려진 것도 아니요 하나님이 버려진 것도 아니다. 하나님이 버려짐으로써 인간이 버려진 것이요, 하나님 스스로를 죽임으로써 인간이 죽었다. 예수님은 인간이 되시어, 인간으로서, 인간을 끌어안고 십자가에서 돌아가셨다. 그분 안에 그 아버지가 계시고 그분 안에 인간이 있다.

연합

의지의 연합(아버지의 뜻을 따른 아들의 뜻)은 존재의 연합보다 강력하다. 존재의 연합은 그 본성 속에 연합을 포함하고 있지만, 의지의 연합은 존재적인 특성을 넘어서기 때문이다. 인간을 향한 예수님의 사랑은 허다한 의문을 덮는다. 앞으로 더 치열하게 의지와 사랑에 관해서 논해야 하겠지만 일단 여기서 멈추어 서보면, "왜 예수님이, 왜 하나님께서 십자가의 죽음을 택하셨을까?"라는 의문에 대한 답을 만약 '하나님께' 찾아야 한다면 의외로 답은 간단하다. 그렇게 원하셨기 때문이고 그렇게 사랑하시기 때문이다. 그렇게도 원하셨기 때문이고 그렇게도 사랑하시기 때문이다.

잠언의 기독론이라 불리는 8장에서는 하나님은 태초 전에 지혜를 가지셨는데, 지혜는 창조자가 되어 날마다 그 기뻐하시는 자가 되었고 또한 땅에 거처할 인자들을 기뻐하셨다(22, 30-31절). 예수님이 세례 받으셨을 때

(막 1:11), 변화되셨을 때(막 17:5), 하나님은 예수님에 대해, '기뻐하는 자'라고 선언하셨다. 그리스도 안에서 하나님의 모든 충만이 거하시어, 그리스도의 피로 만물과 하나님이 그리스도 안에서 화해되기를 기뻐하셨다(εὐδόκησεν, 골 1:19-20). 하나님은 우리의 아버지가 되시어 우리를 가장 약한 부분인 눈동자처럼 지키시고(신 32:6, 10; 시 17:8; 슥 2:8), 사랑하시어 그 기쁨을 이기지 못하신다(습 3:17). 이 기쁨과 사랑의 관계 속에 계시는 아들은 죽음으로 그 사랑을 드러내셨다(요 10:15-18; 15:13). 아버지가 아들을 사랑하시는 이유는 목숨을 버림으로써 목숨을 얻었기 때문이다(요 10:17). 그리스도의 죽음은 하나님이 아들을 얼마나 사랑하고 기뻐하시는지, 그 아들을 통해서 또한 우리를 얼마나 사랑하고 기뻐하시는지를 가장 충격적으로 드러내시는 우주적 선포다.

연합의 역설

십자가는 역설이다. 우주적 심판이 우주적 기쁨과 사랑이 되기 때문이다. 십자가에서 예수님이 버림받았다. 심판받았다. 그런데 예수 그리스도 안에 하나님이 계시고 우리가 있다. 하나님을 버림으로써 인간이 버림받았다. 하나님이 자신을 희생함으로 인간을 심판하셨다. 그리스도 안에서 하나님과 인간이 연합되어 있다. 그런데 이 모든 일은 하나님과 그리스도의 의지가 하나로 연합되었기 때문에 일어났다. 하나님은 자신을 버려서 인간의 죄악을 심판하시기를 기뻐하셨다. 따라서 십자가는 우주적 심판인 동시에 하나님의 기쁨과 사랑이다.

아픔

문제는 인간들이 '원하심과 사랑하심'에 만족하지 못한다는 데 있다. 더구나 '버림받았다'는 예수님 자신의 선언이 가지고 있는 충격적인 내용이 '원하심과 사랑하심'을 통째로 가리울 만큼 우리의 눈을 흐리게 한다는 사실이다. 정말 이해가 안 되는 점이 바로 여기에 있다. 십자가는 하나님과 아들의 문제가 아니라 하나님과 우리 인간의 문제로 인해서 일어난 일이다. 그런데 마치 아버지와 아들 사이에 내분이 일어난 것처럼, 마치 몰상식하고 폭력적인 아버지가 죄 없는 아들을 심판한 것처럼 우리는 팔짱 끼고 옆에 서서 그들을 걱정하고 있다. 더구나 소위 이 폭력은 여성학대와 유아폭력을 조장할 수도 있다고 해석되면서, 십자가는 정말로 우리가 꺼리는 것이 되어가고 있다. 인간들이 하나님과 그 아들의 관계를 걱정하다니 기가 막힐 노릇이다. 도대체 누가 누구를 걱정하는가? 하나님은 예수님 안에서 죄 많은 인간을 심판하셨다. 인간들은 그 하나님을 향해 "도대체 정의가 어디 있냐?" 하고 비난한다. 하나님은 예수님 안에서 자기 자신을 버리셨다. 그런데 인간들은 "도대체 사랑이 어디 있냐?" 하고 질책한다. 하나님과 그 독생자 아들은 우리가 언어로 표현할 수 없는 신비와 사랑과 나눔과 교제와 그 뜻을 이루시기를 원하셨다. 그래서 아버지는 자신의 아들을 쳐서 우리를 심판하시고 아들은 자신을 버려서 아버지를 영화롭게 하셨다. 십자가 속에 하나님의 가장 고결한 **아픔과 사랑**이 있고, 십자가 속에 아들의 가장 고결한 **아픔과 순종**이 있다. 아픔의 근원은 아버지와 아들이 아니라 악과 고난 속에 호흡과 생명이 꺼져가는 바로 우리 인간이다. "어찌하여 버리셨나이까?"를 부르짖는 아픔과 고난은 우리의 고난과 아픔이다. 예수님은 인간에게로 버림받았다.

소위 기독교의 하나님을 이해한다고 주장하는 이들이, 십자가로 인해서 "하나님은 죄 없는 자기 아들을 버린 비정하고 폭력적이며 정의 없는 하나님이다"라고 생각한다면, 자신의 신학적 안목이 얼마나 단선적인가를 깨달아야 한다. 하나님으로부터 버림받았다는 예수님의 절규가 '문자적으로' 순수한 의미에 충실할 것을 요구한다고 할지라도, 그 순전함이란 단세포적인 단순함을 의미하지는 않는다. 도대체 십자가의 신비를 둘러싸고는 단순한 것이 없기 때문이다. 수많은 요소가 함께 포괄적이고 동시적으로 드러나 있기 때문이다. 이 동시성의 신비도 다음 장에서 함께 다룰 것이다. 다음 장에서 다룰 "예수님이 십자가에서 우리의 죄를 짊어지고 심판받았다"라고 하는 이론은 '형벌적 대속론'이라고 불린다. 이는 보수적이고 전통적인 그리스도인들이 십자가 하면 가장 먼저 떠올리는 생각이고 믿음이다. 그런데 이 이론만큼 말도 많고 탈도 많은 이론도 없다. 일단 우리가 여기서 꼭 기억해야 할 것은 십자가는 하나님 아버지와 아들의 관계보다는 하나님과 인간의 관계에 관한 것이라는 점이다.

하나님은 자기 아들을 버려서 인간을 심판하셨다. 예수님은 아버지의 뜻에 따라서 인간을 짊어지고 인간의 죄와 죽음과 한계로 버림받았다. "하나님이여 어찌하여 나를 버리셨나이까?"라는 절규는 하나님의 준엄한 심판이자 자기희생이다. 아버지는 아들을 버리시어 인간을 버렸고, 아들은 하나님의 뜻에 따라 인간에게로 버림받았다.

그러나 여기에도 두 가지 어려운 점이 여전히 남는다. 우선 하나님이 과연 인간을 심판하셔야만 하는가? 달리 용서하실 수는 없는가? 둘째로, 아무리 그분이 인간으로 죽으셨다 해도 인간이 그분의 죽음으로부터 모종의 혜택을 공짜로 받는 것이라면 그것은 결코 정의로운 일이 아니지 않는가?

결국 죄를 심판해야 한다는 정의를 위해서 정의롭지 못한 일이 발생한 것이다. 이 문제도 다음 장에서 대속론을 다룰 때 함께 생각해보겠다.

5. 치열한 투쟁

예수님은 자신이 버림받았다고 선언하실 정도로, 고난, 죽음, 사탄이 사로잡은 세계와 치열하게 겨루시며 승리를 향한 마지막 투쟁을 벌이신다. 예수님의 죽음은 죽음의 죽음이기 때문에 부활이다. 죽음과 부활 사이에 아무런 사건도 없이 그 전환이 기계적으로 일어난다고 생각하는 것은 결코 성경적인 이해가 아니다. 성경은 세상과 악의 세력을 하나님의 수준까지 끌어올리는 것은 아니지만 그렇다고 그들의 존재를 가볍게 다루지도 않는다. 성경의 세계는, 선한 신과 악한 세력이 서로 겨루는 만유내재신론적 세계는 분명히 아니지만, 하나님만이 인간을 상대하는 유일한 영적인 존재는 아니다. 인간과 하나님의 사이에 그 어떤 다른 존재가 있다는 것은 영적 세계에 대해서 민감하기를 달가워하지 않는 오늘날 우리에게는 불편한 이야기이긴 하지만 결코 외면할 수 없는 성경적 세계관이다.

사탄

나는 남태평양의 장로교 국가 바누아투에서 박사논문을 쓰면서 신학을 가르친 적이 있다. 당시에 학생들과 교직원들에게 십자가론에 대해서 여러 가지 설문조사를 했는데 그 가운데 하나가 "인간의 가장 심각한 문제가 무엇인가?" 하는 질문이었다. 선택 가능한 항목으로 '죄, 죽음, 분노,

무지, 사탄' 등을 열거해놓았는데 가장 많은 이들이 대답한 것은 바로 사탄이었다. 사탄이란, 그 평화스러운 남태평양 바누아투 땅에서도 인간들을 위협하는 가장 실질적인 존재다.

초기 교회 신학자들 상당수가 예수님의 십자가의 죽음을 사탄과의 투쟁으로 해석했다. 그 해석은 "예수님의 인성이 낚시의 미끼와 같은 것이었는데, 사탄이 이를 덥석 입에 물자 낚시 바늘과 같은 예수님의 신성이 사탄을 사로잡아버렸다"라는 재미있는 이야기 구도를 가지고 있었다. 소위 '속전론'(ransom theory)의 한 유형이라 볼 수 있는 이 이론은('속전론'은 낚시 이야기보다 그 범위가 넓고, 막 10:45, 딤전 2:6, 딛 2:14, 벧전 1:18 등에서 그 단어의 유래를 찾을 수 있다) 그 정도에 따라서 버전이 7-8종이 되었을 정도로 다양했다. 그리고 종교개혁자 마르틴 루터도 간혹 이러한 해석법을 따랐다. 루터는 욥기 41장 1-2절을 그 해석의 근거로 삼고 있지만 사실 그 본문을 십자가와 연관시키는 것은 불가능해 보인다.[21] 성경적인 근거를 찾아볼 수 없는 이런 황당한 이야기 구도가 발생한 동기는, 당시 사회가 사탄의 세력에 대해서 상당히 사실주의적인 이해와 경험을 갖고 있었기 때문이다. 또한 이는 창세기의 이야기에서 하나님과 인간의 구도 속에 사탄이 침투하고 있는 것을 배경으로 하고 있기도 하다. 뿐만 아니라 창세기 3장 15절에서 여자의 후손이 뱀과 서로 원수가 되고 뱀의 머리를 상하게 한다는 말씀으로도 그리스도와 사탄의 대결 구도를 설정할 수 있다. 즉 십자가 사건이 발생하게끔 한 주범이 사탄이라면 그 사탄을 물리치는 것이 바로 십자가가 아니겠는가 하는 논리다. 사실 이야기 구도의 내용도 지나친 상상력에 의존하고 있을 뿐만 아니라, 하나님이 사탄의 방법과 동일한 방법으로, 즉 사탄이 하와를 유혹한 '꾐'과 같은 방법으로 사탄에게 일종의 트릭을 사용해서 승리를 쟁취한다는 구도 자체가 천박하기 그지없다. 우리가 이해하기 쉽다는 사실이 십자가에 대한 해석의 진정성을 증명하는 것은 결코 아니다. 인간들의 논리와 이야기는 이렇게 보응, 주고받음, 보수(quid pro quo)라고 하면 뭔가 설득력이 있다고 믿는 경향이 있다.[22]

죄는 인간 내부에서 일어나는 문제인 데 반해서 사탄과 같이 인간이 싸워야 하는 대상이 있다는 것은 결국 인간 외부에 싸움의 대상이 있다는 의미이기도 하다. 흥미로운 것은 부활 장이라고 불리는 고린도전서 15장에서 죽음을 인간이 싸워야 하는 대상으로 설명하고 있다는 점이다. "맨 나중에 멸망 받는 원수는 사망이니라." 죽음도 우리가 싸워야 하는 우리 바깥의 대상인가 하는 점은 결코 간단한 문제는 아니다. 왜냐하면 죽음과 사탄보다는 죽음과 죄의 관계가 더 밀접해 보이기 때문이다. 인간의 삶은 죽음을 달고 다니면서, 죽음을 연습하고 죽음을 준비하고 죽음을 경험하는 삶이 아닌가? 우린 단 한 번 죽지만 매일 죽음 속에 살아가는 것은 아닌가? "인간의 문제가 인간 밖에 있는가, 인간 안에 있는가?" 하는 질문은, 어차피 인간을 둘러싸고 일어나는 일이기 때문에 별 차이가 없는 듯해도, 죄는 심판이나 용서를 필요로 하지만, 외부의 세력과의 싸움은 승리를 필요로 하기 때문에 그 성격이 다르다고 할 수밖에 없다.

예수님이 십자가에서 치열한 전투를 벌이신다면 그것은 결국 인간을 위해서 싸우시는 것이다. 그리고 사탄, 세상, 죽음이란, 인간이 싸워서 이겨야만 하는 포괄적인 대상이다. 따라서 예수님은 우리와 함께, 우리를 위해서, 우리를 대신해서 우리 싸움의 대상과 싸우신다. 이렇게 사탄, 세상, 죽음과의 싸움은 '속전론'뿐만 아니라 '승리 모티브'(victory motive)하고도 깊이 연결된다. 십자가에서 예수님이 승리를 이루셨다. 승리의 메시지는 우리가 앞으로 다룰 "다 이루었다"(요 19:30)라는 예수님의 선포와 더 잘 연결된다. 뿐만 아니라, 십자가가 바로 승리라고 신약성경은 선포한다. 하나님은 빚이나 법률과 같이 우리를 옭아매는 것들을 십자가에 못 박으셨고 세상의 권력을 잡은 자들을 옷 벗기시어 그들을 밝히 드러내시고 십자가로 승리하셨다(골 2:14-15). 예수님은 죽음으로 죽음의 세력을 잡은 사탄을 무찌르셨다(히 2:14).

죽음

죽음은 "버림받아 죽음에 이르렀다"는 의미의 핵심 요소이기 때문에 버림받았다는 예수님의 절규와, 죽음을 상대로 싸운다는 해석을 연결짓는 모티브이기도 하다. 그리고 예수님이 세상 및 사탄과의 싸움을 위해서 죽기까지 치열하게 그 싸움을 감행하셨다는 것을 시사한다. 그리고 '버림받음'이라는 사실이 함축하고 있는 투쟁의 치열함을 결코 스쳐 지나갈 수는 없다 하더라도, 분명히 "예수님의 십자가의 죽음은 그 자체가 승리"다. 루터는 승리를 부활과도 연결시켰지만 죽음이라는 가면 속에 승리가 이미 감추어져 있다고 주장하면서 십자가의 죽음을 승리로 바로 연결시켰다.[23]

죽음이 바로 승리라는 역설적인 기독교 사상은 기가 막힌 통찰을 제공한다. 죽음은 죄와 더불어 인간의 두 가지 부정적인 숙명 가운데 하나다. 죽음 때문에 전도서 저자는 모든 것이 헛되며(2:16), 심지어 사람이 짐승과 같다고까지 탄식한다(3:19-20). 그러나 십자가의 죽음은 두 가지 점에서 기독교적 고유함을 가진다.

첫째, 죽음은 세상, 죄, 세상의 세력, 옛 사람이 모두 함께 십자가에 못 박혀 죽는 것을 의미한다. 불교에서 죽음은 알 수 없거나(無記), 삶과 동일하거나, 온기가 다하거나, 중유(中有)의 상태이거나, 혹은 다른 삶이나 해탈을 위한 통로이어서 결코 죽음 그 자체가 적극적인 가치를 가지고 있는 것은 아니다. 장자에게는 죽음과 삶은 별 구분 없이 인간과 자연의 일부일 뿐이다. 그리스 철학에서 죽음은 영과 육이 분리되어 영이 영원한 상태를 가지게 되는 일탈의 순간이자 자유의 순간으로 이해되기 때문에 죽음은 긍정적인 요소를 가진다. 그러나 여기서 죽음은 육에 갇힌 삶을 떠날 뿐이지 육에 갇혔던 삶을 변화시키는 것은 아니다. 이런 점에서 볼 때 십자가의 죽음은 죽음에 대한 기독교적 독특함을 제시한다. 그리스도의 죽음은 죽음 이후의 삶만이 아니라 바로 현재의 삶에 관해서도 적극적인 가치를 가진다.

죽음은 인간의 삶이 가지고 있는 수많은 부정적 요소를 파괴하고 부정하고 죽이고 새롭게 한다. 죽음은 세상을 십자가에 못 박는 것이다. 창세기를 근거로 볼 때 죽음과 사탄은 인간에게 가해진 가장 처참한 한계이지만, 그리스도의 죽음은 바로 그 한계를 포괄적으로 극복하는 것이다. 말이나 상징이나 예언이나 기적을 통해서가 아니라 바로 죽음을 통해서! 여기에 신비스러운 역설이 있다. 도망가거나 떠나거나 무시하거나 외면해서 살아나는 것이 아니라 죽어야만 살아난다. 옛 사람이 죽어야 새 사람이 살아난다. 악에 저항하며, 폭력에 항거하고, 인간의 죄와 투쟁하며, 무지와 싸워야 하는 일체의 일은 십자가의 죽음과 더불어 가장 강력한 당연함을 가진다. 주께서 그리 싸우셨고, 주께서 그리 죽으셨다. 인간을 숭배하며 권력과 자본의 노예로 살아가는 로마인들과, 회칠한 무덤 속에서 죽은 자처럼 산 자들을 외면하는 바리새인들(마 23:27)에게 대항해서 버림받기까지 예수님은 싸우셨다. 죽기까지 싸우는 그 치열함 속에서 우리가 당면한 세상의 어두움의 무게와 우리가 경험하게 될 부활의 신비로움이 도사리고 있다. 예수님은 죽음으로 죽음과 싸우셨다.

둘째, 죽음은 죽음과 어두움의 세력과 가장 강력하게 싸우는 것이지만 또한 동시에 가장 비폭력적인 싸움이다. 예수님은 버림받음을 부르짖으셨지만 침묵하는 어린 양과 같이 칼을 들지도 세력을 규합하지도 않으셨다. 가장 강력한 저항은 가장 비폭력적인 길을 통해서 이루어졌다. 가장 비폭력적인 저항이 가장 폭력적인 세상을 이긴다. 기독교는 결코 무저항의 종교가 아니다. 예수님이 얼마나 심하게 세상을 꾸짖으셨던가! 예수님은 사회를 향해서, 종교 지도자들을 향해서, 자신의 제자들을 향해서, 성전의 장사꾼들을 향해서, 사람들의 가난과 질병을 향해서, 폭력적인 자연을 향해서, 무엇보다도 인간 속에 들어와 인간들을 사로잡았던 악한 영적인 세력을 향해서, 심지어 나사로와 야이로의 딸이 잡혀 있었던 죽음을 향해서 저항하시기를 잠시도 멈추시기 않으셨다. 그러나 칼을 거두라 하시며 십자가에서 죽으셨다. 예수님은 죽음으로 죽으셨다.

예수님의 이 낯선 방식이 수천 년 동안 인간들에 의해서 부분적이고 임시적으로 실험되었지만 우리는 아직도 그 효과가 얼마나 영속적인지 제대로 알 수 없다. 우리에게 닥쳐오는 결과를 다 판단할 수 있는 영속적 세월을 우리는 누리지 못할 뿐만 아니라, 비폭력이 몰고 올 승리의 실체에 대해서 올바로 파악할 수 있는 초월적 안목과 인식을 소유하지 못했기 때문일 것이다. 더욱이 우리는 비폭력의 실체를 방법론의 하나로 이해해서 그 결과를 논하기를 좋아한다. 그러나 비폭력이란, 폭력적인 어두움의 세력에 대항하는 방법론적인 전술이 아니다. 비폭력이란 그 자체가 이미 폭력에 대한 사형선고다. 예수님이 십자가의 사형선고를 묵묵히 감당하시며, 이 땅의 모든 폭력적인 세력 아래서 신음하는 우리 모두를 끌어안으셨다. 죽음으로 죽음에 사형선고를 내리셨다. 폭력적인 세상을 한없는 연민과 위로로 그리고 마침내 죽음으로, 용서하시고 꾸짖으시고 무너뜨리시고 이기셨다. 그 '참혹한 승리'가 우리 모두의 믿음과 삶 속에서 '유일한 승리'로 자각되고 고백되고 실현되기를 소망한다.

그러나 우리는 여전히 몇 가지 문제점에 봉착한다. 버림받았다는 것은 투쟁을 암시하지만 승리를 구체적으로 제시하지는 못한다. 따라서 십자가의 승리는 예수님의 부활과 긴밀히 연관되어 있다는 주장을 받아들여야 한다. 우리에게 참으로 소중한 지혜는 폴 리쾨르가 주장한 성경 내적인 연관성(intertextuality)이다.[24] 성경의 많은 구절은 그 구절만으로 다 이해될 수 있는 것이 아니라 성경의 다른 구절과의 연관성 속에서 이해될 수 있다. 버림받았다는 예수님의 말씀을 신약의 다른 구절들을 배경으로 이해할 때 승리를 향한 투쟁으로 해석할 수 있는 가능성을 발견하게 된다.

지금까지 우리는 마가복음 15장 34절의 말씀, "내 하나님이여 어찌하여 나를 버리셨나이까?"를 다섯 가지 패러다임으로 접근해보았다. 다시 원래의 두 가지 질문으로 돌아가보자면, "하나님이 자기 아들을 버리셨는가?"라는 질문은 아버지와 아들의 그 신비스러운 관계를 통해서 생각해볼 때 결코 문자적으로 받아들일 수는 없는 내용이었다. 따라서 신학적 해석을 가했다. "하나님으로부터 버림받았다"는 것은 "인간에게로 버림받았다"는 것을 의미한다. 즉 "누구로부터(from whom) 버림받았는가?"보다는, "누구에게로(into whom) 버림받았는가?"라는 질문이 더 중요한 주제가 되었다. 물론 이것은 고도의 신학적 해석이기 때문에 모두가 동의하지 않을 수도 있다. 그러나 구약성경과 신약성경이 공통적으로 제시하는 틀은, 하나님은 아들과 우리를 내버려두시는 것이 아니라 인간의 문제에 아주 깊이 개입하신다는 점이다. 하나님은 십자가 사건의 객체나 구경꾼이 아니라 바로 주체이시기 때문에 예수님은 땀이 핏방울이 되시기까지 기도하시며 그 뜻을 따르셨다(눅 22:44). 물론 시편 22편도 아주 중요한 배경이 되지만 이렇게 성경의 전체적 배경과 구도 아래서 '버림받음'을 보게 되면, 예수님이 하나님으로부터 버림받았다는 것은 하나님과 그 아들 예수의 갈등을 나타내는 것이 아니라, 예수님이 '인간에게로 버림받음'으로 이해하는 것이 더 성경적이라고 결론지을 수 있다. 그리고 이러한 패러다임 속에서 "버림받음은 어떤 의미인가?"를 이제까지 살펴보았다.

두 가지 방향과 내용

(1) 예수님이 우리에게로: 우리가 되심으로써 우리와 버림받음(고통의 인간 실존)을 나누신다.

(2) 우리를 예수님께로: 우리를 자신에게로 끌어안으심으로써 우리의 버림받음을 짊어지신다.

"예수님이 인간에게로 버림받았다"는 것은 예수님이 두 가지 다른 측면에서 인간과 관계하시는 것이다. 첫째, 예수님은 인간과 하나 됨으로써 인간에게로 버림받으셨다. 예수님 자신이 인간과 하나 되신 것이다. 나눔(sharing)의 원초적인 의미가 여기에 있다. 죽음으로 우리와 함께하시는 임마누엘 하나님의 참 모습이 여기에 있다. 예수는 그 자신을 우리와 나누신다!(Jesus shares himself with us!) 죽음으로도 하나 될 수 없었던 인간들을, 죽음 때문에 하나 될 수 없었던 인간들을 그 자신의 죽음을 함께 나누시어 죽음의 공동체를 만드셨다. 예수님은 죽음에 참여하심으로써 참으로 우리와 하나가 되셨다. 예수님은 진정으로 인간이셨다.

둘째, 그의 나눔은 우리 모두를 끌어안으심으로써 자신에게로 나누신 것이다. 예수님은 우리에게 참여하심으로써 우리를 참여시키셨다(Jesus bears us in himself). 그는 아담처럼 우리 모두의 머리가 되시기 때문이다. 예수님 속에 모든 인류가 있기 때문이다. 물론 이것은 철학적으로 실재론(realism)을 배경으로 한다. 이러한 신학을 펼친 사도 바울도 그러한 철학적 배경 속에 있었던 것으로 보인다. 그러나 성경 속에서 창조와 구원의 구도는 단순히 철학적 실재론을 넘어선다. 성경적 실재론은 자연과 인간의 보편성을 그 자체로서 실재론적으로 보여주기보다는, 자연과 인간에 실질적으로 개입하시는 하나님이 역사를 자기 자신 속에 아우르는 신적 연대(unity)를 보여주고 있다. 하나님 속에 인류와 역사가 있다. 이것은 창조를 통해서 관계성으로 암시되었지만, 그리스도를 통해서 구체적인 실재가 되었다. 보편이 실재(reality)로서 존재한다는 것은 실재 그 자체의 성격과 연관이 있지만, 그리스도 예수께는, 실재에 관계하시는 하나님의 실재가 바로 그 보편적인 실재를 가능케 한다. 이것은 자신을 '사람의 아들'이라고 지칭한 예수 그리스도에게서—사람의 아들이 단순히 한 인간이 아니라 메시아적인 실존을 표현하는 가운데—가장 강력하게 구현된다. 그는 사람의 아들로서 사람이 되셨을 뿐만 아니라 사람의 아들로서 모든 인간을 자신에게로 품으신 분이다.

예수님의 신비와 역설은 인간이 '되심'으로써 인간을 '품으심' 속에서 찾아볼 수 있다. 그가 우리를 향해 오셨고, 우리를 그 자신에게로 품으셨다. 되심과 품으심의 방향만이 아니라 그 내용 또한 중요하다. 예수님이 인간의 고통과 고난에 버림받았다. 예수님은 인간에게로 버림받아, 인간의 참혹한 실존을 자신에게로 짊어지셨다. 십자가의 죽음이 참혹한 고통을 동반한다는 사실은 그리스도의 십자가를 이해할 때 결코 따로 떼어놓고 생각할 수 없는 치명적이고 핵심적인 내용이다. 이 내용을 반영하지 못한 일체의 표현과 사상은 십자가를 잘 드러낼 수 없다. 예수님이 그냥 죽으신 것이 아니라 버림받으셨기 때문이다. 십자가 위에는 아들을 버림으로써 인간을 버려야 하는 하나님의 표현할 수 없는 고난이 있고, 십자가 위에는 하나님으로부터 버림받아 인간에게로, 인간의 고난과 상실에 버림받은 아들의 고난이 있다. 그리고 고난과 폭력과 상실과 박해와 가난과 질병과 무지와 혼돈과 부조리와 이기심과 차별과 분리로 고통받는 인간이 십자가에 달려 있다. 그 버림받음 속에는 죽음으로만 표현되고 드러날 수 있는 하나님의 고통, 아들의 고통, 인간의 고통이 있다. 예수님이 나누시고 짊어지신 십자가는 고난의 십자가다.

또한 십자가에서 예수님은 가장 이해할 수 없는 방법으로 인간의 고난과 죽음과 악의 세력과 버림받기까지 싸우며 죽으셨다. 죽기까지 인간의 고난이 되어서 그 고난과 치열하고 극렬하게 싸우셨지만, 죽기까지 그 모든 고난과 죽음과 사탄을 자신이(자신에게로) 품으시고 죽으셨다. 가장 극렬한 저항이 가장 비폭력적으로 실행된 것이다.

지금까지 4장에서는 예수님이 자신을 나누신 것을, 5장에서는 예수님이 자신을 나누시는 것으로부터 우리를 짊어지시는 것으로의 전환을 다루었고, 이제 다음 장 6장에서는 예수님이 우리를 짊어지시는 것을 다룰 것이다.

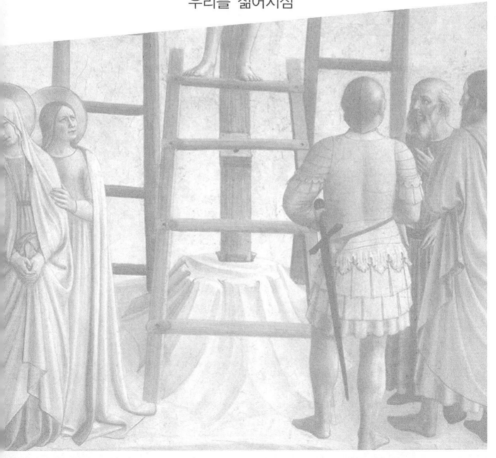

6장 **많은 사람을 위한 대속물로 주려 함이니라**

마가복음 10:45

우리를 짊어지심

마가복음 10장 45절에 나오는 예수님의 이 말씀은 예수님의 죽음이 대속적인 성격을 가진다는 것을 선포한다고 전통적으로 이해해왔다. 그리고 아주 오랫동안 바로 이 구절로 예수님이 자신의 죽음을 대표적으로 설명하신 것으로 간주되어왔다. 그러므로 우리는 이 말씀을 상당히 주의 깊게 살펴보아야 한다. 일단 '대속물'(λύτρον)이라는 헬라어 단어는 신약에서 명사로는 유일하게 이 구절에서만 사용되었다(마 20:28에서도 사용되었지만 동일한 문맥에서다). 동사 '풀어주다, 속박이나 법률을 파괴하거나 폐지하다'(λύω)의 명사형이기 때문에 일단 그 의미는 '해방'이나 '구원'과 연관이 있다. 우리는 두 가지 점을 주목해야 한다.

(1) 무엇으로부터 구원을 얻는가?
(2) 어떤 **방법**을 통해서 구원이나 해방을 얻는가?

이 단어 자체는 신약에서 더 이상 사용된 곳이 없기 때문에 우리는 우선 신약에서 사용된 유사 단어들을 살펴보아야 한다. 가장 직접적인 파생동사로는 λυτρόω가 있는데 누가복음 24장 21절에서 "이스라엘을 구원하다", 디도서 2장 14절에서 "예수께서 그 자신을 우리에게 주셔서 우리를 죄로부터 구원하다", 베드로전서 1장 18-19절에서는 "은과 금처럼 썩어질 것으로 우리를 구원하신 것이 아니라 흠 없고 점 없는 어린 양 같은 그리스도의 보배로운 피로 한 것이다"라는 맥락에서 사용되었다. 이러한 맥락에는 '법정적이고 제례적인 개념'이 포함되어 있다.

명사 파생어 λύτρωσις가 사용된 곳을 살펴보면, 그 백성들의 구원(눅 1:68), 예루살렘의 구원(눅 2:38), 동물이 아니라 예수님의 피가 우리의 영원한 구원(히 9:12)이라는 의미로 사용되었다. 역시 '제례적 의미'가 포함되어 있다. 또 다른 명사 파생어 ἀπολύτρωσις는 신약성경 여러 곳에서 사용되었는데, 종말론적 구원(눅 2:28), 그리스도 안의 구원(롬 3:24), 몸의 구원(롬 8:23), 지혜, 의, 거룩함, 구원이라는 그리스도의 총체적인 실재의 한 부분으로 구원(고전 1:30) 등이 있다. 특별히 이 단어는 에베소서 1장 7절과 골로새서 1장 14절에서는 십자가와 연관되어 사용되었는데, 그리스도의 피를 통해서 구원, 즉 '죄의 용서'를 얻는다는 문맥에서 사용되었다. 또한 '상업적 의미'에서 구원(엡 1:14), 구원의 날(엡 4:30), 죄로부터 구원(히 9:15), 구약의 맥락에서 고난으로부터의 구원(히 11:35)에서 사용되었다. 이 모든 신약의 용례를 종합하면 구원과 해방이란 (1) 죄로부터 구원, (2) 용서의 의미로서의 구원, (3) 제사를 통한 희생으로서의 구원, (4) 사고파는 소유물로서의 구원으로 사용되었다.

구약의 칠십인역(구약성경의 헬라어 번역)에는 '대속물'(λύτρον)이라는 동일한 단어가 여러 차례 사용되고 있다. 이 단어는 가장 흔하게는, 죄를 지은 자의 죄를 무르기 위해서 속죄의 돈을 지불하는 것을 의미한다(출 21:30; 민 35:31-32; 잠 6:35). 또 노예 상태로부터의 해방(레 19:21; 사 45:13), 기업으로 받은 땅을 팔았을 때 친족이 이를 다시 회복하기 위해서 지불하는 것(레 25:24, 26), 이방인에게 팔린 친족을 위해서 지불하는 것(레 25:51-52), 레위인의 장자가 이스라엘의 모든 장자를 대신하는 것(민 3:12), 또 레위인 장자의 숫자를 넘어서는 장자를 돈으로 무르는 것(민 3:46, 48, 49, 51; 5:5; 18:15), 인구 조사할 때 생명의 속전으로 드리는 것(출 30:12) 등의 의미로 사용되었다. 이렇게 구약에서 '대속물'이라는 단어는 죄, 노예 상태, 의무로부터 해방과 구원을 위해서 대신 지불하는 금액이라는 의미를 가지고 있다.

신구약의 이러한 쓰임새를 종합하면 다음과 같다.

(1) 무엇으로부터 구원을 얻는가?: 법정적 틀, 상업적 틀, 제례적 틀에서와 속박으로부터 구원을 얻는다.
(2) 어떻게 구원을 얻는가?: 예수님이 죄, 채무/의무, 제사 등을 대신 (substitution)하셔서 우리가 구원을 얻는다.

이런 의미를 묶어서 대신론(substitutionary theory)이라고 부를 수 있지만 한국어로는 주로 대속론(속전을 대신 지불한다는 의미)이라고 번역되고 있다. 마가복음 10장 45절을 번역할 때, 이러한 대신론의 의미를 살려서 '많은 사람을 위한 대속물'에서 '위하여'를 '대신하여'라고 이해하기도 한다. '위하여'에 사용된 전치사 ἀντί라는 단어는 '대신해서'라는 의미도 가지고 있어서 그 맥락이 잘 통한다. 뿐만 아니라, '대속물로 주셨다'는 말에서 '주셨다'는 의미도 대신의 의미를 추가적으로 나타낸다. 대속론은 많은 십자가 이해 가운데 하나에 불과하지만, 안타깝게도 개신교 역사를 통해서 보수적인 그리스도인들을 상징하는 대표적 십자가론으로 받아들여져 왔다. 먼저 우리는 성경적인 대신의 의미가 무엇인지를 살펴본 후에, 상업적 대속론(빚이나 의무를 대신 지불), 법정적 대속론(죗값을 무르기 위해서 법정에 대신 섬), 제례적 대속론(인간의 죄를 무르거나 축복을 위해서 동물을 대신 잡아서 지내는 제사) 세 가지를 함께 계속해서 다루어보겠다.

1. 성경적 의미의 대신이란?: 나눔과 짊어짐

대신(substitution), 즉 "누가 누구를 대신하다"라는 것은 일반적으로, 교환한다는 의미다. 운동 경기를 할 때 누군가가 다치거나 경기력이 떨어지면 다른 선수가 나가서 그 선수를 대신한다. 아주 분명하게 아래와 같이 두 가지 상황이 발생한다.

(1) 능력—먼저 경기하던 선수가 더 이상 계속할 수 있는 능력이 없어서 새로운 선수가 대신한다
(2) 거리(distance)—먼저 경기하는 선수와 새롭게 대신하는 선수는 같은 공간에서 함께 경기할 수 없다. 두 선수 사이에 메울 수 없는 거리가 있는 셈이다.

영어 substitute도 동일한 의미로 사용된다. 학교에서 선생님이 일정 기간 동안 가르칠 수 없게 될 때 우리는 대신 할 substitute를 찾아서 그 과목을 가르치게 한다. 만약 우리가 이러한 대신의 개념과 메커니즘을 기계적으로 그대로 십자가에 적용하면, 예수님 홀로 인간을 짊어지고 우리 대신 돌아가신 것이 되어버린다. 예수님과 우리는 교환된 것이고 예수님과 우리는 동일한 공간을 함께 공유할 수 없다. 그런가? 십자가는 예수님 홀로 돌아가신 죽음인가? 우리는 공짜 점심을 먹는 것이 되고 구원은 인간의 그 어떤 노력이나 참여 없이 기계적으로 이루어지는 정의롭지 못한 일인가? 인간을 대신해서 예수님을 죽이신 하나님은 정의롭지 못한 하나님인가? 이렇게 우리의 십자가 이해는 대신이라는 개념을 둘러싸고 심각한 오해를 가져왔고 아직도 그 오해가 반복되고 있다.

십자가의 대신은 능력이라는 관점에서 보면 인간사의 일반적인 대신과 유사하다. 인간이 스스로를 구원할 수 없다는 절체절명의 한계 때문에 예수님이 우리를 대신하셨다. 그러나 참여와 거리라는 관점에서 보면 인간의 대신과는 아주 다르다. 일반적인 대신은 교환에 가깝고 그 교환의 메커니즘을 따르면 우리는 결코 예수님의 죽음에 참여할 수 없지만, 십자가에서는 예수님이 죽으심으로써 우리도 그리스도와 함께 죽는다.

성경은 우리도 십자가에서 그리스도와 함께 죽었다고 선언한다! 이 얼마나 생소하고 놀랍고 신비스러운 일인가! 한 사람이 모두를 대신해서 (위해서) 죽었는데 따라서 모든 사람이 죽었다!(고후 5:14) 어떻게 이런 일이 가능한가? 한 사람이 대신했으면 나머지는 죽지 말아야 하는 것이 아닌가? 우리는 여기서 십자가 해석의 원칙을 다시금 기억해야 한다. 세속적 개념의 의미를 십자가를 해석하는 데 덧입히는 것이 아니라 성경적 의미의 고유함이 세상을 끌어안고 변화시키고 마침내 구원해야 한다. 십자가는 세상에서 찾아볼 수 없는 고유한 사건이기 때문에 그 해석도 고유함을 깊이 고려한 해석이어야 한다.

예수님이 우리와 함께 우리가 되어 십자가에서 돌아가셨을 때 우리도 그리스도와 함께 십자가에 못 박혔다. "내가 그리스도와 함께 십자가에 못 박혔나니"(갈 2:20). 예수님이 우리 안에서 돌아가셨을 때 우리도 그리스도 안에서 죽었다(When Christ was crucified in us, we are crucified in Christ). 이렇게 '우리 안에서'(in nobis)는 '그리스도 안에서'(in Christo)를 포함하고 있다.

예수님이 우리를 대신하셨다는 것은 우리를 배척하신 것이 아니라 우리를 포함하신 것이다. 기계적이고 배타적인 대신론과 명백히 구분하기 위해서 우리는 그리스도의 나눔과 짊어짐(sharing and bearing)을 '성경적 대신론'의 뼈대로 삼는다.

그렇다면 도대체 언제 우리는 십자가에 달려 죽은 것인가? 우리의 자각이나 의식도 없이 우리는 그리스도와 함께 동시적으로 십자가에 달린 것인가? 믿음의 상상력이 불러오는 가상의 세계인가? 혹은 예수님 홀로 십자가에서 돌아가셨고 그 혜택이 나중에 우리에게 발생하는 것인가? 즉 함께 죽었다는 것은 십자가 이후에 추가로 발생해서 우리에게 칭의와 성화를 가져다주는 혜택인가? 이러한 질문에 대답을 쉽게 찾을 수 없기 때문에 우리는 늘 세속적 대신의 개념으로 돌아가버리고 만다. 단지 우리가 이해할 수 없다는 문제 때문에! 결국 우리가 이해할 수 있어야 한다는 문제가 늘 십자가를 압도해버린다. 예수님은 '우리의 이해에 의해서' 아직도 반복적으로 못 박히고 있다. 그러나 이해할 수 없음은 성경에 그 단서가 전혀 없다는 것을 의미하진 않는다. 몇몇 본문을 살펴보자.

먼저 앞에서 인용한 고린도후서 5장 14-15절의 핵심적인 내용은 이렇게 요약된다.

>>> 한 사람이 모든 사람을 위해서 죽었다. 그러므로 모든 사람이 죽었다. 예수께서 모든 자들을 위해서 죽으신 이유는 산 자들이 자신들을 위해서 살지 않고 죽었다가 다시 사신 자를 위해서 살게 하려 함이다.

일단 14절에서 "한 사람이 죽었다"와 "모든 사람이 죽었다"에 사용된 시제는 둘 다 부정(과거)시제라고 불리우는 아오리스트(aorist) 시제다. 이 시제는 헬라어 동사시제의 고유한 특징을 드러내는 시제인데 이러한 시제가 없는 다른 언어 체계로 옮기기는 어려운 일이지만, 주로 과거로 번역되고 있고 드물게는 미완료나 현재로도 번역된다. 그러므로 단지 문법적인 특징만을 고려한다면 예수님이 돌아가신 것과 우리가 함께 죽는 것은 동일한 시점이라고 할 수 있다. 그리고 15절에서는 예수님이 돌아가신 목적은 살아 있는 자들이 예수를 위해서 살 수 있도록 하기 위한 것으로 설명한다. 예수님과 함께 십자가에서 죽은 자들이 오늘을 살아가고 있고 그 삶은 자신들을 위해서 돌아가신 예수님을 위해서 사는 것이라는 의미다. 따라서 우리는 14절의 십자가 사건과 15절에 나오는 십자가가 우리에게 끼치는 영향이 서로 긴밀히 연결되어 있지만 결코 동일한 시점의 사건이라고 생각하기 어렵다. 즉 우리는 그리스도와 함께 이미 죽었기 때문에 지금 여기서 주를 위해서 산다. 이미 발생했기 때문에 지금 여기서 계속 일어나야 한다는 신비스러운 말씀이다.

로마서 6장 2-14절은 그리스도와 함께 죽고 함께 사는 신비스러운 연합을 천명한다. 4절에서는 세례의 의미에 초점을 맞추고 있고, 본문의 전체적인 맥락은 이제 우리가 어떻게 살아야 하는가 하는 문제를 다루고 있다. 그런데 이 새로운 삶의 근거는 바로 우리가 그리스도와 함께 죽었다는 사실이다. 그리스도의 죽음으로 우리가 그리스도로부터 멀어진 것이 아니라 오히려 그리스도와 연합되었다는 기독교 고유의 사상이 6절과 8절에서 구체적으로 설명되고 있는데 바로 이것을 근거로 우리는 지금 여기서 생명 가운데 행하는 자(4절), 죄에서 해방된 자(6절), 의로운 자(7절), 죽음이 더 이상 주장하지 못하는 자(9절), 죄에 대해서 죽은 자(11절)로 살아야 한다. 따라서 6절과 8절, "함께 죽었다"는 표현에 사용된 부정시제도 지금 여기서 죽은 자로 살아가는 것과 연결되어 있지만 동시적 실재를 나타내는 사건으로 보기는 어렵다. 그리스도와 십자가에서 이미 죽었기 때문에 지금 여기서 죽은 자로 살아가야 한다.

이와 유사하게 갈라디아서 2장 20절은 문제의 핵심을 더 명확히 드러낸다. 단순히 그리스도와 함께 죽었다는 것이 아니라 십자가에서 함께 죽었다는 단어(συνσταυρόω)가 완료시제로 사용되고 있다. 그리고 "이제는 더 이상 내가 사는 것이 아니요 오직 내 안에 그리스도께서 사신다"는 말씀이 이어진다. "내가 살지 않는다"와 "그리스도께서 산다"는 모두 현재시제다. 여기서도, 그리스도와 함께 십자가에서 죽은 사건과 '지금 여기서 그리스도와 내가 연합된 자로서 내가 사는 것은 바로 그리스도의 사람으로 사는 것'이라는 사건은 서로 연결되어 있지만 결코 동시적 사건은 아니다. 골로새서 2장 20절에서도 세상 초등학문에서 그리스도와 함께 죽었다는 것을 부정(과거)시제로, 의문에 순종하는 것은 현재시제로 표현하고 있다.

이렇게 신약성경의 여러 본문을 살펴보면 예수님이 우리를 대신해서 십자가에서 돌아가셨다는 것은 다음을 뜻한다.

(1) 그리스도가 우리 안에서 죽으심으로써 우리도 그리스도와 함께 죽었다는 것을 의미한다.
(2) 바로 그 '함께 죽음'이 지금 여기서 우리의 삶을 결정하며 우리가 십자가의 죽음에 참여해야 함을 독려한다.

따라서, 성경적 대신은 세속적·기계적·배타적 대신과는 상당히 다르다. 지금까지 거론되어온 예수님의 나눔(sharing)과 짊어짐(bearing)을 함께 묶어서 대신론의 진정한 의미를 살펴보자. 우리가 흔히 생각하는 일반적이고 기계적인 대신은 이러하다.

(1) 대신하는 자는 대신당하는 자가 할 수 없는 것을 대신한다.
(2) 대신하는 자는 대신당하는 자를 대체한다.
(3) 따라서 대신하는 자와 대신당하는 자는 시공의 동일한 차원을 결코 함께할 수 없다.
(4) 대신당하는 자가 배제되기 때문에 대신당하는 자가 대신에 참여할 수 있는 기회가 없다.

이와 비교해서 성경적인 대신, 살아 있는 대신, 예수님의 나눔과 짊어짐은 이러하다.

(1) 그리스도는 우리가 할 수 없는 것을 홀로 이루어내셨다.

(2) 그리스도는 우리 안에서(in us) 십자가에 죽으셨고 우리와 죽음을 나
    누셨다.

(3) 우리와 죽음을 나누심으로써, 그리스도는 그 자신을 우리와 나누셨다.

(4) 그리스도는 자신을 나누심으로써, 우리의 죄, 죽음, 한계를 짊어지셨다.

(5) 그리스도가 자신을 나누시고 우리를 짊어지심으로써 우리는 그와 함께
    십자가에 못 박혔다.

(6) 우리가 그리스도와 함께 죽었기 때문에, 지금 여기서 그리스도와 함께
    죽는다.

앞에서 오직 (1)만 세속적인 대신과 그리스도의 대신이 유사할 뿐이
다. 예수님이 우리를 대신하셨다는 것은 그 자신을 우리와 나누셨다는 것
을 의미하고, 우리가 도저히 할 수 없는 것, '죄로부터, 죽음으로부터, 사
탄으로부터' 용서와 이김과 해방을 짊어지심을 의미한다. 우리가 할 수
없는 것을 예수님이 하셨다는 것은 바로 이런 본질적인 차이를 드러낸다.
우리가 십자가에 참여함으로써 그리스도께서 우리에게 참여하신 것이 아
니라, 예수님이 우리를 떠나지 않으시고 우리와 죽기까지 함께하셨기 때
문에 우리가 십자가에 참여하게 된 것이다. 우리가 십자가에 포함되었다
는 신비한 대신은 앞에서 다룬 그리스도의 몸과 피를 먹고 마시는 것과
그 맥락을 같이한다. 예수님이 그 자신의 몸과 피를 우리에게 먹이시고
나누셨다. 따라서 우리도 그리스도와 함께 십자가에서 죽었다. 신비스러
운 연합(unio mystica)은 십자가에서 발생한다. 그리스도의 죽음으로 우리
는 그리스도의 죽음에 초대되고 함께 죽음으로써 그리스도와 연합된다.

떠난 이는 우리요, 함께하신 이는 그리스도다. 버린 이는 우리요, 찾고 부르신 이는 그리스도다. 버림받은 이는 우리요, 버림받은 이와 함께하신 이는 그리스도다. 죄와 죽음과 사탄과 무지와 고난에 묶여서 살아가는 이들은 우리요, 이들과 함께하시며 자신의 몸과 피로 우리의 고난과 함께하시며 우리의 한계를 짊어지시고 죽음으로 우리를 그 속박에서 구원해내시는 이는 그리스도다. 바로 이 점에서 그리스도만이 우리를 대신하신 분이요 우리는 철저히 대신당하는 이들이다. 예수 홀로 십자가에서 돌아가셨다.

그런데 이렇게 예수님이 우리의 한계를 짊어지셨을 때, 우리 옛 사람도 십자가에서 그리스도와 함께 죽었다. 예수님이 죽음으로 **자신**을 우리와 나누시며 우리 모두를 십자가에 모으셨기 때문이다. 우리가 십자가 주위를 서성이며 십자가를 의심하며 십자가로부터 도망갈지라도, 예수님은 우리를 떠나지 않으셨다. 우리가 십자가에 참여했기 때문에 그리스도와 함께 죽는 것이 아니라, 그리스도께서 우리를 떠나시지 않으셨기 때문에 그리스도와 함께 십자가에서 죽는다. 그리스도는 자신의 능력이나 자신의 신성이나 자신에게 속한 그 무엇을 뚝 떼서 우리에게 선물로 건네주신 것이 아니라, 그 자신의 몸과 피를 나누셨다. 죽음은 살아 있는 자들조차 이루어내지 못하는 관계, 곧 가장 살아 있는 관계를 회복한다. 어떤 관계도 함께 죽는 것보다 더 살아 있는 관계를 만들지는 못한다. 죽음으로, 그 몸과 피로, 자신을 나누어주셨기 때문이다. 그리스도의 몸과 피를 가진 자들은 그리스도와 함께 죽는다. 우리도 그리스도와 함께 십자가에서 죽었다.

신약성경 저자들이 그토록 다양하게 우리에게 알려주는 대신의 의미가 바로 여기에 있다. 예수님이 자신을 나누시며 우리와 함께하시고 우리가 되시고 우리를 짊어지시며 십자가에서 죽으셨을 때, 그 몸과 피를 나눈 우리도 십자가에서 함께 죽었다. 한 사람이 죽음으로써 모든 사람이 죽은 것이다. 한 사람이 용서하고 한 사람이 심판당하고 한 사람이 희생하고 한 사람이 승리했을 때, 우리 모두가 그 용서와 심판과 희생과 승리에 초청되어 포함되었다. 홀로 죽으셨지만 자신을 나누어주시며 우리와 함께 죽으셨기 때문이다. 예수 홀로 십자가에서 돌아가셨다. 그리고 우리도 함께 십자가에 못 박혔다.

앞에서 제기한 의문으로 다시 돌아가자. 우리가 십자가에서 그리스도와 함께 죽었다는 사실이 어떻게 가능한가? (1) 우리의 상상과 믿음 속에서만 가능한가? 따라서 함께 죽음은 비유와 상징일 뿐인가? (2) 혹은 우리의 참여에 의해서 비로소 현실화되는가? 따라서 십자가를 우리가 실현해야 하는가? 시공의 한계 속에서 살아가는 우리는 '그리스도와 함께 죽었다는 것'을 우리 눈으로 확인할 수도 없고, 우리에게 뚜렷한 자각을 불러올 만한 사건이 우리의 삶 속에서 경험적으로 일어나는 것도 아니기 때문에 (1)과 같은 의문을 가지게 된다. 더욱이, 우리에게 실제로 어떻게 이러한 일이 일어나는지를 경험할 수 없기 때문에 우리는 쉽게 (2)로 넘어가버린다. 예수님의 죽음은 지금 여기서 우리에 의해서 실현되어야 비로소 의미 있게 된다고 생각하게 된다. 그러나 앞에서 몇 차례 언급했듯이 이러한 의문에 대한 실마리는 오직 그리스도에게서 찾아야 한다. 그리스도의 몸과 피가 우리에게 나누어졌고, 그리스도는 그렇게 나누심으로써 인간을 끌어안으시기 때문이다.

이것은 철학에서 얘기하는 존재론적 실재론의 영역을 넘어서는 그리스도의 본질에 관한 것이다. 그리스도는 하나의 몸이시다. 그분은 자신의 몸과 피를 먹고 마시라고 말씀하셨다. 그리고 비록 우리가 이해할 수 없지만 우리의 생명의 양식이 되신다는 것을 '약속'하셨다. 우리 곁에서 계시는 남편으로서가 아니라 우리 안에서 우리가 되어 우리 맘에 자신의 몸과 피를 새겨놓으셨다. 이 약속은 참 하나님이신 그리스도의 약속이기 때문에 우리의 모든 지각을 넘어선다. 이 약속은 참 인간이신 그리스도의 약속이기 때문에 진정으로 우리 모두에게 나누어질 수 있었다. 이 약속은 참 하나님이자 참 인간이신 예수 그리스도께서 결코 우리를 떠나시지 않으신다는 것을 죽음으로 하신 약속이기 때문에 우리는 그와 함께 십자가에서 죽었다. 예수님이 자신을 우리와 나누셨기 때문에 우리는 그분의 죽음을 나눈다. 이것이 십자가의 가장 원초적인 모습이다. 여기에는 우리의 신학적인 패러다임이나 패턴이 가장 제한적으로 적용되었다. 우리의 사고가 아니라 그리스도 자신이 바로 모든 근거요 실재다. 오직 예수님의 참 모습, 그분의 말씀, 그분의 약속이 그리스도와 함께 죽는 신비의 근거다.

그리고 이 동일한 십자가는 믿음과 삶으로 우리에게로 흘러넘친다 (the cross overflows to our faith and life). 우리에 의해서 십자가가 이루어지는 것이 아니라 그리스도께서 십자가로 우리에게 넘치는 것이다.

우리는 예수님이 대신한 자들이지만 예수님에 의해서 배척당한 자들이 아니다. 우리는 이미 십자가에 참여한 자들이기 때문에 지금 여기서 계속 그리스도의 죽음에 참여한다. 우리가 사는 것이 아니라 그리스도께서 사시는 것이다. 그리스도께서 우리 안에서 죽으셨고 우리는 그리스도 안에서 죽었기 때문에, 그리스도께서 우리 안에서 살아가신다. 우리가 십자가에 참여함으로써 비로소 십자가가 의미 있게 되는 것이 아니다. 우리가 선한 행위로 그리스도를 닮아가야 비로소 십자가가 인간에게 그 어떤 결과를 초래하는 것이 아니다. 우리가 악의 세력과 싸울 때 비로소 예수님이 우리와 함께하시는 것이 아니다. 예수님이 우리와 함께하셨기 때문에 우리가 십자가에 함께 참여한 자들이고, 십자가에 함께 참여한 자들이기 때문에 지금 여기서 십자가에 참여한다.

이렇게 성경적 대신, 그리스도의 대신은 인간과 그리스도가 배타적으로나 기계적으로 교환되는 것이 아니라 시간과 공간의 제약을 넘어서 죽음으로 그리스도와 우리가 하나 되는 것이다. 이 거룩한 신비, 곧 이 신비스러운 연합으로 인해서 우리는 공짜 음식만을 즐기는 정의롭지 못한 자들, 십자가의 혜택만 바라고 사는 욕심 많은 자들이 아니라, 십자가로 살아가는 자들이요, 죽음으로 살아가는 자들이며, 우리의 생명이 그리스도 안에 감추어진 이로 살아가는 자들이다(골 3:3). 십자가 때문에 우리는 이 세상에서도 가장 정의로워야 하며, 십자가 때문에 우리는 죽기까지 세상을 돌보며 섬기며 나누며 짊어져야 한다. 십자가 때문에 우리는 인간의 보편적인 도덕적 가치를 넘어서야 하며, 십자가 때문에 우리는 세상을 이길 수 있어야 한다. 예수님이 대신하셨기 때문에 아무것도 할 필요가 없는 것이 아니라, 그리스도와 함께 죽었기 때문에 그분의 죽음이 이루시는 그 모든 것의 실재를 이 땅에서 실현하는 삶으로 살아간다. 성경적 대신은 삶의 도피와 핑계가 아니라 오히려 삶을 향한 가장 강력한 영적·도덕적·종교적 요청이다. 우리가 넘치는 것이 아니라 그리스도께서 넘치시는 것이다.

그런데 예수님은 무엇을 짊어지셨는가? 우리가 그리스도와 함께 죽었다는 것은 구체적으로 어떤 내용을 의미하는가? 죽음 그 자체만을 위한 죽음은 결코 아닐 것이다. 마가복음 10장 45절에 의하면 예수님은 우리의 대속물이 되셨다. 예수님이 무엇을 짊어지셨는지, 우리는 그리스도와 함께 어떤 죽음을 죽게 되었는지를 더 세밀히 살펴보아야 한다. 앞에서 우리는 신구약 성경을 살펴보면서 '대속물'이라는 단어는 상업적·법정적·제례적 의미를 가지고 있다고 언급했다. 이제 차례로 이 세 가지 의미를 함께 살펴보겠다.

2. 상업적 대속론

신약성경은 하나님과 우리의 관계를 설명하면서, 하나님이 돈을 지불하고 우리를 샀다는 상업적 비유를 사용한다(고전 6:20; 7:23; 벧후 2:1; 계 14:3-4). 요한계시록에서는 더욱 구체적으로 그리스도의 피로 우리를 사셨다고 하면서 십자가의 죽음을 상업적으로 해석한다(계 5:9). 가장 잘 알려진 말씀 가운데 하나인 갈라디아서 3장 13절, "율법의 저주로부터 우리를 속량하셨으니"에 나오는 '속량하다'라는 단어도, 돈을 주고 산다는 단어의 파생어이며 돈을 주고 무른다는 상업적 의미를 가지고 있다. 이렇게 마가복음 10장 45절에서 사용된 대속물이라는 단어는 신약성경의 다른 본문을 근거로 해도 상업적인 대속과 서로 잘 연결된다.

그러나 그리스도의 죽음을 돈의 거래로 이해하는 논리의 문제를 이미 앞에서 지적했다. 예수님의 죽음을 인간이 지고 있는 채무를 지불한 것으로 이해하는 것은 본질적으로 비유일 뿐이다. 상업적 대속론은 이중적인 비유를 근거로 하고 있다. 인간이 처해 있는 상태나 한계를 빚으로 해석하는 것도 비유요, 죽음을 그 빚에 대한 지불로 이해하는 것도 비유다. 상업적 비유는 초기 교회부터 사용되었고, 안셀무스, 칼뱅, 루터도 모두 사용했다. 이러한 사실에 비추어볼 때 상업적인 비유에는 십자가의 논리를 쉽게 설명하는 장점이 있는 것으로 보인다. 그러나 이해하기 쉽다는 사실이 십자가의 본질을 더 잘 드러내는 것은 결코 아니다. 오히려 모든 비유는 아주 제한적으로 사용될 수 있을 뿐이다. 만일 잘못 적용하면 비유가 오히려 십자가를 왜곡하는 결과를 초래한다.

예를 들어, 지불의 논리는 빚진 자와 빚 갚는 자가 빚이라는 일정한 의무를 서로 교환하는 것이다. 그런데 십자가는 인간의 문제를 예수님이 담당하신다는 점에서는 한편으로는 교환에 가깝지만, 십자가는 본질적으로 그리스도의 희생이라는 점에서 교환과는 아주 다르다. 지불의 비유에서는 물물의 정확한 상거래가 이루어진다는 것을 전제하는 논리 때문에, 십자가의 희생적인 면이 심각하게 훼손될 우려가 있다. 뿐만 아니라, 죽음이 가지고 있는 급진성(radicality)이 거래라는 온순한 비유에 의해서 희석되어버린다. 십자가는 죽음이지 거래가 아니다!

이런 점에서 십자가는 흔히 유행하는 '총괄적 개념'들에 충격을 가한다. 예를 들어, 하나님과 인간의 관계를 '대화'로 풀어낼 경우에, 인간과 하나님의 살아 있는 관계를 잘 드러낸다는 점에서는 유용하지만, 이 개념을 십자가에 적용하면 '죽음'을 '대화'로 끌어내려 그 강렬함을 약화시키는 문제가 발생한다. 칼뱅이 사용해서 개혁주의의 중요한 개념이 된 낮추어 오심(accommodation)도 하나님의 임재, 성육신, 하나님을 아는 지식과 연관시킬 수 있고, 기독교 해석학에 탁월한 단서를 제공하지만, 이를 십자가에 적용하면 '십자가의 죽음'이라는 극단성(extremity), 치열함(cruciality)이 그저 우리에게 낮추어 찾아오시는 정도로 약화되어버린다.

더욱이 앞에서 설명한 대신의 의미와 관련해서 생각해보면, 기계적 대신은 교환이라는 측면에서 지불이라는 비유와 잘 어울리지만, 그리스도와 함께 십자가에서 죽었다는 그리스도의 나눔과 짊어짐과는 잘 연결되지 않는다. 또한 지불이라는 개념은 십자가에서 함께 죽은 우리가 지금여기서 십자가로 살아가야 할 삶의 구체적인 내용을 알려주지도 않는다. 지불이라는 것은 그 어떤 영적·도덕적 함의를 가지고 있지 못하기 때문이다. 지불로서 거래는 종결되어버린다. 결론적으로, 상업적 대속론은 비록 성경적인 근거를 확실히 가지고 있긴 하지만 십자가를 이해하는 데는 지극히 제한적으로 사용될 수 있을 뿐이다.

요약하면, 우리는 "성경적 근거를 가지고 있는가?" 하는 문제를 어휘의 사용을 중심으로 논할 수는 없다. 어휘가 어떤 가치를 가지고 사용되는가를 잘 살펴보아야 한다. 지불의 단어가 사용된 것은 지불의 어휘가 "우리가 할 수 없는 것(지불할 수 없는 것)을 십자가에서 예수께서 하셨다"는 것을 비유적으로 가장 잘 설명하고 있기 때문이다. 즉 성경적 대신의 첫 번째 요소인 '능력'을 가장 손쉽게 설명한다. 그러나 "그 어휘가 십자가의 실재를 가장 잘 드러내는가?" 하는 질문에는, 지불이라는 어휘와 개념은 다음과 같이 네 가지 어려운 점들을 가진다. (1) 지불이라는 개념은 '빚'과 '변제'사이의 교환이다. 그러나 십자가는 그 본질이 교환보다는 희생에 가깝다. (2) 십자가는 '죽음'을 통해서 발생한 것이지만 상업적인 개념은 '지불'로 표현하고 있어서 그 둘 사이에 치명적이고 본질적인 차이가 있다. 지불은 십자가의 죽음이라는 과격하고 급진적인 실재를 올바로 나타내지 못한다. (3) '거리'라는 측면에서 지불은 십자가의 실재와 반대된다. 대신 지불하신 예수님은 그 지불을 통해서 우리가 더 이상 지불하지 않아도 되는 교환을 이루신 것이 아니다. 우리가 십자가에서 함께 죽었기 때문에 우리도 지불한 것이다. 예수님이 우리가 되셨다는 실재론적인 배경을 더 강조하게 되면, 예수님이 지불하실 때 우리가 그리스도 안에서 지불한 것이다. (4) 지불은 가치의 교환에 의해서 채무의 변제가 이루어졌기 때문에 지불로서 사건은 종결된다. 이 종결된 기계적이고 상업적인 사건은 영적·도덕적 가치를 낳지 못한다. 그러나 십자가에서 우리는 그리스도와 함께 죽었다. 그리스도와 우리가 죽음으로 연합되었기 때문에 우리는 지금 오늘 여기서 그리스도의 죽음으로 살아간다.

3. 법정적 대속론

법정적 대속론은 십자가론의 대표적인 이해다. 법정적 대속론이 가장 환영받아온 이유는 십자가가 인간의 죄와 가장 잘 연결되며, 죄와 십자가는 성경에서 등장하는 가장 두드러진 동기이기 때문이다. 그러나 기독교의 죄는 단순히 윤리적이고 법률적인 죄를 의미하지는 않는다. 예를 들어, 하나님과 인간의 관계가 단절되었다는 종교적인 내용이 가장 심각한 죄의 모습이다. 따라서 기독교가 사용하는 죄의 의미가 법률적이고 윤리적인 죄의 의미를 훨씬 넘어서기 때문에 우리는 '죄'라는 용어 위에 '단절', '타락', '교만', '상실', '파괴', '추락', '혼돈', '한계' 등과 같이 다른 개념을 곁들여 사용하는 것이 더 좋을 듯하다. 혹은 법률적인 면을 잃어버리지 않기 위해서 '죄'라는 용어를 계속 사용하려면 "기독교적 죄가 무엇인가?"라는 정의를 분명히 내린 후에 사용해야 한다.

관계인가 죄인가? 기독교에서는 "하나님과 어떤 관계 속에 있는가?"라는 문제가 인간의 죄를 가늠하는 척도다. 그런데 "하나님 앞에 서 있는 자로서 인간의 죄가 심각하다"라고 기독교가 주장하면, 마치 하나님과 인간을 비교해서 인간보다 우월한 하나님의 기준으로 인간의 죄를 판단한다는 의미로 받아들여질 수 있다. 인간이 전적으로 타락했다는 복음주의적 인간론도 인간을 지나치게 염세적으로 그리고 있다는 비판에 직면해 있다. 인간이 인간끼리의, 인간에 의한 윤리적인 잣대로 바라보면, 하나님의 잣대를 기준으로 삼는 기독교 윤리는 더 이상 이 세상의 것이 아닌 천상의 떠도는 이야기가 되어버린다. 종교가 인간의 죄를 판단하는 데는 상당히 모호한 문제가 발생한다. 초월적 척도로 인간을 내려다보며 단죄하는 것이 과연 인간에게 공평한 일인가? 하나님과 인간의 관계를 근거로 인간의 죄를 평가하는 기독교의 죄 개념의 특징을 더 잘 이해하기 위해서는, 초월적 잣대로 인간을 판단하는 것을 일단 배제하고 인간의 기준과 잣대만을 적용해서 죄의 문제를 생각해볼 수 있다. 인간에 대한 인간의 평가는 대략 다음과 같이 서로 상반된 견해가 발생할 수 있다.

긍정적 견해. 천상의 고매한 이야기가 아니라 이 땅을 살아가는 우리를 돌아보면, 우리에게도 사랑도 있고 희생도 있고 나눔도 있다. 종교의 힘을 빌리지 않더라고 인간을 탄복하게 만드는 몇몇 위대한 사람들도 있지 아니한가? 비록 인간이 우리의 기준에도 못 미치는 죄악을 반복하고 있지만 작은 사랑과 나눔, 일시적인 하나 됨이 인류를 여기까지 이끌고 온 원동력이 아닌가? 종교를 빙자한 인간들보다 그저 인간이기를 자처하는 인류의 보편적인 가치와 노력이 인간을 더 사랑하는 일이며 인간의 삶을 더 가치 있게 만들고 있는 것은 아닌가? 인류의 조상이 죄를 지었기 때문에 인류가 통째로 타고난 죄인 취급을 당해야 한다는 기독교의 논리는 인간을 지나치게 경멸하고 모독하는 것이다. 그리고 타고난 죄인이라는 누명을 씌워서 마치 그리스도의 죽음이 반드시 필요한 것처럼 주장하는 것도 하나님과 인간의 관계를 호도하는 것이다.

부정적 견해. 인간의 기준으로 인간을 살펴보아도 우린 심각한 문제 속에 있다. 사실 따지고 보면, 하나님의 척도로 인간을 평가한다는 것은 인간을 지나치게 높이는 발상이다. 우리의 죄를 발견하기 위해서 우리는 그렇게 높은 수준의 척도를 필요로 하는 것은 아니다. 우린 우리 자신으로 인해서 이미 충분히 깊은 좌절과 고통과 비탄 속에 있다. 우리는 단순히 죄를 짓는 자만이 아니라 타인으로 하여금 죄짓게 하는, 즉 **죄를 만들어내는** 자들이다. 우린 우리만으로도 상실과 외면과 소외와 단절 속에 살아간다. 우린 우리에게로 버려져 있기 때문에 전쟁과 탄압과 이기심으로 서로를 학대하고 죽이며 다른 한편으로는 이러한 참혹한 실상을 조장하거나 외면하고 버려둔다. 인간은 **죄에 버려진** 자들이다. 우린 심지어 우리가 만든 부산물들에도 남용과 중독으로 절어 있어서 노예와 같은 삶을 살아간다. 자본의 노예, 오락의 노예, 우상의 노예, 신념의 노예로 살아간다. 인간은 **죄의 지배** 속에서 노예와 같은 삶을 살아간다. 돈을 벌기 위해서라는 유일한 목적 앞에 젊은이들의 영혼을 갉아먹는 행위를 일삼는다. 돈을 벌기 위해서라는 유일한 목적 아래 전쟁도 일삼고 다른 인간을 노예로 팔기도 하며, 인간의 존엄성을 파괴하는 일을 서슴지 않는다. 인간은 **죄를 위장**하고 살아간다. 더 나아가, 만약 인류가 보편적 가치를 나누는 인류 공동체라면, 단 한 명의 노예와 같은 삶을 앞에 두고서라도, 인간은 더 이상 돌이킬 수 없는 죄악 속에 있다는 것을 깨닫게 된다. 인간은 **죄의 연대** 속에 있다. 동서양을 막론하고, 부자와 가난한 자 구분할 필요도 없이, 지구 곳곳에서는 차마 입에도 담지 못하는 참혹한 죄악이 끊임없이 발생하고 있다.

이렇게 인간의 선함과 악함 사이에서 우리는 우리 자신을 평가하는 것이 결코 쉽지 않음을 깨닫는다. 우리의 기준은 우리를 평가하기에도 벅차다. 역설적으로 바로 이런 점이 종교를 요청하는 당위성이 되기도 한다. 이 당위성과 요청을 인정하지 않는 모습 속에 종교적인 죄의 깊은 이유가 도사리고 있다. 기독교에서도 인간이 자신의 존재의 본질, 즉 하나님 앞에서 서 있는 존재라는 것을 깨닫지 못하는 것이 바로 가장 치명적인 죄다. "인간이 과연 선한가, 혹은 악한가?"라는 인간끼리의 기준과 논쟁으로는 인간을 다 평가할 수 없다. 비록 우리가 직접적으로 의도하지 않더라도 "인간에 의한 인간끼리의" 속에 감추어져 있는 두 가지 요소, 즉 (1) 신을 배제함과 (2) 인간을 숭배함은 기독교가 제시하는 죄의 본질이다. 기독교의 죄는 이렇게 법률적이고 윤리적인 면만이 아니라 **존재론적인** 면을 기초로 한다.

더 나아가 인간끼리의 죄의 기준과 하나님 앞에 있는 자의 죄의 기준은 다를 수밖에 없다. 인간의 일반적 윤리는 주로 드러난 행위로 그 죄와 선을 판단한다. 그러나 기독교의 선악의 기준은 하나님과 인간의 관계, 인간과 인간의 관계, 인간 자신과의 내적 관계까지 아우르는 인간의 포괄적인 모습에 관한 것이다. 인간 존재를 넘어서는 초월자 앞에서 인간이 얼마나 자신을 추스르며 겸허히 주어진 삶을 살아가는가 하는 문제도 기독교에서는 아주 중요한 선악의 문제다. **관계**가 선악의 문제가 되는 것이 바로 기독교의 고유한 특징 가운데 하나다. 그리고 우리의 마음속이 무엇으로 채워져 있는가 하는 질문도 가장 심각한 도전 가운데 하나다. 마음으로 죄를 짓지 않는 자가 과연 인간 가운데 단 한명이라도 존재하는가? 기독교는 가장 높은 하나님과 가장 내밀한 우리의 맘을 아우르는 인간의 상태를 가늠해서 죄를 판단한다. 기독교의 죄는 이렇게 심화된 포괄성을 가지고 있다.

그리고 기독교의 죄 이해는 인간의 본 모습이 "얼마나 지속 가능한가?" 혹은 "일시적이고 임시적일 뿐인가?" 하는 문제도 포함한다. 인간의 사랑은 대부분의 경우에 가변적이고 일시적이며 상대적이다. 또한 인간의 본 모습이 어떤 도덕적·영적 가치를 향하고 있는가 하는 지향성도 중요한 문제 가운데 하나다. 사랑으로 나아가지 않는 것, 즉 올바른 지향성을 갖지 못하는 것도 도덕적인 선악의 중립이 아니라 심각한 악에 속하는 행위다. 무관심이나 비행위, 관계의 단절 등이 도덕적 행위가 되는 것이 바로 종교의 세계다.

따라서 우리는 다음과 같은 임시적인 결론을 내린다. 기독교의 죄의 개념은 단순히 초월적인 잣대로 임시적 존재인 인간을 가혹하게 평가하는 것만은 아니다. 물론 하나님의 시각으로 인간을 바라보는 것이 분명 선과 악의 중요한 내용을 이룬다. 그러나 평가 기준의 차이로 인해서 인간이 억울한 누명을 쓰고 있다는 좁은 시각을 극복할 수 있어야 한다. 하나님과 인간의 관계성이라는 틀을 가지고 인간의 도덕적·법률적 면을 바라보면 최소한 우리는 다음과 같은 네 가지 점을 깨달을 수 있다.

첫째, 기독교의 죄의 개념은 '하나님 앞에 서 있는 인간의 본질적인 모습'을 근거로 세워진다. 따라서 만약 우리가 하나님 앞에 서 있는 존재가 아니라고 주장한다면 그 자체가 이미 죄악이다. 더 나아가, 하나님을 등지고 인간에게로 향하는 일체의 모습과 행위는 가장 심각한 죄악이다. 창세기에 나오는 인간의 타락을 '교만'이라고 한마디로 규정한 아우구스티누스의 관점은 인간끼리 비교해서 자신을 우월하다고 여기는 그런 차원의 문제가 아니다. 그는 하나님을 하나님이 아니라고 하거나, 인간을 하나님이라고 하는 존재론적 범죄를 교만이라고 불렀다. 물론 인간의 가치를 회복하고 유지하기 위해서 노력하는 모든 인문주의자들은 결코 이 점을 받아들이기 어려울 것이다. 그러나 이런 비교를 통해서 최소한 우리는 기독교의 죄악의 개념이 일반적인 죄악의 개념과 얼마나 다른가를 분명히 깨달을 수 있다.

둘째, 하나님의 눈으로 인간을 바라본다는 것은 인간이 스스로를 판단하고 가늠하기가 어렵다는 인간의 한계를 초월자에게 고백하는 것이다. 선악의 도덕적 규범이 무엇인지에 대해서도 우리는 아직 일치를 보지 못하고 있다. 정해진 덕(virtue ethics)으로 출발해야 하는지, 보편적인 도덕의 원리를 더 중시해야 하는지(deontological ethics), 더 좋은 결과를 낳는 것을 선으로 규정해야하는지(consequentialism), 혹은 개인의 자유와 사회의 진보를 더 중시해야 하는지(pragmatic ethics)를 놓고 갈등하고 있다. 뿐만 아니라 규범이 우리의 도덕적 가치를 결정하는지, 혹은 상황에 따라서 행위를 달리해야 하는지도 어려운 문제다. 법률적인 문제에서도 어떤 법률체계를 가질 것이냐 하는 문제뿐만 아니라, 그 법률을 어떻게 해석하고 적용할 것인가 하는 문제가 인류에게 늘 도전거리다. 하나의 사건을 놓고 누가 피고인인가, 누가 기소하는가, 누가 법률을 해석하는가, 누가 조정하는가, 누가 변호하는가, 누가 경청하는가에 따라 선악에 대한 평가와 결과가 달라진다.

대체적인 합의 속에 세상이 어느 정도 유지되는 듯해도, 일어날 수 있는 변수는 끝도 없이 무한하다. 이 가변적인 세상에서 누가 우리를 판단해줄 것인가! 인간이 인간을 직면하고 살아간다는 것, 인간이 인간의 선과 악을 판단해야 한다는 것은, 제 스스로도 알지 못하는 인간에게는 가혹한 형벌이다. 우리는 겸손을 내심 스스로 자랑하지만 자신의 교만을 스스로 깨닫지도 못하는, 우리 자신과 단절된 존재들이 아닌가! 심지어 국가 간의 관계에서도 표면적으로 내세운 명분과 이면에 있는 내용이 서로 다른 경우가 허다하다. 인간이 인간에게 서로 감추는 것들도 하나님 앞에서는 드러나야만 한다. 하나님의 눈으로 인간을 판단한다는 것은 인간의 도덕적인 수치에 관한 문제가 아니라 인간의 본질적인 한계에 관한 문제다.

만약 앞의 두 생각이 지나치게 종교적인 차원이어서 받아들일 수 없다면 다음과 같은 셋째, 넷째 가치는 깨달을 수 있을 것이다. 셋째, 초월자에게 법률적·도덕적 판단을 맡긴다는 것은 인간을 경멸하고 낮추는 것(downplay)이 아니라 오히려 인간을 높이는 것이다(upgrade). 그리스도의 죽음이 생명을 품고 있듯이 신적 가치의 준엄함은 인간 회복을 위함이다. 죽임당한 어린 양의 책은 죽음의 책이 아니라 생명책이다(계 13:8). 낮추어 찾아오심은 우리를 올리기 위함이요, 하나님의 형상을 그리스도께서 회복하심은 우리를 자신에게로 연합시키기 위함이다. 인간으로부터 해방시켜서 하나님의 양자로 삼기 위함이다. 따라서 인간의 법률적이고 도덕적인 기준과 척도로 그리스도를 둘러싼 법률적인 면을 검토하는 것은 그 방향 자체가 잘못된 것이다. 하나님의 법과 도덕이 인간의 도덕과 법을 압도해서 우리를 새롭게 하시고 건져내시기 때문이다.

마지막으로 넷째, 하나님의 눈으로 인간을 평가하면 인간의 가치 기준과 하나님의 가치 기준의 차이점을 깨닫게 되어서 인간의 지평이 새롭게 열리게 된다. 인간에게 죄악이란 대체적으로 도덕적이고 율법적인 것이다. 그러나 하나님의 눈에는 인간의 총체적인 참 모습을 포함한다. 인간의 율법과 도덕은 희생, 회개, 나눔, 용서, 감사, 자비, 기쁨, 겸손 등을 가장 중요한 가치로 인정하지 않는다. 그러나 하나님 앞에 선 자는 우리 속사람부터 우리의 행위와 우리의 지향성까지를 다 포함하여 우리 존재의 본질적인 모습이 평가되고 심판받는다. 이렇게 하나님 앞에 선 자로서의 인간을 바라보면 인간에 대한 이해가 넓어지고 깊어진다.

이제 앞에서 언급한 점들을 고려하면서 성경에서 말하는 죄악이란 무엇인지를 살펴보자. 모든 것들 가운데 가장 주목해야 하는 기독교의 죄와 악은 바로 하나님과 관계가 심각하게 훼손된 것이다. 하나님과 인간의 관계가 깨어졌다는 것은 창조주 하나님과의 깊고도 깊은 인격적인 관계가 단절되었다는 의미다. 물론 이 관계를 버리고 떠난 자는 인간이요, 하나님은 여전히 우리 주위를 안타깝게 서성이고 계신다. 그 자체가 하나님의 고난이요 연민이다. 그 자체가 하나님의 십자가다. 이런 하나님으로부터 인간은 일방적으로 등을 돌렸다. 인간이 하나님과 나눌 수 있었던 신뢰와 순종과 나눔과 대화와 자유로움, 그 최초의 모습이 깨져버렸다. 깊고도 깊은 나락으로 떨어져버린 것이다. '하나님과 함께'라는 지평에서 '인간끼리'의 지평으로, 마침내 '자기 자신만으로'의 좁디좁은 세상으로 한없이 추락해버린 것이다. 우리 자신들에게로 오그라든 것이다. 무화과나무

잎과 가죽 옷 속에 숨어 있는 자가 되어버린 것이다. 자신에게로 휘어져 돌아오는 존재(homo incurvatus in se)가 되어버린 것이다. 인간에게로 버림받은 것이다. 하나님을 알지 못하는 것, 자신에게로 돌아오는 것보다 더 심각한 죄는 없다.

또한 죄는 하나님 앞에 서 있는 자로서의 영적·도덕적 상태를 의미한다. 비록 하나님과 그 신비스러운 관계는 깨어졌지만 우리는 여전히 하나님 앞에 서 있는 존재다. 창세기의 모든 이야기는 하나님 앞에 서 있는 인간의 이야기다(창 18:22; 신 4:10). 하나님 앞에 서 있는 자는 하나님과 동행해야 하며 하나님 앞에서 흠 없어야 한다(창 17:1). 일 년에 세 번씩 하나님 앞에 우리를 보여야 하는 존재들이다(출 23:17). 하나님 앞에 선 자이지만, 하나님의 영광에 이르지 못한다는 것이 기독교 죄 이해의 핵심적인 내용이다(롬 3:23). 관계가 상실되었다는 것이 신적 영광의 기준이 사라졌다는 것을 의미하지 않는다. 오히려 하나님을 떠났기 때문에 발생하는 일체의 문제는 하나님 앞에서 판단되고 정죄되어야 한다. 우리에게로 떨어져버렸지만 **하나님을 떠난 것**이기 때문이다.

따라서 기독교의 죄란 하나님 앞에서 저지르는 패괴와 강포(창 6:11)이며, 하나님 앞에서 소돔이 저지른 죄다(창 13:13). 하나님의 얼굴이 우리를 향하고 있을 때 드러나는 것이며(시 51:9), 하나님 앞에서 자신의 한계를 깨닫지 못하기 때문에 발생하는 것이고(전 5:2), 하나님의 손 안에 있는 자로서의 인간의 행동을(전 9:1) 가늠하는 인간의 총체적인 모습이다. 하나님 앞에 선 자라는 의미는 (1) 하나님의 척도로 그 존재가 판단되며 (2) 하나님의 빛으로 그 존재가 드러남을 뜻한다. 인간이 하나님의 영광에 이르지 못하는 이유는 하나님의 기준이 높을 뿐만 아니라, 하나님 앞에서 서면 인간의 벌거벗은 모습, 마음으로부터 행위까지 모든 면이 다 드러나기 때문이다. 지옥과 같이 가장 깊은 곳(스올과 아바돈)도 하나님 앞에 드러나거든 하물며 인생의 마음이리요!(잠 15:11) 성경은 하나님을 비추고 인간을 비춘다. 그 절대적인 조명 앞에 인간은 총체적인 죄인이다.

죄는 또한 하나님과 인간과 관계한다. 하나님과 인간을 구분하지 못하는 것도 심각한 죄다. 썩어지지 않는 하나님의 영광을 썩어질 사람과 금수와 버러지 형상의 우상과 혼돈하는 것이 치명적인 죄다(롬 1:23-25). 죄를 죄로 알지 못하는 인식론적 한계도 죄의 한 특징이다. 죄 없다 하는 하는 죄가 치명적 죄이며(요일 1:8), 악한 자의 장례식에 다녀오면서 그 자를 칭찬하는, 죄에 관해서 판단조차 흐려지는 자들이 인간들이다(전 8:9-10). 인간이 만들어놓은 각종 부조리도 죄의 근원이다. 그리고 무엇보다도 우리는 죄의 지배력 속에 있는 자들이다. 반복되는 죄, 점점 더해가는 탐욕, 중독 등은 죄의 지배력을 잘 드러낸다. 악은 악의 소유자(행하는 자)를 놓아주지 않는다(전 8:8). 이 얼마나 기막힌 역설인가! 죄를 소유함으로 죄에 소유당한다. 그리고 성경은 인간의 윤리적인 문제를 지치지 않고 고발하고 있다. 기독교가 인간의 본성을 지나치게 부정적으로 설명하는 것이 결코 아니다. 하나님 앞에 선 자로서의 인간을 총체적으로 이해하고 있기 때문에 인간의 한계와 죄가 더 선명하게 드러난다고 할 수 있다.

따라서 인간은 존재론적으로 인식론적으로 윤리적으로 영적으로 종교적으로 죄인이다. 안셀무스의 표현을 빌리자면 죄 덩어리다(*massa pecatrix*).[25] 오늘을 살아가는 우리는 사실 죄에 대해서 둔감하다. 인간을 우상화하고 영웅시한다. 심지어 성경에서 죄라는 단어가 히브리어, 헬라어 모두 과녁을 빗나갔다는 의미를 가지고 있다는 것을 근거로 죄를 실패 정도로 여기는 듯하다. 그리고 죄의 본질을 대부분 윤리적인 차원에 맞추어서 이해하려 한다. 이로 인해서 기독교 윤리와 일반 윤리가 뒤섞여서 구분조차 하지 못하는 일이 기독교 내에서 벌어지고 있다. 죄에 대해서 둔감한 것과 습관적으로 인간을 숭배하는 일체의 사고나 행위 자체가 죄의 치명적인 단면이다.

기독교의 죄는 하나님 앞에 서 있는 자로서 인간의 '참 모습'을 총괄한다. 인간은 하나님의 의에 이르지 못하는 자들이요, 하나님의 사랑을 타인들과 나누지 못하는 자들이요, 자신에게 묶여 있는 자들이요, 자신을 알지도 못하는 자들이요, 자신을 속이는 자들이며, 죄 속에 빠져드는 자들이어서 결국 죽어야 하는 자들이다. 예수님이 십자가의 죽음으로, 이러한 인간의 죄를 대신 짊어지셨다. 따라서 대속물이란 인간의 총체적인 죄를 짊어지시고 우리를 위해서 십자가에서 돌아가신 것을 의미한다.

그런데 문제는 예수님이 인간의 죄를 담당하시기 위해서 십자가에서 돌아가셨다고 하면 우리는 가장 먼저 심판을 떠올린다는 점이다. 사실 성경에는 인간의 죄와 십자가의 연관성을 설명하는 세 가지 개념이 등장한다. 심판(punishment), 용서(forgiveness), 의(righteousness). 이 세 개념을 중심으로 십자가와 인간의 죄의 관계를 살펴보고자 한다.

심판

죄와 심판, 그리고 그리스도의 죽음을 연관시키는 개념을 형벌적 대속론(penal substitutionary theory)이라고 부른다. 인간이 죄를 지었기 때문에 죽음으로 심판을 받아야 하고 그 심판을 예수님이 대신 짊어지셨다는 사상이다. 창세기의 인간 타락 이야기를 근거로 "죽음은 죄의 심판이다"라고 보는 것은 지극히 성경적인 해석이다. 그리고 그 죄를 예수님이 친히 담당하셨다면 예수님이 하나님의 심판을 짊어지신 것이라고 이해할 수 있다. 뿐만 아니라, 예수님이 십자가에 달리신 이유가 로마법에 의해서 형벌적 처형을 당하셨다는 점도 간과할 수 없다. 예수님은 실제로 형벌적인 심판을 당하셨다!

우리는 먼저 형벌적 대속론의 가치를 주목해야 한다. 형벌적 대속론은 하나님과 인간에 관해서 두 가지 중요한 사실을 전제로 한다. (1) 하나님의 정의는 훼손 없이 실현되어야 한다 (2) 인간의 죄는 심판받아야 한다. 흔히 전자에 대해서 다음과 같이 비판한다. 추상적 개념인 정의를 세우기 위해, 인격적인 존재인 예수님이 죽으셔야 했는가? 하나님은 인간의 죄를 용서할 수 없을 정도로 정의라는 개념에 갇혀서 그 인격적 실체를 상실하고 있지 않은가? 이러한 비판 때문에 바로 이어서 살펴볼 용서라는 개념이 함께 포함되어야 한다는 신학적인 요청을 하게 된다. 그러나 우리가 꼭 기억해야 하는 것은 인격적인 하나님의 실체 속에 정의라는 거룩함이 늘 함께한다는 점이다. 정의라는 추상적 개념과 하나님의 인격은 서로 다른 별개의 주체나 사건이 아니다. 율법을 주시어 우리를 인격적 관계로 초대하시는 그 이면에는 신적 정의가 이 땅에 실현되기를 간절히 원하시는 하나님의 가장 인격적인 면이 도사리고 있다. 하나님의 인격은 그 인격의 속성과 분리되지 않는다.

인간의 죄를 심판하시는 하나님은 바로 그 **심판으로 인해서 오히려 인격적**이다. 하나님의 심판은 비록 그 방법과 내용이 철저하긴 하지만, 창조하시고 관계하시고 다스리시고 인도하시는 일체의 인격적 관계 방식 가운데 하나다. 더 나아가, 심판 때문에 하나님의 '인격의 관계성'이 드러날 뿐만 아니라, 죄를 심판하심으로써 하나님과 인간의 '관계의 내용'이 함께 드러난다. 하나님은 악을 심판하신다! 하나님의 정의(justice)는 인간의 정의를 넘어서는 초월적인 내용을 가지고 있지만, 동시에 끊임없이 우리에게 알려주신 내재적인 면도 가지고 있다. 말씀과 역사와 그리스도와 교회와 성령의 내주를 통해서 하나님의 의가 계속해서 이 땅에서 실현되고 있다. 그리스도의 죽음은 하나님의 의가 가장 강력하게 드러난 사건이다.

둘째로, 형벌적 대속론은 인간의 죄의 참혹함을 올바로 드러냈다는 점에서 그 어떤 다른 개념보다도 우선한다. 인간의 죄는 인간이 더 이상 감당할 수 없을 정도로 심각하다. 그리고 그러한 인간의 죄는 소멸되거나 용서되기 전에 그 뿌리가 제거되어야 한다. 현재의 삶이 영생으로 이어질 만큼의 회복 가능성을 그 자체로 가지고 있는 것이 결코 아니라면, 우리의 죄는 판단되고 심판되고 제거되고 종결되어 마침내 죽음에 이르러야 비로소 새로운 희망을 발견할 수 있다. 인간이 아니라 하나님이 인간의 죄를 심판하신다는 것은 어쩌면 인간에게 유일한 희망일 수 있다. 인간이 제 스스로를 바꿀 수 없다면 남은 유일한 가능성은 하나님의 간섭이다.

그런데 성경 전체를 아우르는 이러한 기독교 사상을 꼭 집어서 그리스도의 십자가와 구체적으로 연결시키고 있는 성경 본문이 그리 많지 않다는 점은 놀라운 일이다. 형벌적 대속론과 직/간접적으로 연관될 수 있는 구절은 다음과 같다. 이사야 53장을 그리스도의 십자가에 관한 말씀으로 이해할 경우에 5절, "그가 징계를 받음으로"를 그리스도가 우리의 심판을 짊어지신 것으로 해석할 수 있다. 물론 '징계'에 해당하는 히브리어 단어는 '벌을 줌으로써 엄격하게 가르치는 교육'이라는 의미도 있다. 계속해서 6절에 나오는 "죄악을 그에게 담당시키셨도다"는 성경적인 의미의

'대신'(substitution), 즉 그리스도의 나눔과 짊어짐이 인간의 죄와 구체적으로 연결되어 있음을 선포한다.

신약의 갈라디아서 3장 13절은, "그리스도는 저주가 되심으로써, 율법의 저주로부터 우리를 구원/속량하셨다. 왜냐하면 나무에 달린 자마다 저주받은 자라고 기록되었기 때문이다"라고 말한다. 이 본문은 십자가의 죽음을 하나님의 저주로 이해하고 있다는 점에서 형벌적 대속론과 가장 밀접한 연관을 보여준다. 한편으로는, "저주가 과연 형벌적인 심판이라는 맥락에서만 이루어지는가?" 하는 점은 확실하지는 않다. 다른 한편으로는, 저주의 의미가 형벌적인 심판의 결과라고 할 경우에 저주란 일반적인 심판보다는 더 심각한 형벌적 처형일 수 있다.

베드로전서 2장 24절, "친히 나무에 달려 그 몸으로 우리 죄를 담당하셨으니 이는 우리로 죄에 대해서 죽고"에서도, 죄를 담당하셨다는 말씀을 심판으로 해석할 수는 있다. 그러나 죄를 담당하시는 방법이 여러 가지일 수 있기 때문에―예를 들어서 죄를 용서하거나 혹은 소멸시키거나―꼭 형벌적 대속론의 근거로 삼기에는 다소 무리가 있다. "우리가 그 피 안에서 지금 의롭게 되었는데, 진노로부터 그를 통해서 구원을 받았다"라는 로마서 5장 9절 말씀도 '진노'를 '죄에 대한 심판'으로 해석할 경우에는 형벌적 대속론과 연관이 있는 말씀으로 생각할 수 있다.

이런 문제로 인해서 우리는 좀더 신중하게 형벌적 대속론을 살펴보아야 한다. 형벌적 대속론은 그 정도에 따라서 간접적 유형과 직접적 유형으로 구분할 수 있다. 간접적 유형은, 인간은 죄와 심판 아래 살아가고 있는데 예수님이 그의 죽음으로 우리의 심판을 대신하셨다는 사상이다. 직접적 유형은 하나님이 예수님을 십자가 위에서 심판하심으로써 우리의 죄를 대신하게끔 하셨다는 이론이다. 간접적인 형벌적 대속론은 우리가 이미 받고 있는 심판을 예수님이 십자가에서 '대신'하셨다는 점이 부각되어 있고, 직접적인 형벌적 대속론은 예수님이 십자가에서 돌아가신 것 그 자체가 바로 하나님의 '심판'이라는 점을 더 강조한다. 간접적 유형은 초기 교회 교부들, 아타나시우스와 아우구스티누스에게서 등장해서 중세의 토마스 아퀴나스에게도 나타나지만, 직접적 유형은 개혁주의자 칼뱅에 의해서 본격적으로 거론된다.

기본적인 골격, 즉 예수님의 죽음이 하나님의 심판이라는 점은 두 유형에서 모두 동일하다. 그러나 이 두 유형의 가장 큰 차이는, 간접적 유형에서는 하나님이 아들을 심판하신 것은 아니지만, 직접적 유형에서는 하나님이 아들을 심판하신 것이다. 또한 간접적 유형에서 "아버지로부터 버림받았다"라고 외치는 예수님의 절규는 예수님이 인간이 되어서 그 죄를 나누고 짊어지셨다는 신학적인 해석 아래서만 가능하지만, 직접적 유형에서는 "아버지가 아들을 버린 것"을 보다 더 선명하고 생생하게 드러낸다. 이 둘을 요약해서 비교하면 다음과 같다.

간접적 유형	직접적 유형
예수님이 우리의 심판을 짊어지셨다	하나님이 예수님을 십자가에서 심판하셨다
아타나시우스, 아우구스티누스, 아퀴나스	칼뱅
'대신', '죄로부터 구원'에 초점	'심판', '정의'에 초점
'버림받음'은 하나님과 인간의 관계	'버림받음'은 아버지와 아들의 관계

오늘날 복음주의 신학자들조차도 형벌적 대속론에 문제점을 지적하는 데 주저하지 않는 이유는 칼뱅을 중심으로 하는 개혁주의가 형벌적

대속론의 직접적인 유형에 가까운 견해를 주장했기 때문이다.[26] 따라서 우리는 직접적 유형의 장점과 단점을 보다 냉정히 이해할 수 있어야 한다.

한편으로, 직접적인 형벌적 대속론은 하나님의 정의, 인간의 죄, 심판, 죽음이라는 성경적인 연관성을 가장 심각하게 받아들이는 이해이기 때문에 그 기본적인 내용을 결코 도외시할 수 없다. 다른 한편으로는 하나님의 정의와 인간의 죄, 죽음, 그리스도의 십자가를 함께 연관 지어 이해할 때, 십자가의 한 측면만을 강조함으로써 십자가의 본질, 하나님의 속성, 정의의 본질, 심판의 본질, 성부와 성자의 관계, 도덕성 등이 왜곡될 가능성이 있다. 만약 우리가 개혁주의 전통을 고수하겠다는 목적에 사로잡혀서 직접적 대속론을 비판 없이 반복했을 경우에 다음과 같은 많은 문제에 직면할 수 있기 때문이다. 물론 직접적인 형벌적 대속론에 대한 비판은 부분적으로, 성경적 대신론을 세속적이고 기계적인 대신론과 착각했기 때문이기도 하다. 직접적인 형벌적 대신론에 대한 비판을 정리하면 다음과 같다.

(1) 십자가의 본질: 십자가는 그 본질에 있어서 하나님과 인간 가운데 하나님이 희생하신 것이다. 즉 인간의 죄와 죽음의 문제를 그리스도께서 짊어지신 것이다. 그런데 형벌적 대속론에서 죽음을 죄와 심판으로 이해하면 하나님의 희생보다는 법 집행에 더 가까운 개념이 되어버려서 십자가의 본질이 훼손된다.

(2) 하나님의 속성: 인간의 죄를 심판하는 하나님은 성경이 우리에게 선포하고 알려주는 하나님의 속성 가운데 일부일 뿐이다. 십자가 사건이

라는 가장 심각하고 치명적인 순간에 하나님을 심판하시는 하나님만
으로 이해하는 것은 하나님의 참다운 속성을 가린다. 하나님은 단 한
순간도 인간을 사랑하시지 않은 순간이 없다. 더욱이, 하나님의 사랑
과 자비, 용서는 다른 그 어떤 순간이나 사건을 통해서가 아니라, 바로
십자가 때문에 가장 선명하고 가장 신비스럽게 드러난다. 형벌적 대속
론은 이런 하나님을 올바로 나타내고 있지 못하다.

(3) 정의의 본질: 심판은 정의를 실현하기 위한 것인데, 타인이 나의 죄를
대신한다는 것은 결코 정의로운 일이 못된다. 따라서 형벌적 대속론은
정의에 관한 한 자기 모순적이다.

(4) 심판의 목적: 죽음은 심판의 가장 극단적인 유형이다. 심판은 죄 지은
자를 교육하고 참회하게 해서 제2의 기회를 주는 것을 주요한 목적 가
운데 하나로 삼는다. 이런 점에서, 죽음은 심판의 한 유형이긴 하지만
심판의 목적과 잘 부합되는 것은 아니다.

(5) 성부와 성자의 관계: (i) 성자가 성부의 진노를 달래거나, 성부의 심판
을 받은 것이라면 십자가는 성부와 성자의 관계에 관한 것이 되어버
린다. (ii) 성부는 정의를 집행했기 때문에 아무것도 희생한 것이 없지
만, 성자는 자신을 희생했기 때문에 성자가 성부보다 우월하다.

(6) 인간의 도덕성: (i) 타인의 죽음으로 나의 죄를 무를 수 있다는 사상은
인간에게 도덕적인 퇴화를 가져온다. (ii) 죄와 심판이라는 기본적인
구조는 인간의 법적인 구조와 유사하기 때문에 십자가를 통해서 인간
이 특별히 배울 수 있는 도덕적인 탁월함이 존재하지 않는다. (iii) 더
심각하게도, 죽음은 심판의 대단히 극단적이고 폭력적인 유형이기 때
문에, 도덕적으로 인간의 치명적인 결함인 학대와 폭력을 방조하고 조

장할 위험이 있다. 여성주의자들은 형벌적 대속론을 여성 차별과 연관
시키기도 한다.

이러한 여섯 가지 비판 가운데 (3) 정의의 본질과 (5) 성부와 성자의
관계에 대한 비판은 앞서 설명한 기계적 대속론의 문제 때문에 발생한 비
판이다. 성경적 대신은 성부, 성자, 인간 사이의 3자 관계보다는 하나님
과 인간 사이의 2자 관계에 더 가깝기 때문에 이러한 비판이 쉽게 성립될
수 없다.

성부 ↔ 성자 ↔ 인간: 3자 관계
하나님 ↔ 인간: 2자 관계

하나님이 그리스도를 심판하심으로써 인간을 심판하신 것이다. 우리
는 십자가에서 그리스도와 함께 죽었다.

그렇다면 나머지 비판에 대해서는 어떻게 답해야 할 것인가? 형벌
적 대속론은 십자가의 본질과 하나님의 속성을 왜곡시키고 심판의 목적
에 잘 부합되지 않으며 인간의 도덕적 퇴화를 초래하는가? 참으로 심각
한 문제가 아닐 수 없다. 이러한 비판들로 인해서 기독교의 핵심적 사상
이 잘못 이해되고, 기독교를 떠나는 자들이 생겨나며, 신학을 많이 연구
한 학자들까지 기독교를 부인하는 일도 발생한다. 우리는 이제 정말 신중
하게 이 문제를 다시 살펴보아야 한다. 심판의 개념만으로는 십자가의 대
신의 신비를 다 설명할 수 없다. 하나님의 용서가 함께하시기 때문이다.

용서

심판이 십자가의 외면이라면 용서는 십자가의 내면이다. 기독교는 용서의 종교다. 용서란 하나님의 본질이다. 기독교의 고유한 가치를 한마디로 요약하라면 추상적이고 듣기 좋은 사랑이 아니라, 구체적인 희생과 용서를 통한 사랑이다. 기독론이 기독교 신학의 중요 주제이고 그리스도의 십자가가 기독론의 한가운데 있는 이유는 십자가가 바로 희생과 용서의 하나님을 가장 잘 계시하기 때문이다.

창세기 이야기에서부터 하나님은 용서의 하나님이시다. 아담과 하와에게 쏟아놓으신 치명적인 심판 속에도 이미 용서가 도사리고 있었다. 비록 아담과 하와가 선악과를 먹은 후에 에덴동산에서 쫓겨났고 그 이후에 죽음을 맞이하게 되었지만, 선악과를 먹으면 "정녕 죽으리라"는 서슬 퍼런 말씀은 죽음이 곧바로 발생하지 않음으로써 상당히 유보되었다. 뿐만 아니라 하나님과 인간의 관계가 무너져 내렸음에도 불구하고 하나님은 아담의 타락 이후에도 옷을 지어 입히시고 그 관계의 끈을 놓지 않으셨다. 죽음은 단절의 극단적인 형태이지만, 하나님은 인간에게 죽음을 선포하신 후에도 인간과의 관계를 결코 단절시키지 않으셨다. 하나님이 인간과 관계를 지속하신다는 것 자체가 언어로 설명할 수 없는 용서와 희생을 품고 있다. 이런 점에서 창세기 이야기는 십자가 이야기의 그림자다.

반복되는 이스라엘 백성의 죄악에도 만나와 메추라기로 용서하셨다. 반복되는 이스라엘 백성들의 우상숭배에도 십계명과 율법을 주시기를 포기하지 않으셨다. 율법과 제사 제도는 하나님을 떠난 자들을 하나님께로 부르시는 용서의 초대다. 이사야 1장이 전하는 것과 같이, 심지어 성회와 더불어 악을 행해도, 심지어 하나님의 이름으로 하나님을 배반해도 하나님은 끝도 없이 우리를 대화로 초대하시며 우리 죄가 주홍같이 붉을지라도 눈같이 희게 될 것이라고 용서를 선언하셨다(사 1:18).

바다와 물고기와 폭풍과 박 넝쿨과 벌레를 만드시고 원하시는 대로 다 하시는 무소불위의 하나님이, 니느웨 사람들을 용서하기 위해서 마음을 바꾸셨고, 물고기 뱃속에서 그렇게 화려한 참회의 기도를 드리던 요나가 자신의 예언이 이루어지지 않자 불만에 가득 차 죽기를 원할 때도, 하나님은 요나를 다독이며 그를 용서하셨다. 용서를 향한 길도 희생이다. 희생을 통해서 용서하셨다. 자기를 쳐서 타인을 용서하시는 것, 자신에게 죽음의 비용을 부담시키고 타인을 용서하시는 것. 십자가에서 비로소 폭발적으로 드러나신 하나님은 요나를 용서하신 하나님 속에서 이미 그 모습을 드러내신다.

하나님은 음녀 고멜처럼 자신을 부인하고 떠나는 사람들을 내 백성이라 하시며 찾으시기를 멈추지 않으셨고, 긍휼이 불붙듯하다고 말씀하셨다(호 11:8). 용서에 관한 한 하나님은 진정으로 사람이 아니셨다. 사람은 하나님처럼 용서하기도 힘들거니와 하나님의 용서의 이유를 감히 헤아리기 힘들 정도로 용서 앞에 무력하다. "나는 사람이 아니라 하나님이라 나는 네 가운데 거하는 거룩한 자니 진노함으로 네게 임하지 아니하리라"(호 11:9).

신약의 하나님은 바로 예수 그리스도를 통해서 용서의 하나님으로 확정되셨다. 예수님이 직접 가르치신 기도에서도 하나님은 심판의 하나님이 아니라 용서의 하나님이시다. "우리의 죄를 사하여 주시옵소서"(마 6:12). 그리고 예수님은 주기도문을 가르치신 후에 또다시 용서의 하나님을 한 번 더 강조하시며 용서로 주기도문을 요약하셨다(마 6:14-15). 얼마나 용서해야 하는가를 베드로가 질문하자, 예수님은 엉뚱하게도 하나님의 용서의 신비스러운 영원함(일흔일곱 번, 혹은 일흔 번에 일곱 번)과 무한한 절대적 가치(일만 달란트)에 대해서 알려주셨다(마 18:21-27). 예수님의 관심은, 인간의 용서 가능성에 있는 것이 아니었다. 용서마저 그 실행 횟수를 한계 지어 언젠가는 더 이상 용서할 수 없을 것이라는 분노를 품으며, 용서마저 참회라는 조건을 달아 주고받는 거래로 추락하며, 용서하는 자가 용서할 수 있는 자신의 능력에 도취되어버리며, 용서마저 그 정도의 무게를 저울질하여 경중을 비교하며, 용서마저 용서받는 자의 남용과 무관심 속에서 그 가치를 상실해버리며, 용서마저 본래의 모습을 유지하기보다는 용서하는 자와 용서받는 자의 영적·도덕적 상태에 따라 그 감격과 깊이가 춤추듯 오르내리는, 그러한 천박한 인간의 용서와 본질적으로 다른 하나님의 용서를 알려주시는 것이었다.

누가복음은 용서의 성경이다. 10장의 그 유명한 선한 사마리아의 비유에서, 자신들을 업신여기며 상처를 입히던 유대인, 그러나 이제 상처 입고 죽게 된 유대인을 치료하는 사마리아인의 용서가 밑그림처럼 그려져 있다. 상처 입은 치료자!(wounded healer!) 인간에게 배신당하고 버림받고 상처 입으신 하나님이, 그분께 상처 입힌 바로 그 인간들을 자신의 죽음으로 용서하시는 그 용서를 얼마나 역설적으로 잘 표현하고 있는가? 15장의 탕자 이야기는 탕자가 어떻게 돌아왔는가를 가르치신 것이 아니라, 왜 예수님이 죄인들과 식사를 하시는가를 질문하는 바리새인들에게 예수님이 주신 비유의 말씀, 곧 죄인이 회개할 때 이를 맞이하는 하나님의 기쁨을 설명하신 말씀이다. '돌아옴' 말고는 정말 아무것도 한 것이 없는 지극히 '조용한 탕자'를 대하시며 그 기쁨과 흥분을 감추지 못하시는 하나님의 '눈부신 용서의 잔치'를 얼마나 절묘하게 대비해 표현하고 있는가? 19장의 세리장 삭개오 이야기에서도 용서를 위해서 흥분하시는 하나님의 모습이 예수님께 고스란히 묻어나온다. "오늘 구원이 이 집에 이르렀다"(눅 19:9). 이 얼마나 성급한 말씀인가? 7장에서 죄 많은 여인이 한마디 말도 못하고 눈물과 향유로 예수님의 발을 씻기자 예수님은 "네 죄가 용서받았다"고 격하게 반응하셨다(눅 7:48). 용서를 향한 하나님의 과격함은 정서적 차원을 넘어선다. 마침내 그분은 십자가 위에서조차 자신을 못 박은 자들을 용서해달라고 아버지께 간청하셨다(눅 23:34). 그리고 부활하신 후에 제자들에게 나타나시어, 죽음과 부활, 용서와 회개로 자신의 일을 스스로 요약하고 정리하셨다(눅 24:46-47).

제자들도 오순절의 신비한 사건 이후에는 바로 이런 하나님을 성령의 은혜로 잘 이해하고 있었던 것으로 보인다. 제자들은 바로 이런 예수님의 용서의 일을 성령의 은혜로 잘 이해하고 있었던 것으로 보인다. 사도행전에서 베드로와 사도들은 예수님과 용서를 계속해서 직결시키고 있다. 하나님이 나무에 달리신 예수를 살리셔서 이스라엘로 회개케 하사 용서를 얻게 하셨고(행 5:31), 예수를 믿는 자는 용서를 받을 것이며(행 10:43), 그리스도를 힘입어 용서를 전할 수 있다(행 13:38)는 것을 가르쳤다. 사도 바울 역시 아그립바 왕 앞에서 자신의 회심의 경험을 변론하면서, 하늘의 소리가 바울 자신에게 자신이 해야 할 일을 요약했고, 그 사역 가운데 하나가 바로 '사람들이 죄의 용서함을 받는 것'이라고 단정 지었다(행 26:18). 또한 바울은 예수 그리스도를 통한 구원을 용서로 정의를 내렸다(골 1:14).

이런 모든 배경 아래에 우리는 신약성경에서 그리스도의 죽음을 용서로 이해하고 선포한 내용을 비로소 이해할 수 있게 된다. 십자가를 용서로 이해한 가장 직접적인 말씀은 다섯 군데에 등장한다.

>>> 이것은 죄의 용서를 위해서, 많은 사람을 위해서 흘리는바 곧 나의 피 언약의 피니라(마 26:28).

>>> 이 예수를 하나님께서 그의 피 안에서 믿음을 통해서 화목제물로 세우셨으니 하나님께서 지나간 죄를 용서(간과)하심으로 자신의 의를 드러내셨다(롬 3:25).

>>> 그리스도의 피로 말미암아 구원 곧 죄의 용서를 가졌으니(엡 1:7).

>>> 죽었던 너희들을 그리스도와 함께 살리시고 우리에게 모든 죄를 용서하시고⋯우리를 대적하는 증서를 십자가에 못 박으시고⋯십자가로 승리하셨다(골 2:13-15).

>>> 피흘림이 없으면 용서도 없다(히 9:22).

여기서 알 수 있듯이, 복음서, 바울 서신, 히브리서까지 신약성경은 그리스도의 십자가를 용서로 이해한다. 물론 여기에 조금 어렵고 까다로운 문제가 도사리고 있다. 죄의 용서를 과연 십자가와 바로 연결할 수 있는가 하는 문제다. 죄의 용서는 십자가의 죽음 그 자체라기보다는 십자가의 동기나 결과가 아닌가? 칼뱅도 십자가를 죄의 용서로 바로 연결하기보다는(눅 1:72; 행 15:11 주석), 대부분의 주석에서 용서를 십자가의 혜택과 결과로 설명한다. 그러나 이것은 죽음이라는 끔찍한 사건이 발생했다는 사실 때문에, 죽음 그 자체를 용서로 이해하기 힘든 인간의 지적인 한계로 인한 것이다.

최후의 만찬에서 예수님은—물론 용서란 표현이 마태복음에만 등장하지만—자신의 죽음을 용서와 직접적으로 연결시키고 있다. 그리고 '죄의 용서를 위해서'라는 표현은 "죽음 이후에 죄의 결과에 대한 용서를 가지게 될 것이다"를 의미하고 있는 것은 결코 아니다. 죄의 용서라는 목적을 설명하고 있는 것이 더 가깝다. 로마서 3장 25절에 나오는 용서는 신약성경이 용서의 의미로 늘 사용하던 단어와는 다른 단어이지만, 성경 바깥의 문서에서 용서라는 의미로 사용된 경우가 있기 때문에 단순히 간과한다는 것보다는 용서로 해석하는 것이 얼마든지 가능하다. 골로새서 2장 13-15절에는 우리를 대적하는 문서를 십자가에 못 박는 것으로 설명하면서, 그 맥락 속에 용서를 포함시키고 있다. 우리를 대적하는 문서가 십자가에 못 박힌다는 것은 죄가 소멸 혹은 용서된다는 이미지와 직결된다. 다시 말하면, 하나님이 십자가를 통해서 우리를 심판하신 것이 아니라 우리를 죄인 만드는 문서를 심판하신 것이기 때문에 바로 용서가 되는 것이다. 십자가의 죽음이 바로 용서 그 자체가 되는 것이다. 히브리서 9장 22절은 구약의 제사 제도를 배경으로 하고 있어서, 다음 장에서 더 상세히 다룰 것이다. 여기서 피 흘림이 없으면 용서가 없다는 것은 십자가의 죽음이 바로 용서임을 선포하는 것이다. 주목할 것은 '피와 용서'가 갖는 의미는 구약의 제사 제도뿐만 아니라 많은 나라의 제사 풍습에도 포함되는 인간의 보편적인 종교적 행위 가운데 하나라는 점이다.

비록 죽음의 외형적 현상은 심판에 더 가깝다고 할지라도 성경은 죽음과 용서를 순차적으로 나열하지 않는다. 그리고 그리스도의 죽음을 용서로 분명히 선언한다. 하나님이 그리스도의 죽음을 통해서 인간의 죄를 용서하신 것이다. 이 용서가 가지는 몇 가지 특징에 대해서 우리는 주목할 수 있어야 한다. 첫째, 앞에서 열거한 대로 용서란 하나님이 인간과 맺으시는 '관계의 내적 본질'(internal nature of God's relation to humanity)을 가장 잘 드러낸다. 그런데 그리스도의 죽음이 그리스도 자신과 하나님이 누구신가를 가장 잘 드러낸다면(요 12:34), 우리는 십자가를 하나님의 용서로 이해할 수 있다. 뿐만 아니라 하나님이 이 세상에 독생자를 주신 이유는 심판하기 위해서가 아니라는 말씀에 귀 기울이면(요 3:16-7), 우리는 심판과 또 다른 차원의 십자가의 본질을 설명할 수 있어야 하고, 용서는 그런 점에서 하나님이 인간의 죄를 다루시는 일의 내면에 있다고 할 수 있다. 죽음이라는 가장 치명적인 순간, 가장 극단적인 순간에 하나님은 그 자신의 진정한 모습을 드러내신다. 하나님의 전능함은 모든 것을 심판할 수 있는 능력에만 있는 것이 아니다. 헨드리쿠스 베르코프의 표현처럼 자신을 방어하지 않는 월등한 능력(defenseless superior power)이야말로 진정으로 초월적인 능력이며, 용서는 바로 이런 하나님의 참 모습을 가장 잘 계시한다.[27]

둘째, 용서는 '십자가의 자기희생적 본질'(self-sacrificial nature of the cross)을 가장 잘 드러낸다. 용서란 죄인을 심판하는 자가 그 죄의 부담을 죄인에게 집행하는 것이 아니라 심판자 스스로가 떠안는 것을 의미하기 때문이다. 하나님은 인간의 오욕과 살육에 손 털고 멀리 서 계시는 이신론적 하나님이 아니시다. 하나님은 자신의 정의와 거룩함에 눈멀어 심판으로 자기 존재를 확립하는 홀로 계신 분이 아니다. 하나님은 자신을 버리심으로써 우리와 함께하시는, 우리의 고난과 피로 얼룩진 역사 한복판에 들어오셔서 자신의 피와 살로 우리의 죄를 용서하시는 분이다. 자신을 심판해서 우리를 심판하는 분이며, 자신을 버림으로써 우리를 안으시는 분이다. 십자가의 희생의 성격이 가장 잘 드러나는 개념이 바로 용서다. 바로 이

점만 생각한다면 그리스도의 죽음은 심판보다는 오히려 용서에 더 가깝다고 할 수 있다. 그리고 용서하는 자가 죄인의 죄를 떠안는다는 점에서 그 자체로 이미 대신의 의미를 품고 있다. 용서에는 대속이나 대신의 의미를 첨가할 필요가 없다. 용서는 그 자체가 이미 대속적이다(forgiveness is itself substitutionary).

셋째, 용서의 가장 두드러진 특징은 용서하는 자와 용서받는 자가 '인격적인 관계'(personal relation) 속으로 들어간다는 사실이다. 물론 심판도 앞에서 언급한 대로 인격적 하나님의 자기표현이며, 심판의 집행 후에 인격적 관계를 기대하고 전망할 수도 있다. 그러나 심판은 심판받는 자에게 그 결과를 지우기 때문에 심판하는 자와 심판받는 자가 관계를 회복하기가 결코 쉽지 않다. 이에 반해서 용서는, 용서하는 자가 죄의 결과를 부담하기 때문에 용서받는 자의 속사람이 용서하는 자에게 향하게 한다. 바로 이런 점에서, 용서는 비록 죄와 연관된 개념이긴 하지만 이미 법정적인 차원을 넘어선다. 죽음으로 인간의 죄를 용서하신 하나님은 우리의 속사람이 새롭게 태어나기를 원하시고 기대하신다. 이런 하나님의 바람은 용서를 통해서 우리에게 인격적으로 전달된다. 이 하나님의 마음이 우리를 찾아와서 우리의 맘을 적신다. 용서는 인간의 속사람을 향한 하나님의 가장 강력한 심판이다.

넷째, 하나님은 인간의 죄를 포괄적으로 회복시키신다. 용서는 이러한 '죄의 포괄적 회복'(comprehensive restoration of sin)을 위해서 반드시 포함되어야 하는 요소다. 인간의 죄가 법률적 차원을 넘어서 존재론적·인식론적·종교적 실체를 가진다면 법률적 심판만으로는 그 포괄적인 죄를 다 다룰 수는 없다. 용서 없이는 포괄적인 관계의 회복을 기대하기 어렵다.

다섯째, 용서는 하나님과 인간에게 '지속적이고 종말론적인 관계'(consistent and eschatological relation)를 가져온다. 심판은 과거와 현재를 종결짓지만 용서는 앞으로를 기대하게 한다. 심판은 빚을 청산하지만 용서는 새로운 차원의 빚을 지어내 심판자와 죄인이 지속적으로 관계를 유지하게끔 한다. 죄의 빚이 사해지면서 복음의 빚을 지게 되는 것이다. 우리가 헬라인에게나 야만인에게나, 지혜 있는 자에게나 어리석은 자에게나 빚진 자요(롬 1:14), 죽은 자를 살리신 자의 영이 우리 안에 거하기에 영에 빚진 자이며(롬 8:11-12), 서로서로 사랑의 빚을 지고 살아가는 자인(롬 13:8) 이 모든 이유는 바로 거룩한 우리 주님의 죽음으로 우리 죄가 용서받았기 때문이다. 그리스도의 죽음은 마침이자 시작이다. 하나님의 거룩한 용서로 하나님과 인간의 관계가 새롭게 회복되고 우리는 새로운 존재로 살아가게 된다.

심판과 용서에 대한 이 모든 것을 종합하면 우리는 아주 중요한 결론에 도달한다.

십자가의 외적 원리(*principium externum*)는 심판이다.

동시에

십자가의 내적 원리(*principium internum*)는 용서다.

인간의 법정에서는 심판과 용서가 동시에 발생할 수 없다. 인간이 죄를 다룰 때는 죄를 심판할 수도 있고 죄를 소멸시킬 수도 있으며 죄를 용서할 수도 있는데, 죽음은 죄에 관한 한 극단적인 유형의 심판에 해당되는 개념이다. 그러나 우리는 인간의 죽음과 인간의 법정에서의 죄의 문제를 다루고 있는 것이 아니라, 하나님의 아들의 자기희생을 통한 용서, 자기 아들까지 아끼지 아니하신 하나님의 사랑을 논하고 있다. 이 죽음은 '죽음이 발생했다는 사실'에 관한 한 명백히 버림받음, 심판 등으로 이해할 수 있지만 하나님이 그리스도 안에서 자신을 희생하신 '자기희생'이라는 면에서는 그 자체가 사랑이요 용서다.

하나님의 진노와 심판은 일시적이지만 자비와 긍휼은 영원하다(사 54:8). 그 노여움은 잠깐이요 은총은 평생이다(시 30:5). 우리에게 많고 심한 고난을 보이신 주께서 우리를 다시 살리신다(시 71:20). 우리를 찢으신 자가 도로 낫게 하실 것이요 우리를 치신 자가 싸매어주실 것이다(호 6:1). 자기 아들을 화목제물로 세운 바로 그분이 우리 죄를 용서하시는 분이다(롬 3:25). 이렇게 심판과 용서는 동시적이다. 여기에 십자가의 가장 심오한 비밀이 담겨 있다.

인간의 법정에서는 심판과 용서가 결코 양립될 수 없지만, 하나님의 법정에서는 심판과 용서가 함께 선포되고 실행될 수 있다. 인간의 법정에서 죽음이란 죄에 대한 심판으로 이해될 수밖에 없지만 하나님의 법정에서는 심판과 용서가 동시적이다. 심판은 위협하는 칼날이어서 우리의 외면을 바꾸지만 용서는 심장을 파고드는 날카로운 비수로 우리의 속사람을 도려낸다. 심판은 하나님의 의를 세우지만 용서는 하나님의 의를 우리 안에 심어놓는 토대를 마련한다. 십자가의 신비는 이렇게 단 하나의 생각이나 개념으로 그 깊이를 다 나타낼 수 없다. 십자가가 가지는 고유함과 그것을 담아내야 하는 인간의 언어와 사고는 늘 이렇게 긴장 속에 있다. 그래도 우리는 성경적 근거를 쫓아서 우리의 사고가 수용하기 힘든 십자가의 신비에 조금씩 더 나아가야 한다. 성경에서 그리스도의 죽음에 대해서 심판과 용서라는 두 개의 서로 다른 이해가 함께 등장하는 이유는, 심판하시는 그분이 용서하시는 바로 그분과 **동일하시기** 때문이다. 그분이 일시적 심판 속에 영원한 용서를 품고 계시기 때문이다. 심판의 외면 속에 용서의 내면이 감추어져 있기 때문이다. 우리를 채찍질하시는 바로 그 동일한 순간에 하나님의 심장은 아픔과 연민과 자비와 용서로 녹아내리기 때문이다. 자기 아들이 **죽기까지** 하나님은 우리를 심판하셨다. 자기 **아들이** 죽기까지 하나님은 우리를 용서하셨다.

의

예수님은 하나님의 의(righteousness)와 인간의 의 사이에서, 그 우주적인 간격을 넘어서서 십자가에서 의를 이루셨다. 심판으로도 용서로도 죄인의 죄성이 바뀌지 않는다. 일단락되거나 용서될 뿐이다. 용서란 새로운 관계를 지향하지만 새로운 관계를 이루어놓을 수 있는 구체적인 내용을 알려주는 것은 아니다. 용서는 변화의 내적인 틀이자 추진력이지만 변화 내용의 일부를 암시할 뿐이다. 우리는 용서받음으로써 하나님과 인격적이고 내면적인 관계로 들어가지만 용서받은 그 자체로 하나님과 살아 있는 관계를 이루어낼 수 없다. 하나님이 인간과 관계의 끈을 놓으시지 않는 이유는 단순히 관계 그 자체만을 위한 것이 결코 아니다. 관계의 내용이 중요하다. 하나님은 우리가 변화되길 원하신다. 우리가 그리스도와 연합됨으로써 진정으로 하나님의 딸과 아들이 되기를 원하신다. 인간이 죄라는 한계 속에 살아간다면, 그 죄를 우리 스스로 심판할 수도 없고 우리스스로 용서할 수도 없다면, 그리고 더 심각하게도 우리 스스로 의를 이룰 수 없다면, 어떻게 인간이 하나님과 살아 있는 관계 속으로 들어갈 수 있겠는가? 의로우신 하나님과 의롭지 못한 인간 사이에 있는 이 건널 수 없는 우주적인 간격을 누가 어떻게 메울 수 있겠는가? 하나님이 우리 안에 순수하고 새롭고 올바른 영을 세우시지 않는다면(시 51:10) 누가 우리를 의롭게 할 것인가?

구약에서부터 하나님은 의의 하나님이시다(시 11:7; 사 24:16). 그런데 하나님의 의는 심판하시는 정의여서(시 35:24) 당연히 법률적인 의미를 포함하고 있지만, 자비하심으로 충만하기(시 33:5) 때문에 법률적인 범주를 넘어선다. 인간은 의와 자비를 함께 실현할 수는 없지만, 하나님의 의는 자비를 함께 품고 있다. 그리스도의 죽음은 바로 이러한 하나님의 속성으로 인해서 용서와 의를 동시에 품고 있다고 생각할 수 있다. 하나님의 공의와 자비는 동시적이다. 또한 그 자비와 의는 동시에 우주적이고 개인적이다.

>>> 여호와여 주의 인자하심이 하늘에 있고 주의 성실하심이 공중에 사무쳤으며 주의 의는 하나님의 산들과 같고 주의 판단은 큰 바다와 일반이라 여호와여 주는 사람과 짐승을 보호하시나이다 하나님이여 주의 인자하심이 어찌 그리 보배로우신지요 인생이 주의 날개 그늘 아래 피하나이다(시 36:5-7).

의와 자비의 전 우주적인 하나님과 우리는 인격적인 관계를 가진다. 하나님의 의는 심판과 인자하심을 동시에 품고 있다. 시편 71편에서 저자는 모태에서부터(6절), 어릴 때부터 하나님과 깊은 관계 속에 있었고(5절), 일생 동안 하나님과 함께했으며(17절), 이제는 머리가 희어져서 하나님께 구원을 위한 기도와 간구를 드리고 있는데(9, 18절), 하나님의 의가 바로 이런 인격적인 관계와 구원의 근거가 된다(15, 19절).

성경적 의의 개념이 가지는 가장 두드러진 특징은 하나님의 의가 인간의 의와 다르다는 점이다. 인간의 의는 선한 자가 보상을, 악한 자가 심판을 받는 것이다. 그런데 이렇게 이해하고 있는 의가 이 세상에 올바로 실현되지 못할 경우에 우리는 인간의 의의 실현 가능성뿐만 아니라 하나님의 의가 이 땅에서 실현되고 있는지를 의심한다. 욥기는 하나님께 질문한다. 하나님의 의와 인간의 의 사이에 불일치에 대해서 그 까닭을 묻는다(7:20; 9:17). 그리고 불의의 책임이 하나님께 있는 것이 아니냐고 질문한다(9:24). 뿐만 아니라 스스로 의롭게 여기는 인간이(32:1-2) 고난을 당할 때 하나님의 의와 인간의 의가 충돌하는 것처럼 보인다(35:2). 욥기는 하나님의 의와 인간의 의 사이에 일정한 간격이 있음을 암시하지만(35:8; 37:23), 결국 인간의 인식론적 한계를 지적함으로써 인간의 의와 하나님의 의가 서로 충돌할 가능성을 차단한다(38-41장). "네가 스스로 의롭다 하려 하여 나를 불의하다 하느냐?"(40:8)

욥기와 비교해서 전도서는, 심판을 통해서 하나님의 의가 반드시 실현될 것이지만(3:17; 8:12-13; 11:9), 그래도 마주치게 되는 인간의 본질적인 한계와 부조리에 대해서 더 심도 있게 논한다. 인간은 시간에 종속되어 있으며(3:1-9), 의를 행해야 하는 곳, 재판하는 곳에 악이 있는 부조리 속에 살아가기 때문에(3:16), 심지어 인간이 의를 행하는 것 자체를 회의한다. "너무 의롭게 살지 말아라"(7:16). 죄의 지배 아래 있는 인간이 의를 올바로 실행하거나 반영할 수 없을 뿐만 아니라(7:20, 29; 8:8), 인간이 과연 그 내용을 다 이해하고 파악할 수 있는가에 대해서 심각한 의문을 던진다(8:17). 인간의 의와 하나님의 의 사이에, 존재론적으로와 인식론적으로 일정한 거리 두기를 하는 셈이다. 의롭지 못한 인간이, 의와 불의를 분간하기조차 힘든 인간이 어떻게 하나님의 의를 평가할 수 있겠는가? 전도서는 이렇게 인간의 불의, 부조리, 한계 때문에 하나님의 의를 의심하지 않는다. 그 사이에 건널 수 없는 우주적인 간격이 있다는 것을 그 어떤 성경보다도 선명하게 선포한다. 이런 점에서 전도서는 인간과 하나님의 관계를 가장 심오하게 그리는 성경이라고 할 수 있다.

하나님의 의와 인간의 의가 만날 수는 없는 것인가? 인간의 의가 가변적이고 불완전하다면 완전하신 하나님의 의가 우리를 바로잡아야 하는 것이 아닌가? 이 건널 수 없는 우주적인 거리를 넘어서서 예수님이 우리를 찾아오셨다. 하나님과 인간을 아우르며 그 우주적인 간격을 메우는 분은 바로 우리 주님 예수 그리스도시다.

예수 그리스도를 예표하고 표상하는 구약의 많은 구절은 이미 '의에 관해서' 이런 그리스도를 그리고 있다. 예수 그리스도를 표상하는 구절인 시편 45편 4절에서 그리스도는 진리와 온유와 공의를 행하며 하늘로 승천하는 자로 묘사된다. 이사야 11장 3-4절에서는 인간의 의가 눈에 보이는 대로만 귀에 들리는 대로만 실행되기 때문에 가난한 자와 겸손한 자를 늘 학대하고 멸시하지만, 그리스도는 가난한 자와 겸손한 자에게조차 그 의를 올바르게 실현하는 절대적인 의를 가진 분이다. 뿐만 아니라, 기묘자요 전능하신 하나님이요, 평강의 왕이신 그분은 '영원한 의'를 이루시는 분이다(사 9:6-7). 인간의 상대적·가변적·임시적·제한적·일시적 의와 하나님의 '절대적이고 영원한 의'가 비교되고 있다. 그분의 말씀은 다 의로우신데(잠 8:8), 하늘의 높은 곳에 계시는 의가 아니라, 마침내 이 낮고 낮은 곳까지 찾아와 사거리와 성문 어귀에서 우리를 기다리는 의이며

(잠 8:2-3), 우리가 찾으면 찾을 수 있는, 우리를 만나시는 의이고(잠 8:17-18) 우리 가운데 행하시는 의다(잠 8:20). 성육신하신 의, 찾아오신 의, 우리와 만나시는 의, 누구도 메울 수 없는 그 우주적인 간격을 자신에게로 품으시는 그 의가 그리스도의 의다.

하나님은 그리스도 안에서 '절대적이고 영원한 의'와 '찾아오시는 의'로 우리를 만나신다. 문제는 여기에 있다. 우리를 찾아오신 그 의가 어떻게 우리를 만날 수 있는가? 하나님의 의가 어떻게 우리의 의가 될 수 있는가? 십자가와 의가 우리에게 깊은 울림을 가져오는 이유가 여기에 있다.

그분의 죽음은 우리를 의롭게 하시는 죽음이다. 우리 주 예수 그리스도의 죽음으로도 인간의 본성이 바뀌지 않는다면 그 얼마나 심각한 낭비인가? 성경은 우리에게 바로 그리스도의 십자가를 통해서 우리가 죄인에서 의인이 되었다는 엄청난 변화를 선포하고 있다. 가장 직접적인 말씀은 베드로전서 2장 24절이다.

>>> 그 자신이 십자가에서 그 몸으로 우리의 죄를 짊어지셔서, 우리가 죄에 죽고 의에 살게 하셨다. 그의 상처로 너희들이 치료받았다.

고린도후서 5장 21절도, 비록 십자가를 직접적으로 지칭하지는 않지만, 하나님이 죄를 알지 못하는 자로 우리를 위하여 죄를 삼으신 것은 우리로 하여금 그분 안에서 하나님의 의가 되게 하신 것이라고 말한다. 이렇게 신약은 하나님의 의, 죄 없는 그리스도의 의, 그리스도의 죽음, 인간의 죄 등이 함께 어우러져서, 그리스도의 십자가의 죽음이 우리 안에 의를 세우고 이루는 것을 천명한다.

로마서 3장에 의하면 '의와 십자가'는 복음의 요약과 같다.

>>> 유대인이나 헬라인이나 우리 모두가 하나님의 영광에 이르지 못하는 죄인이다(23절).

>>> 사람은 다 거짓되지만 하나님은 참되시고(4절), 하나님의 의는 차별이 없다(22절).

>>> 율법 외에 하나님의 한 의가 나타났다(21절),

>>> 그리스도의 피로 말미암아 우리의 죄를 용서하신다(25절),

>>> 우리는 그 그리스도 예수 안에 있는 구속으로, 하나님의 은혜로 값없이 의롭게 되었다(24절).

>>> 하나님은 자신의 의를 나타내셨을 뿐만 아니라 예수를 믿는 자도 의롭게 하신다(26절).

하나님의 의와 인간의 불의, 죄악이 대비되는 가운데, 이런 불의한 인간을 의롭게 할 수 있는 분은 바로 의로우신 하나님이시고, 그 하나님은 그리스도의 십자가를 통해서 우리의 죄를 용서하심으로써 자신의 의도 나타내시고 우리도 의롭게 하셨음이 설명된다. 하나님의 의와 그리스도의 의가 절대적인 바탕이라면, 그리스도의 죽음은 인간의 죄를 용서하심으로써 우리를 의롭게 만드신다.

소위 대표 원리와 원죄에 대한 말씀으로 이해되고 있는 로마서 5장에서도 그 핵심적인 내용은 앞과 같이 '십자가와 의'라는 골격을 가지고 있다. 한 사람의 범죄로 많은 사람이 심판과 정죄와 죽음에 이르렀지만(15-16절), 한 사람 예수 그리스도의 '의의 행동'으로 많은 사람이 의롭게 되었다

(18절). 이로 인해서 이제는 의가 왕 노릇할 뿐만 아니라(21절), 우리는 죄에서 해방되어 의의 노예가 되었다(6:18). 죄의 지배로부터 의의 지배로 넘어가게 된 것이다. 십자가에 못 박힌 그리스도는 유대인에게는 거리끼는 것이요 이방인에게는 미련한 것이지만(고전 1:23) 우리에게는 의로움이 되신다(고전 1:30).

심판은 우리의 죄를 심판하심으로써 하나님의 의를 객관적으로 드러내시는 외적 원리이고, 용서는 우리의 죄를 용서하심으로써 우리와 인격적인 관계를 만드시는 내적 원리라면, 의는 외적·내적 원리가 실현되어 우리를 죄인으로부터 의인으로 변화시키는 구체적인 내용이다.

하나님은 심판하심으로써 우리를 용서하셨고 심판과 용서를 통해서 우리를 의롭게 하셨다. 구약에서부터 하나님의 본성 속에 동시적으로 내재되고 계시된 심판과 용서와 의가 그리스도의 십자가에서 새롭게 확정되고 선포되었다. 그리스도의 죽음은 심판과 용서를 통해서 우리에게 하나님의 의를 동시에 심어주는 구체적인 내용이다. 비록 이 땅에서는 제한적으로 경험하지만, 하나님의 의가 우리의 의가 되는 것이다. 마침내 우주적인 간격이 메워지는 것이다. 비로소 인간은 하나님의 자녀가 되어 그리스도와 연합하게 되는 것이다. 구약에서부터 하나님이 그토록 원하시던 것은 하나님의 의가 이 땅에서 실현되는 것이었다. 하나님의 백성이 의롭게 살아가는 것이었다. 하나님의 백성의 의가 모든 열방에 선포되고 실현되는 것이었다. 성경은 인간의 의가 하나님의 의에 도저히 이를 수 없다는 참으로 본질적인 문제를 제시해왔다. 죄와 사망이 인간을 지배하는 이 세상에(롬 5:14, 17, 21) 그리스도 한 분을 통해서 의가 왕노릇하게 되었고(롬 5:17), 율법이 지배하는 세상에 그리스도가 율법의 마침이 되셔서 모든 사람을 위한 의를 이루게 되었다(롬 10:4). 만일 의가 율법을 통해서 온다면 그리스도께서는 헛되이 돌아가신 것이다(갈 2:21). 그리스도는 하나님으로부터 오는 의다(빌 3:9).

이 엄청난 일이 어떻게 십자가에서 일어날 수 있는가? 죽음이 어떻게 의를 불러올 수 있는가? 의로운 자의 죽음은 다른 모든 자를 의롭게 하는가? 지금까지 거론된 내용을 종합하면, 의와 관련해서 최소한 다섯 가지 중요한 사실을 발견하게 된다. 첫째, 하나님과 그리스도는 그 **본질이 의로운** 분이다. 둘째, 그리스도의 십자가는 의로우신 하나님이 인간의 죄와 한계를 다루시는 **의로운 행동**이다. 하나님은 멀리 계시는 것도 아니고 인간에게 모든 것을 떠넘기시는 것도 아니다. 의의 행동을 하나님께서 하신다. 셋째, 하나님의 의는 그 본질에 있어서도, 그 행위에 있어서도 법률적인 의의 내용을 넘어선다. 심판과 용서를 함께 품고 계시는 의의 하나님이 십자가에서 **심판과 용서로** 의를 이루셨다. 넷째, 그리스도는 십자가에서 자신이 친히 우리의 율법의 저주와 죄를 짊어지심으로써 우리를 죄와 율법으로부터 해방시키시어 의롭게 하신다. 율법과 죄를 심판하시고 용서하심으로써 우리를 죄의 노예 상태로부터 **해방**시키셨다. 다섯째, 그리스도의 죽음이 우리를 의롭게 할 수 있는 이유는 예수님이 인간이 되심으로써 인간을 자신에게로 끌어안으셨기 때문이다. 여기서도 **성경적인 대신의 원리**가 올바로 적용되어야 한다. 그리스도는 우리를 배타적이고 기계적으로 대신하신 것이 아니라, 우리가 되심으로써, 우리의 저주가 되심으로써 우리를 자신에게로 연합시키셨다. 따라서 우리는 그리스도와 함께 십자가에 못 박혔다! 그리스도께서 우리 안에서 죽으시고 우리가 그리스도 안에서 죽음으로써 그리스도의 의가 우리에게 이루어지게 되었다.

죄인이 의인이 되는 이 엄청난 일은 하나님으로부터 오신 '의인 예수 그리스도'께서 십자가의 죽음으로 우리가 되셨고, 의의 행동으로 우리를 죄에서 해방하시어, 우리를 그에게로 품으셨기 때문이다. 심판과 용서를 그 본질 속에 품고 계신 하나님과 그리스도의 의, 심판과 용서를 포괄적이고 동시적으로 십자가에서 실행하시는 하나님과 그리스도의 의의 행위, 친히 우리의 죄를 짊어지심으로써 우리를 죄와 율법에서 해방시키심, 그 자신의 피와 살로 우리가 되셔서 우리에게로 연합하심, 우리도 그와 함께 십자가에 죽음으로써 그리스도에게 연합됨 등의 요소가 함께 어우러짐으로써 죄인이 의인이 되는 신비가 일어난다.

그리스도의 의는 단회적인 동시에 영속적이다. 우리의 삶 속에서 그리스도의 의는 종말론적 의미를 가진다. 그리스도의 날까지 그를 따르는 자들은 이 땅에서 의의 열매가 가득한 삶을 살아간다(빌 1:10-11). 예수님이 다시 오실 때에 우리는 담대함을 얻어 그 앞에서 부끄럽지 않을 것인데, 예수님은 의로우신 자요, 우리가 그리스도의 의를 알면 이를 행해야 하고, 의를 행하는 자마다 예수님으로부터 태어난 줄을 알기 때문이다(요일 2:28-29). 그러므로 달려갈 길의 끝에서 우리를 기다리는 것은 의의 재판장이신 그리스도께서 우리에게 주실 의의 면류관이다(딤후 4:7-8). 십자가는 죽음이자 삶이다. 하나님은 십자가로 의롭지 못한 삶을 심판하고 용서하신다. 십자가에는 의로운 삶의 시작, 모든 가능성, 실현이 도사리고 있어서, 하나님을 향한 우리의 힘찬 발걸음을 인도한다.

4. 제례적 대속론

십자가 사상을 가장 쉽게 이해할 수 있는 방법도 인간의 다양한 문화 속에 녹아 있는 희생제사와 십자가를 연결시키는 방법이고, 가장 심각한 오해를 불러일으키는 것도 바로 이 제례적 대속론이다. 그 기본적인 골격은 단순하다. 인간은 죄를 지었고, 그 죄를 무르기 위해서 동물이나 심지어 사람을 잡아서 신적 존재에게 바친다. 얼마나 친숙한 이야기인가!

내가 신학을 공부할 때 아프리카에서 온 분도 몇몇 함께 공부했다. 하루는 그들에게, 서양 침략의 아픈 역사를 가지고 있는 아프리카 대륙에 일종의 서양 종교인 기독교가 어떻게 받아들여질 수 있는가를 질문해보았다. 놀랍게도, 그들은 그리스도의 십자가 희생이 자신들의 문화 속에 있는 희생제물 제사의 풍습과 바로 연결되기 때문에 아주 쉽게 이해되어서 그렇다고 설명해주었다. 남태평양 장로교 국가 바누아투에서 선교사로 신학을 가르치고 있었을 때도, 신학교 학장이 돼지를 잡아서 바치는 바누아투 풍습과 바로 연결해서 예수님이 그 커다란 돼지(a big pig)와 같다고 가르치는 것을 목격하였다. 예수님은 그러한 희생제물인가?

성경은 다음과 같이 그리스도의 죽음을 희생제물로 이해한다.

>>> 그리스도는 유월절의 양으로 희생하셨다(고전 5:7).
>>> 세상 죄를 지고 가는 하나님의 어린 양을 보라(요 1:29; 참조. 1:36).
>>> 그리스도께서 사랑하신 것처럼 너희도 사랑하라, 그리스도는 향기로운 제물과 희생물로 자신을 하나님께 드렸다(엡 5:2).
>>> 염소와 송아지의 피로 아니 하고 오직 자기 피로 영원한 속죄를 이루

사 단번에 성소에 들어가셨다(히 9:12; 참조. 9:26; 10:12; 13:12).

>>> 예수 그리스도의 피뿌림으로…택하심을 입은 자들에게(벧전 1:2).

>>> 흠 없고 점 없는 어린 양과 같은 그리스도의 보배로운 피로(벧전 1:19).

유월절은 비록 제사와 연관시킬 수는 없지만 그 기본적인 내용이 양의 피로 구원을 이루었다는 것이어서 희생제물과 연관이 있다. 히브리서는 구약의 제사 제도와 그리스도의 죽음을 분명히 연결하면서 그 연속성과 차이를 가르치고 있다. 그리고 그리스도의 피 뿌림이라는 개념은 제사에서 동물의 피를 뿌리는 것과 쉽게 연결된다. 어린 양에 대한 많은 성경 구절도 희생의 개념을 가지고 있다. 따라서 유월절, 구약의 제사, 어린 양, 이 세 가지로 나누어서 십자가와 희생제물의 연관성을 살펴보겠다.

유월절 양: 죽음이 생명으로!

그리스도의 십자가를 유월절의 맥락에서 이해하는 것은 고린도전서 5장 7절로 인해서 너무나도 당연해 보인다. 그리고 앞서 다루었듯이, 최후의 만찬도 유월절 음식을 먹는 상황에서 일어난 일이다. 그런데 흥미로운 사실은, 비록 제자들이 유월절의 상황 속에서 십자가 사건이 역사적으로 발생했다는 것을 이해하고 있었다고 할지라도, 신약에서 고린도전서 5장 7절을 제외하고는 유월절과 그리스도의 십자가와의 관련성을 나타내는 말씀이 거의 전무하다는 점이다. 일반적으로 요한복음 1장 29절의 하나님의 어린 양과 베드로전서 1장 19절의 흠 없는 어린 양을 유월절의 어린 양으로 해석하는데, 그것은 결코 확정적인 것은 아니다. 왜냐하면 하나님의 어린 양은, 앞으로 다루겠지만, 구약과 신약에서 언급되고 있는 여러 종류의 양을 광범위하게 의미할 수 있기 때문이다. 또한 흠 없는 어린 양은, 유월절의 어린 양에 사용된 '흠 없다'라는 단어가(출 12:5) 아론의 첫 제사에서 나오는 "흠 없는 어린 양"(레 9:3)과, 질병의 정결 의식에서 나오는 '흠 없는 어린 양'을 설명하는 데도 사용되고 있기 때문에(레 14:10) 반드시 유월절을 가리킨다고 보기는 어렵다. 십자가에서 그리스도의 뼈를 꺾지 않았다는 사실(요 19:36)은 유월절(출 12:46)뿐만 아니라, 고난받는 의인의 뼈를 꺾지 않으신다는 시편 34편 19-20절의 말씀과도 연결될 수 있다.

왜 사도들과 신약의 저자들은 그리스도의 십자가를 이해하고 해석하면서 유월절을 바로 연결시키기를 꺼려했을까? 예수님의 죽음이 유월절(혹은 유월절 하루 전날)에 발생했다는 역사적인 사실이 그 배경에 있는데도 불구하고, 십자가를 이해하고 해석하는 데 사도들은 지나칠 만큼 절제하고 있는 듯하다(유월절이라는 단어는 복음서를 제외하고는 신약에서 세 번 등장하는데 그리스도와 연관이 있는 구절은 고린도전서 5장 7절이 유일하다). 이 점은 그리스도를 유월절의 배경에서 이해하려 했던 몇몇 초기 교부들의 사상과는 잘 맞지 않는다. 사도 시대 이후에 오히려 유월절과 그리스도의 연관성이 더 주목받았던 것으로 보인다.

신약성경의 저자들은 그리스도의 십자가를 이해하는 데, 유월절의 제한된 배경을 넘어섰던 것으로 보인다. 그들은 십자가를 해방과 구원으로만 이해한 것이 아니라, 인간의 죄, 의로움, 성화, 죽음, 화해, 평화와 같은 광범위하고 총체적인 의미를 발견하고 있기 때문이다. 신약에서 유월절과 관련된 구절이 거의 전무하다는 것은 유월절의 맥락에서만 십자가를 이해하는 것은 십자가의 포괄적인 의미를 축소할 위험이 있음을 암시한다. 이런 점에서 유월절과 십자가라는 주제는, 구약과의 연관성 속에서 신약을 이해하되, 신약만의 독특함을 함께 볼 수 있어야 한다는 해석학적인 예를 잘 보여준다.

유월절이란 이집트 바로 왕의 폭력적인 압제에서 이스라엘이 해방된 날이다. 그런데 그 해방의 과정에서 사용된 것이 바로 양이나 염소의 피였다(출 12:5-7). 그 피를 문의 양쪽 틀과 상단, 즉 문 주위에 전부 다 발랐다. 피가 유대인들에게는 생명의 증표가 된 것이다. 이 놀라운 일은 모세와 이스라엘이 하나님의 약속을 따른 결과로 일어났다. 유월절의 맥락에서 피는 생명이요 구원이다. 더구나 출애굽기 4장 22절에서 여호와께서 모세를 이집트로 보내기 전에 이스라엘을 내 아들 장자라고 부르시면서 이렇게 말씀하신다.

>>> 내가 네게 이르기를 내 아들을 놓아서 나를 섬기게 하라 하여도 네가 놓기를 거절하니 내가 네 아들 네 장자를 죽이리라 하셨다 하라 하시니라.

이렇게 하나님은 모세를 이집트로 보내시면서 자신의 장자 이스라엘을 구원하기 위해서 이집트의 장자를 죽일 것을 미리 알리고 계신다. 자신의 아들 이스라엘을 살리기 위해서 이집트의 장자를 죽인 사건은 하나님의 독생자를 죽이시어 우리를 살리시는 사건과 중첩되는 부분이 있다. 하나님이 끔찍하게 사랑하시는 장자 이스라엘을 살리고 이집트가 끔찍하게 사랑하는 장자를 죽이신 사건과, 하나님이 끔찍하게 사랑하시는 자기 아들을 십자가의 죽음으로 인도하신 사건에는 '사랑 때문에 발생한 죽음'이라는 공통의 의미가 담겨 있다. 종합하면, 유월절과 십자가는 (1) 피를 통한 생명, (2) 악의 세력으로부터 구원, (3) 하나님의 약속의 성취, (4) 장자의 죽음이라는 점에서 그 맥락을 같이한다.

그러나 유월절을 배경으로 그리스도의 십자가를 이해하는 데에는 몇 가지 어려운 점이 따른다. 우선, 유월절에서 비록 피가 생명과 구원의 가장 직접적인 매개가 되었지만 피를 문설주에 발랐다는 사실을 제외하고는 희생제사의 제례적인 맥락에 반드시 잘 부합되는 것은 아니다. 유월절은 오히려 사탄과 폭력의 압제로부터의 해방과 승리에 더 가깝다. 피가 가지고 있는 죄와의 연관성이 유월절 사건에서는 포함되어 있지 않다. 이런 문제로 인해서 「유월절에 관하여」라는 소논문에서 초기 교부 오리게네스는 십자가와 유월절을 다양한 의미로 연결 짓는다. 이집트와 그 지도자들을 십자가에 못 박아서 승리를 이루고, 잘못된 길로 가버린 세상을 깨끗케 하며, 원수된 것들을 십자가의 피로 죽음에 이르게 해서 모든 것을 화평케 한다.[28] 제사는 대체적으로 복을 기원하거나 자신의 죄를 무르기 위해서 드려진 것에 반해서, 유월절은 이스라엘 백성 자신들의 죄와 아무런 연관이 없다. 제사를 통해서 우리의 죄를 하나님 앞에서 참회하거나, 제사를 통해서 하나님의 초대와 부르심에 응답하는 '제사의 본질'과 유월절은 상당한 거리가 있어 보인다. 더욱이, 유월절이라는 단어가 말해 주듯이 유월이란(חֶסַפ, pesach) 죽음이 '넘어갔다'는 의미다(출 12:13). 흥미롭게도, 오리게네스는 유월절에 해당하는 헬라어 단어 πάσχα(pascha)가 고난을 의미하는 단어로 당시에 사용되고 있었던 것을 비판하고, 유월절의 의미는 고난이 아니라 그리스도 자신이며 유월절의 영적인 실재를 발견해야 한다고 주장한다.[29] 즉 유월 사건의 핵심은 죽음이 넘어감, 지나감이라는 뜻이다. 이 사건을 그리스도의 십자가와 연결시키려면, 생명을 얻은 것과 죽음이 지나간 것을 동시에 염두에 두어야 한다.

여기에 상당한 부담이 있다. 이스라엘의 구원은 이집트의 모든 장자, 여종의 장자, 가축의 장자의 죽음과 맞바꾼 것이다(출 11:5). 이집트 장자들의 죽음이 그리스도의 십자가의 승리를 상징한다고 해석하는 것은, 전인류를 향한 하나님의 보편적이고 객관적인 십자가 사건을 배타적인 민족 종교의 테두리 속에 발생한 원시적인 유월절 사건으로 축소하는 것이다. 유월절 사건 그 자체만으로도 우리는 엄청난 부담을 떠안는다. 도대체 하나님이 한 민족의 장자들을 통째로 하룻밤 사이에 처단하셨다는 것을 우리는 어떻게 받아들여야 하는가? 이런 이해할 수 없는 사건과 그리스도의 십자가가 맥락을 같이해야만 하는가.

오리게네스보다도 더 일찍이(아마도 2세기 중엽에), 사르디스의 감독 멜리토는 「유월절에 관하여」라는 짧막하지만 매우 소중한 설교를 남겼다. 4세기에 기독론에 대한 논쟁이 불붙기 훨씬 전에 멜리토는 이미 그리스도의 인성과 신성의 완전함에 대해서 확고한 기독론을 펼쳤다. 이 설교에서 멜리토는 그리스도의 죽음을 유월절의 상황 속에서 해석한다. "나는 너의 사죄이고 구원의 유월절 양이기 때문이다. 나는 너를 위해 희생당한 어린양이다. 나는 너의 대속물(λύτρον)이다."[30] 이 짧은 구절 속에 죄의 용서, 구원, 유월절, 대속물이라는 모티브가 함께 어우러져 있다. 그리고 우리가 여기서 다루고 있는 마가복음 10장 45절에 나오는 단어 대속물의 헬라어, λύτρον이 사용되고 있다.

초기 교회 교부들이 종종 인용하면서 존경을 표했던 멜리토는 당시에 유대교와 기독교의 연속성에 대해서 잘 이해하고 있었던 것으로 보인다. 로마의 영향을 받은 교회가 부활절을 일요일에 지키고자 했던 것에 반대해서, 멜리토는 유월절의 풍습에 맞추어서 어떤 요일이든 간에, 니산월

14일에 지켜야 한다고 주장했던 소위 '14일주의자'(Quartodeciman) 가운데 한 명이었다. 그런데 그런 그가 유월절에 관한 설교에서 유월절 사건이 이집트에 가져왔던 참혹한 광경에 대해서 "긴 밤, 쫓김을 당하는 어두움 (어두움 속에서 쫓김을 당하는 것), 쫓아오는 죽음, 쥐어짜듯이 달려드는 천사, 그들의 장자를 집어삼키는 지옥"(22)이라고 마치 눈에 그리듯이 생생하게 묘사한다. 죽음에 잡혀가지 않으려는 장자의 몸부림(24), 첫 새끼를 잃어 버린 짐승들의 슬픔(27), 매장되지 않은 시체들로 인한 끔찍한 악취(28) 등을 언급하면서, 전체 105개의 구절 가운데 15-30까지 무려 16구절의 단락을 할애해서 이집트인들의 참상을 그리고 있다.[31] 도저히 상상하기조차 끔찍하고 참혹한 이 유월절 사건이 십자가 사건을 이해하는 데 결정적인 단서를 제공하고 있다고 믿기에는 상당한 어려움이 있다.

유월절은 배타적인 민족 종교만이 내세울 수 있는 가장 극단적인 사건이다. 이 참혹한 사건이 과연 십자가의 실재를 이해하는 데 중요한 배경을 이루는가? 하나님은 인류를 이렇게 참혹하게 짓밟을 수도 있는가? 하룻밤 사이에, 배타적이고 선별적으로 일어난 이 일이 구원인가? 이것이 하나님의 정의인가? 이 끔찍한 사건을 자신들의 가장 중요한 절기로 지켜온 유대인들은 과연 어떤 종교적·문화적 정체성 속에서 살아왔을까? 이집트인들은 이런 사건에도 불구하고 구약의 하나님을 자신의 하나님으로 받아들일 수 있을까? 도대체 왜 그리스도인들은 밑도 끝도 없이 이 문제에 관해서 이스라엘 쪽만 편드는 생각을 하고 있을까?

신약의 하나님을 통해서 재해석되지 않는다면 구약의 하나님은 유월절에 관한 한 분명히 한계를 가진다. 인류와 관계를 가지기 위해서는 인류 중에 일부를 선택할 수밖에 없다는 선택의 스캔들(scandal of particularity)

을 받아들인다고 할지라도 그로 인해서 처참한 학살이 자행된 것을 쉽게 이해할 수는 없다. 원시적인 민족 종교의 전쟁 놀이가 구약성경의 한 배경을 이루고 있다는 것을 인정할 수밖에 없다. 역사적인 사실의 재구성이 성경의 가치를 올바로 다 드러낼 수는 없다. 그 사건의 의미를 재구성하는 작업이 반드시 병행되어야 한다.

결국, 신약적인 맥락 속에서 유월절을 재해석하는 것이 필요하다. 여기서는 이집트의 바로 왕이 보여준 인간의 완악함을 인류 보편의 죄악과 한계로 연결시킬 수 있다. 죄악과 사탄의 세력에 의해서 지배당하고 있는 세상은 바로 왕 시절이나 신약 시대나 현대에도 변함이 없다. 인류가 겪고 있는 온갖 종류의 참혹한 실상이 바로 장자를 버리는 아픔과 같을 것이라고 생각해보면 그 심각성을 절감할 수도 있다. 그리고 이집트인이 장자를 잃어버리는 것에 대해서 이렇게 분노하고 하나님을 비난하는 소리 앞에서 문득 멈추어 설 때, 하나뿐인 독생자를 우리에게 주신 하나님의 엄청난 고통과 희생을 비로소 조금씩 이해하기 시작한다. 무엇보다 이집트 장자의 죽음과 이스라엘 장자의 생명이 서로 교차되고 있다는 사실을 신약적으로 전환해서 생각해보면, 그리스도 안에서 모두의 죽음이 그리스도 안에서 모두의 생명으로 바뀔 수 있다는 깊은 의미도 유월절 속에 숨겨 있음을 알 수 있다. 무엇보다도 중요한 것은, 이집트의 압제로부터 이스라엘을 구원한 유월절 어린 양의 피가 사탄과 죄악의 세계로부터 우리를 해방하신 그리스도의 해방과 구원의 피를 제시한다는 점이다.

제사의 희생제물: 희생인가 제물인가?

예수님은 바누아투의 제사에서 바쳐진 돼지와 같이 한 마리의 가장 위대한 돼지인가? 심청이가 인당수에 몸을 던져서 바다의 노여움을 삭이듯이, 요나가 분노한 바다를 달래기 위해서 바다에 던져졌듯이, 예수님도 하나님의 진노를 달래기 위해서 바쳐지는 제물인가? 구약과 지구상의 많은 제사 형식에서 발견될 수 있는 희생제에서 바쳐진 희생제물(victim)로 예수님의 죽음을 이해하는 것은 얼핏 보기에는 가장 쉬운 방법이다. 제사 제도와 관련지어서 십자가를 이해하는 것은 다음과 같이 네 가지의 기본적인 골격을 가진다.

(1) 인간의 죄를 무르거나 인간에게 복을 가져오기 위해서
(2) 하나님의 아들이
(3) 죽음으로 희생제물이 되어서
(4) 하나님께 바쳐졌다.

이러한 네 가지 사항 가운데 세 번째 것, 즉 죽음이 발생했다는 것이 희생제사와 가장 직접적으로 관계 있다. 심판이나 용서라는 개념 속에는 죽음을 구체적으로 찾아볼 수 없지만 희생제물은 바로 죽음, 그리고 그 죽음으로 인한 피와 직접적으로 연결된다. 그리고 첫 번째와 같이 제사의 목적은 인간을 위한 것이다. 그리스도의 죽음은 하나님에 대한 지식이 드러남, 하나님의 의의 우주적인 선포 등과 같이 포괄적인 면을 가지고 있지만 가장 핵심적인 점에서는 인간을 위한 죽음이라고 볼 수 있다. 이렇게 두 가지 점에서 그리스도의 죽음은 인간의 제사와 쉽게 연결되고 또한 깊은 연관이 있다.

그러나 (2)와 (4)에서처럼 그리스도의 십자가 죽음은 인간의 제사 의

식과 결정적으로 다르다. 인간의 제사는 최소한 셋 혹은 넷의 관계자가 있다. 인간, 신적 존재(혹은 신적 존재와 악의 세력), 희생제물. 그러나 그리스도의 희생은 희생제물이신 그리스도와 신적 존재가 삼위의 관계 속에 있기 때문에 그 관계 당사자가 둘 혹은 셋이고 그 관계의 내용도 인간의 사고 체계로 설명하기가 어렵다. 그러므로 인간의 제사 제도와 그리스도의 십자가는 다음과 같은 다섯 가지 점에서 서로 다르다.

(1) 인간의 제사에서는 인간이 제물을 바치는 주체이고 '신적 존재'는 제물을 받는 존재이지만 그리스도의 죽음에서 하나님은 희생물을 받으시는 존재가 아니라 죽음을 집행하시는 존재다.

(2) 인간의 제사에서는 신적 존재의 진노가 달래져야 하지만, 그리스도의 희생에서는 하나님의 사랑과 자비가 진노의 내면이거나 진노를 압도한다.

(3) 인간의 제사에서 희생제물은 철저하게 제사를 드리는 자나 받는 자와 무관한 제3자이지만 그리스도의 희생에서는 희생제물이 바로 신-인이신 그리스도시다. 인간의 희생제물은 결코 자기희생일 수 없지만, 그리스도의 희생은 자기희생이다.

(4) 인간의 제사에서는 인간과 희생제물의 관계가 긴밀하지 않다. 물론 희생제사를 내면화해서, 제사를 통해서도 참회와 기쁨과 순종을 회복하고 나눌 수는 있다. 그러나 그리스도의 희생처럼 희생제물과 인간의 관계가 밀접하지는 않다. 그리스도의 희생은 우리가 그리스도와 함께 죽었기 때문에 우리의 희생으로도 드러난다.

(5) 그리스도의 희생에서는 누구에게 바쳐졌는가 하는 문제보다는(to whom) 누구를 위한 것인가(for whom)의 문제가 더 두드러진다.

이런 심각한 차이로 인해서 그리스도의 희생을 인간의 제사 제도의 배경 아래서 이해하는 것은 상당히 부적절할 뿐만 아니라, 희생화(victimization)의 문제를 야기시킨다. 제사 제도의 원시성은 동물이나 사람의 죽음이 발생해야만 하는 폭력성, 죄를 동물이나 타인에게 전가하는 의롭지 못함, 축복과 용서를 얻기 위해서 제물을 바치는 물질성(materiality)과 미신적 의식(superstitious cult) 등에서 잘 나타난다. 특히 제사는 진노한 신적 존재를 달래기 위해 드려지는 경우가 흔한데 십자가를 이렇게 해석할 때는 성부와 성자의 관계가 지나치게 멀어진다. 그리고 진노를 풀어야만 하는 성부보다 그 진노를 달래줄 수 있는 성자가 도덕적인 우위를 점하게 된다. 이런 치명적인 문제로 인해서 인간 제사의 메커니즘을 그리스도의 십자가에 적용하는 데는 적지 않은 한계가 있다는 점을 먼저 인정해야만 한다.

물론 구약의 제사 제도는 그 영적인 특징으로 인해서 이런 한계를 넘어선다. 비록 하나님이 향기를 받으시고 제물을 받으신다는 표현과 개념이 밝혀져 있기는 했지만, 하나님은 제사를 통해서 궁극적으로 자기 백성들과의 관계를 회복하시고 지속하시기를 원하셨다. 따라서 제사는 하나님의 초대이며, 제사를 지속적으로 드린다는 것은 하나님의 초대에 지속적으로 반응한다는 의미다. 하나님은 수양의 기름보다는 순종을 원하시지 않으셨던가! 구약의 제사는 하나님의 초대다. 제사 제도를 통해서 하나님의 영광이 나타날 것이라고 선포되었고(레 9:6), 모세와 아론이 제사를 드리고 회막에서 나오자 하나님의 영광이 온 백성에게 나타났다(레 9:22-23). 그리고 인간의 제사 제도도 너무 다양해서 일반화시키기에는 한계가 많다. 바누아투에서는, 두 종족이 서로 싸우다가 더 강한 종족이라도 전쟁을 멈추고 싶으면, 자기 종족 가운데 한 명을 죽여서 다른 종족에게 보내어 전쟁을 멈추고 평화를 이루는 풍습이 있었다. 제사 제도와 꼭 부합되는 것은 아니지만, 자신을 희생해서 평화를 이루는 상당히 특이한 제례적인 풍습이라 할 수 있다.

그럼에도 구약의 제사 제도는 신약에서 장차 그 완성이 다가올, 극복되어야 할 그림자다(히 10:1). 평상시에는 상번제로 매일같이 아침저녁으로 동물을 죽여서 피를 뿌리고 불태워 제사를 지내며, 안식일에는 4마리, 월삭에는 수송아지, 양, 어린 양, 숫염소를 합쳐서 총 11마리, 가장 많게는 초막절 첫째 날에 심지어 32마리를 바쳤으니(민 28:1-29:40), 이스라엘은 가히 제사의 나라라고 할 만하다. 피 냄새 가득한 제사를 향기라고 설명하고 있는, 도저히 납득하기 어려운 구약의 어두운 그림자는 그리스도로 인해서 회복되어야만 했다.

하나님은 그리스도의 죽음에서 제3자가 아니다. 죽음의 피를 향기로 흠향하시는 진노한 하나님도 아니다. 하나님은 그리스도 죽음의 객체가 아니라 주체다. 하나님의 심판과 용서와 의가 그리스도의 죽음을 통해서 이 땅에 선포되고 실현되었다. 그리고 이 모든 것은 인간이 하나님께 무엇인가를 드리려는 의지에 의해서 결정된 것이 아니라 하나님이 심지어 자신의 아들의 피땀방울 어린 기도 속에서도 바꾸지 않으셨던 강렬한 의지의 산물이다. 십자가는 인간이 원했던 일이 아니라 하나님이 원하셨던 일이다.

그리스도는 희생제물이 아니다. 아무리 흠 없고 순결한 동물이라고 할지라도 인간의 죄와 한계의 그 어떤 부분을 담당하겠는가? 제사를 드리는 인간과 희생제물이 그 어떤 온전한 교감도 이루어낼 수 없다는 사실은 제사 제도가 진정으로 종교성을 가지기에는 얼마나 한계가 많은가를 암시한다. 그런데 이런 한계에도, 인간이 제사를 통해서 자기 성찰에 이르고 신적 존재와 진정한 관계를 회복하거나 지속할 수 있으면 치명적인 문제가 되지 않을 수 있다. 어차피 제물은 제물 자신을 표현하는 것이 아니라 제물을 바치는 인간의 의도를 표현해야 하는 것이 아닌가! 그런데 그리스도의 희생으로 인해서 비로소 인간의 제사 제도가 갖는 원시성이 더 선명하게 드러났다. 그리스도의 죽음은 인간의 제사 제도가 도저히 흉내낼 수조차 없었던 '신적 존재의 자기희생'을 드러냄으로써 인간의 풍습에 내재된 어두움을 드러냈다. 도대체 제사를 통해서 신적 존재를 달랜다는 발상 자체가 얼마나 저급하고 원시적인가! 신이 동물의 피로 달랠 수 있는 그런 류의 존재라면 그 신은 우리 수준이거나 우리보다 낮은 수준의 존재들이 아닌가? 기껏해야 우리 수준과 유사했던 선조들을 달래는 일이라면 정성을 다해서 제물을 준비할 수도 있다. 그러나 제사로 인간을 달래기도 어려운데, 어떻게 신적 존재를 달랠 수 있단 말인가? 인간은 제사로 신을 달래려 했지만 그리스도는 자신을 버림으로써 인간을 달래시고 치료하신다. 인간이 희생제물을 준비하고 드리는 것이 아니라, 희생제물이 스스로를 준비하고 우리에게 자신을 내어놓으신다. 그리스도의 희생은, 우리의 풍습과 제사 제도보다 더 우월한 제사의 제물이 아니라, 우리의 제사 제도와 차원이 다른 희생이다.

인간은 그리스도라는 희생제물을 드린 주체가 아니다. 인간은 동물에게 자신의 죄를 전가시키려 했지만 그리스도는 우리를 자신의 십자가에 포함시키신다. 인간은 제사를 통해서조차 오히려 신과 멀어지려 했지만 그리스도는 자신의 죽음으로 우리에게 다가오신다. 자신을 드림으로써 우리를 드린다. 자신을 죽임으로써 우리를 죽인다. 인간은 십자가 앞에서 희생제물을 드린 자가 아니라 바로 희생제물이다. 그리스도와 함께 십자가에서 죽기 때문이다. 우리가 그리스도를 하나님께 바친 것이 아니라 예수님이 자신을 희생함으로써 우리를 하나님께 바쳤다. 제사 제도로도 도저히 회복할 길이 없었던 하나님과 인간의 멀고 먼 관계가 비로소 십자가에서 가까워진다. 더 이상 우리는 십자가로부터 멀어질 수 없다. 더 이상 돈으로 희생제물을 사서 팽개치듯이 제사를 지내고 우리의 일상으로 도망칠 수 없다. 그리스도께서 죽음으로 우리를 찾아오셔서 우리와 함께 죽으셨기 때문이다. 인간이 아무리 하나님으로부터 멀어져도, 심지어 제사를 지내면서 하나님으로부터 멀어져 가도, 심지어 예배를 드리면서 교회를 지으면서 구제를 하면서 하나님으로부터 멀어져 가도, 하나님은 우리를 떠나시지 않으시고 마침내 십자가로 찾아오신다. 죽기까지 우리를 떠나시지 않는 것, 이것이 신적인 희생의 진정한 의미다.

인간의 희생은 우리 것이 아니라 바로 그리스도께서 우리 안에서 희생하시는 것이다. 그리스도의 희생은 인간의 희생으로 그 연속성을 가진다. 죽음은 희생이다. 그리스도인의 삶을 한마디로 표현하자면 희생이다. 예수님이 십자가로 우리를 찾아와 우리를 자신에게로 짊어지시고 죽으심으로써 우리도 십자가에서 그리스도와 함께 죽었다. 이 거룩하고 신비스러운 연합으로 인해서 우리의 삶은, 희생제물을 드리고는 다시 부패한 모습으로 돌아가는 자들의 삶이 아니라, 그리스도의 죽음을 이 땅에서 살아가는 자들의 삶이다. 우리는 죽음을 살아간다. 우리는 희생을 살아간다.

기독교와 비기독교를 구분하는 가장 선명한 잣대는 희생이다. 세상의 가장 세련된 가치는 정의로운 분배를 실현하는 일이지만 기독교의 가장 소중한 가치는 그리스도의 십자가 안에서 나를 죽이는 것이다. 십자가가 윤리적인 면을 가지고, 성화의 초석이 될 수 있는 이유도 바로 그리스도의 죽음이 희생이기 때문이다. 그리스도와 그를 따르는 거룩한 공동체의 가장 본질적인 모습도 희생이다. 교회 공동체, 기독교 사회운동 공동체, 기독교 경제단체, 선교단체, 기독교 가족공동체, 기독교 연구단체, 기독교 신학공동체, 기독교 정치단체, 기독교 환경단체, 기독교 영성운동 공동체 등, 모든 기독교 공동체의 가장 원론적이고 본질적인 가치도 사랑이 아니라 희생이어야 한다. 희생을 통한 나눔, 희생을 경험하는 예배와 교회 예식, 희생을 통한 사랑, 희생 위에 솟아나는 감사와 찬양이, 우리가 점점 잃어가고 있고 가장 애타게 목말라 하는 그리스도의 희생 속의 우리 모습이다. 원시적이고 미신적인 제사 제도의 한계를 잘 극복한다면, 십자가를 희생으로 이해하는 것은 십자가의 가장 본질적인 면을 깨닫는 것이요 또한 그리스도를 따르는 자들이 사는 삶의 진정한 정체성을 표현하는 것이다.

하나님의 어린 양?

인간이 제물을 바치는 제사 제도에서는 희생제물이 결코 하나님의 어린 양이 될 수 없다. 그러나 요한복음은 그리스도를 하나님의 어린 양이라고 부른다. 성경에서 '어린 양'은 수도 없이 언급되지만 '하나님의 어린 양'이라는 개념과 표현은 요한복음의 두 곳을 제외하고는 등장하지 않는다. 구약에서 어린 양으로 해석되는 대표적인 히브리어 단어는 세 개가 있는데 세 단어 모두 반드시 어린 양만을 지칭하는 것이 아니라 염소, 그냥 양, 수양, 가축 등으로도 해석될 수 있다. 영어나 한글 번역은 문맥을 통해서 세 단어 모두를 어린 양으로 번역할 때가 있지만 결코 확정적인 것이 아니기 때문에 어린 양이라는 단어로 축소해서 이 주제를 다룰 수 있는지도 사실 의문이다. 이에 반해서, 신약에서 쓰이는 두 개의 단어는 대체적으로 어린 양이라고 번역될 수 있는 한정적인 의미를 가지고 있다.

신구약의 차이가 가져오는 이런 어려움에도 불구하고 세례 요한은 그리스도를 하나님의 어린 양이라고 선언했다. 세례 요한은 과연 어떤 의미로 그리스도를 '하나님'의 어린 양이라고 불렀을까? 왜 성경 그 어느 곳에서도 사용하지 않는 단어를 사용하면서 그리스도를 표현하고자 했을까? 구약에 등장하는 여러 종류의 양들을 알고 있었으면서 왜 '하나님'의 어린 양이라는 지극히 생소한 표현과 개념을 언급했을까? 왜 '아브라함과 이삭의 어린 양', '유월절의 어린 양', '제사의 어린 양', '이사야서의 어린 양' 혹은 '예레미야서의 어린 양'이 아니라 하필 '하나님의 어린 양'이라고 표현했을까? 하나님의 어린 양이라는 표현이 하도 독특하고 인간의 일반 문화에서 발견될 수 없기 때문에, 폴 리쾨르의 제안을 따라서, 성경의 다른 여러 모티브들과 연결해서 성경 내적인 연관성(intertextuality) 속에서 '하나님의 어린 양'의 의미를 살펴보도록 하겠다.

먼저, 어린 양은 아브라함이 이삭을 바칠 때 이삭과 아브라함의 대화에서 등장한다(창 22:7-8). 자신이 번제의 제물로 바쳐질 희생제물이라는 사실을 모른 채, 번제로 바칠 어린 양이 어디 있는지를 이삭이 질문하자 아브라함은 하나님께서 준비하신다고 대답한다. 아브라함에게는 정말로 소중한 아들인 이삭을 바친다는 발상 그 자체가 우리에게는 충격적이다. 그리고 이 사건은 자기 아들을 십자가에서 희생하신 충격적인 하나님과 대비된다. 인간을 희생제물로 바치라는 하나님의 '시험의 본질'이 무엇인지를 우리는 가늠할 길도 없고, 절대 침묵 속에 묵묵히 아들의 죽음을 짐

행하기 위해서 3일간 먼 길을 걸은 아브라함의 '순종의 내용'이 무엇인지 우리는 짐작할 수조차 없다. 자기 아들을 자신의 손으로 죽여야 한다는 상황이 가져올 정신적인 공황상태를 미리 우리에게 보여줌으로써 십자가 사건에서 발생하게 될 하나님의 고통을 예표하고 있다고 하는 것은 지나치게 감상적이고 작위적이다. 더욱이 아들을 바쳐야만 하는 동기가 인간의 죄나 죽음과 무관하다는 점에서 십자가와 연결되기 힘든 치명적인 한계를 가진다.

그럼에도 아들의 죽음과 희생제물이라는 섬뜩한 주제는 분명 그리스도의 십자가와 닿아 있다는 것을 부정할 수 없다. 어린 양을 바치는 '번제라는 희생제도' 위에 '희생제물이 바로 자기 아들'이라는 충격적인 사실이 함께한다. 뿐만 아니라 이 모든 과정을 쫓아가야 하는 '아버지' 아브라함의 끔찍한 '자기희생'도 밑그림으로 등장한다. 그리고 비록 이삭에게서는 순전하게 드러난 것은 아니지만 '죽음에 이르기까지 순종'한다는 엄청난 주제가 공통적으로 자리하고 있다. 십자가 사건에서 '하나님의 고난'과 '그리스도의 순종'은 결코 부차적인 주제가 아니다. '죽음이라는 희생' 만큼이나 십자가의 핵심적인 내용 가운데 하나다.

둘째 종류의 어린 양은 유월절의 어린 양이고 셋째는 제사 제도의 어린 양인데 이는 이미 앞에서 다루었다. 넷째 종류의 어린 양은 이사야 53장에 등장하는 고난의 어린 양이다. 이 고난의 어린 양은 '고난'과 '대속'이라는 두 가지 점에서 대속의 십자가 사역을 가장 탁월하게 표현하고 있다. 물론 앞에서 언급했듯이 "우리 때문에 고난을 받는다"(사 53:5)와 "우리의 죄악을 그에게 담당시키셨다"(사 53:6)는 사실이 "우리와 교체되었다"는 사실과 동일하지 않다는 것을 염두에 두어야 한다. 그러나 여기에는 우리가 할 수 없는 그 무엇을 어린 양이 담당했다는 대신의 사상이 강렬하게 드러난다. 그리고 그 '대신 담당함'이란 바로 '찔림, 상함, 징계, 채찍, 곤욕을 당함, 괴로움, 무덤, 수고, 영혼을 버리는 사망, 범죄자로서 받은 고난'(사 52:14-53:12)이다. 고난과 짊어짐이 반복적으로, 점층적으로 선포되고 있다. 그것은 고난과 수치로만 끝나는 것이 아니라 죽음에 이르는 고난이다. 또한 고난만이 아니라 고난 후에 영광에 이를 것도 함께 선포되어 있다(52:13; 53:12). 따라서 이사야 52-53장은 성경의 그 어떤 구절보다도 더 확실하고 신비스럽게 그리스도의 십자가와 부활의 핵심적인 내용을 우리에게 미리 앞서서 알려준다고 생각할 수 있다. 내가 알고 있는 몇몇 기독교 지도자들도 이사야 52-53장이 그리스도의 십자가를 생생하게 예시하고 있다는 사실 때문에 자신의 신앙의 굴곡과 회의를 극복할 수 있었다고 간증했다. 에디오피아의 내시도 이사야 53장을 읽다가 빌립을 만났고 비로소 그리스도가 누구신가를 깨닫게 된 것이 아니었던 가!(행 8:26-40)

이 신비스러운 말씀 속에 등장하는 어린 양이란, 이사야 52-53장의 이야기가 시작되는 52장 13절에서 '내 종'이라고 부르고 있는 '고난의 종'을 의미한다. 그러나 이사야 52-53장에 등장하는 고난의 종이 과연 누구인가에 대해서는 참으로 다양한 해석이 이뤄져 왔다. 사실 '하나님의 종' 이야기는 이사야서에서 여러 번 등장한다. 이사야서에서 종이란, 종과 주인이라는 의미에서의 '종', 종이 해야 하는 '일', 그리고 관직을 가진 '일꾼'이라는 일반적인 의미로도 사용되었지만, 이사야(20:3), 엘리아김(22:20), 다윗(다윗의 후손인 이스라엘, 37:35), 이스라엘(41:8-9; 44:1-2; 45:4; 48:20; 49:3-6; 63:17), 여호와의 신을 받은 선택된 자(42:1), 소경과 귀머거리인 종(우매한 이스라엘, 42:19; 43:10), 고난의 종(52:13), 죄악을 담당한 의로운 종(53:11), 여호와에게 연합한 이방인(56:6), 남은 자들(65:8-9, 13-15), 종말론적 이스라엘(66:14)의 의미로도 사용되었다. 여기서 우리가 분명히 알 수 있는 것은, 이사야서에서 여호와의 종이란 여호와의 백성, 남은 자들, 신약 시대의 백성과 같은 하나님의 사람들을 집합적으로 나타내는 의미로 사용된 경우가 압도적이라는 사실이다. 이런 이유로 유대 학자들을 중심으로 많은 사람이 52-53장의 고난의 종은 그리스도를 예언한 것이 아니라 이스라엘 백성이라고 해석한다. 이스라엘의 고난이 역사상에 이루어진 것을 근거로 들 수도 있다.

그러나 고난의 종을 이스라엘이라는 국가로 이해하는 데는 상당한 어려움이 따른다. 아무리 '여호와의 종'이 다른 문맥에서 이스라엘을 가리키고 있다고 할지라도 우리는 '여호와의 종'의 구체적인 내용을 52-53장의 본문에서 분명히 확인해야만 한다. '여호와의 종'이 사용된 여러 구절들 가운데 50장 4-9절의 노래가 고난의 모습을 묘사하고 있긴 하지만 그것은 단지 수치스러운 것에 관한 것이다. 이사야 52-53장에 등장하는 고난의 종만큼 '여호와의 종'을 엄청난 고난을 당하는 종으로 설명하는 구절은 없다. 더구나 이 고난의 종은 단순히 수치를 당하는 것이 아니라 우리의 죄를 짊어지고 우리를 대신해서 고난을 당하고 있다. 요약하면, 이사야서의 다른 구절에서 등장하는 여호와의 종과 52-53장의 고난의 종은 그 내용이 다르다. 따라서 52-53장에 나오는 고난의 종을, 다른 여호와의 종의 맥락에서 이해해야만 한다는 것은 결코 올바른 주장일 수 없다.

뿐만 아니라, 고난의 종을 이스라엘로 해석하면, 53장 4-5절에서 등장하는 '우리'가 도대체 누구인가 하는 문제에 직면한다. 고난의 종이 '우리'의 질고를 대신했다면 그 우리는 이방인이나 인류 전체를 의미하는가? 과연 이스라엘이 인류와 이방인의 '죄를 대신 짊어질 것'이라는 사상이 유대교적인 사상인가? 이스라엘이 고난을 당하거나 침략을 당한다 할지라도, 이방인의 빛으로, 여호와의 자기 백성으로, 하나님과의 관계가 결코 끊어지지 않을 것이라는 것은 구약의 중요한 사상이다. 그런데 이스라엘이 이방인의 죄를 대신 짊어지고 고난을 당한다는 사상은 구약에서는 찾아보기 힘들다. 심지어 신약적으로 확장해서 이스라엘이 교회라고 이해할 경우에도 동일한 문제가 등장한다. 교회가 세상의 죄를 짊어지고 가는 것인가? 교회가 세상의 죄악을 친히 담당해서 어린 양처럼 잠잠히 고난을 당하는 하나님의 종인가? 중보자가 한 분이라는(딤전 2:5) 신약의 사상과 어긋나지 않는가? 결국 고난의 종을 어떤 특정 집단으로 이해하게 되면 그 집단이 인류의 죄를 짊어지는 대속자적인 역할을 한다고 이해해야 하는데 이것은 기독교의 핵심적 사상이라고 보기 어렵다.

또 하나의 중요한 해석법은 당시의 구체적의 삶의 자리로 돌아가 정치적이고 사회적인 사건들을 파헤쳐서, 고난의 종을 역사에 등장하는 구체적인 인물로 해석하는 방법이다. 욥, 모세, 고레스, 웃시야, 히스기야, 그리고 특히 이사야서를 쓴 저자 등이 바로 고난의 종일 것이라는 다양한 주장이 제기되어왔다. 물론 이사야서는 당시의 정치사회적 상황에서 쓰인 글이다. 당연히 정치사회적인 맥락에서 해석하고 이해할 수 있어야 한다. 그러나 이사야를 정치사회적인 맥락에서만 한계 지어서 읽으면 우리는 에디오피아의 내시가 되고 만다. 이사야서의 저자가 비록 정치사회적 상황에서 그 내용을 기록했다고 할지라도 그 핵심적인 주제는 인간 사회 속의 인간의 관심과 문화가 아니라 이스라엘 백성과 하나님의 '종교적 관계'에 관한 것이다. 그리고 그 종교적 관계는 "이스라엘과 그 주변 국가들의 정치사회적 상황이 어떻게 전개되는가?" 하는 문제와 늘 맞물려 있고, 따라서 종교적 관계는 정치사회적 관계를 포함하고 있다.

이사야서를 정치사회적인 맥락에서만 제한지어서 이해하고 해석하는 일체의 시도는 이사야서의 주제조차 제대로 알지 못하는 오류를 범하는 것이다. 성경은 일차적으로 종교적인 글이다. 그것이 제1주제다. 그리고 "그 종교적인 관계와 행위가 우주와 세계와 인류 속에 어떻게 펼쳐지고 있는가?"를 다루고 있기 때문에 성경은 세계와 인간을 반드시 포함한다. 성경의 제1주제를 우리가 잘 알기 위해서는 정치사회적인 이차적 주제들을 반드시 함께 읽을 수 있어야 한다. 물론 일차적인 주제와 이차적인 주제의 영역이 선명히 구분되지 않는 경우가 허다하다. 정치적 상황 그 자체가 종교적인 내용일 수 있다. 세상의 정의와 하나님의 의가 분리되지 않아야만 하는 것이 아닌가! 그렇다고 할지라도 이사야 52-53장을 정치사회적인 내용으로만 한정 짓는 것은 분명 문제가 있다. 그리고 그것이 바로 하나님이 우리에게 이사야서에서 주신 계시의 목적이라고 해석하는 것은 종교를 지나치게 정치화하는 것이다.

종교와 정치는, 심지어 대단히 정치적인 글들 가운데 하나인 이사야서 속에서도, 분리되는 것은 아니더라도 분명히 구분되어야 하는 것이다. 고아와 과부를 돌아보아야만 한다는(사 1:17) 말씀과 이스라엘이 이방의 빛이 되어야 한다는(사 42:6) 종교사회적인 말씀은, 하나님께 나아오라는 초대(사 1:18)의 종교적인 말씀과, 여호와의 신이 부어져서(사 42:1, 5) 소경이 눈을 뜨고 갇힌 자가 해방되며 하나님의 영광이 세상에 드러나게 되어 우상이 아니라 여호와 하나님만을 섬기게 되리라는(사 42:7-8) 지극히 종교적인 현상을 지향하고 있다. 개인과 사회가 그 사회 속에서 제 구실을 해야만 하는 이유는 개인과 사회가 하나님과 올바른 관계를 회복하기 위해서다. 따라서 종교적인 관심이 성경의 가장 우선되는 주제다. 성경을 통해서 인간과 인간의 역사만을 이해하려는 것은 질그릇 속에 담긴 보배를 알아보지 못하는 오류를 범하는 것과 마찬가지다. 정치사회적인 내용 속에서도 종교적인 내용의 의미와 깊이를 볼 수 있어야 하는 것이 질그릇의 올바른 도리다.

더 나아가 계시란 기록 당시의 상황을 설명하여 그 당시의 것들만을 말하는 것이 아니라, 어제의 삶을 빗대어 오늘의 '지금 여기'를 알려주는 말씀이고, 오늘을 깨닫게 해서 내일을 비추는 살아 있는 말씀이다. 구약과 신약의 사건들을 역사적으로 재구성해서 그 의미와 가치를 그 당시의 역사에만 한정하는 것은 살아 있는 말씀을 '역사라는 죽은 틀'에 가두는 것이다. 기록 당시의 역사적인 사실들을 재구성하는 것은 필수불가결한 일이지만 시작일 뿐이다. 너무나도 명백한 것은, 성경이 기록되었을 때, 기록 당자사가 자신이 기록하고 있는 계시의 내용이 어떤 의미인지를 제대로 알지 못하고 기록했을 가능성이 높은 내용들이 상당히 많다는 사실이다. 계시는 역사를 넘어설 뿐만 아니라, 저자의 의도와 이해를 넘어선다. 이것이 성경이 갖고 있는 개방성과 초월성이며, 이사야 52-53장은 이러한 개방성을 보여주는 대표적인 본문 가운데 하나다.

이사야 52-53장의 저자는 자신의 글이 몰고 올 엄청난 의미와 파장을 꿈에도 상상하지 못했을 가능성이 높다. 이사야서를 기록한 자는 자신이 이해하고 경험하고 있었던 세계와 문화 속에서 '고난당하는 종'의 모습을 그렸을 뿐이고, 그 고난의 종이 (1) 의인이지만, (2) 죽기까지 고난당하며, (3) 타인의 죄를 짊어졌기 때문에 고난당하며, (4) 어린 양처럼 잠잠히 고난당하며, (5) 하나님과 특별한 관계 속에 있었다는 것을 다 이해하고 있었다 할지라도 그리스도를 알지 못하는 한 '고난의 종의 구체적인 내용'이 **신적 자기희생**을 가리키고 있다는 것을 감히 상상이나 할 수 있었겠는가? 창세기의 이야기를 입으로 전하고 기록한 자나, 시편 22편을 기록한 자나, 이사야 52-53장을 기록한 자나, 요한복음 1장 29절을 기록한 자 모두, 그들이 기록하고 이해한 말씀이 얼마나 심오하고 다층적인 의미를 가지고 있는지를 감히 상상하기 어려웠을 것이다.

하나님은 우리를 말씀으로 만나실 때마다 그 의미를 새롭게 만들어가시어 말씀을 살아 있게 하신다. 우리 이후에 오는 인류가 이 말씀을 더욱더 깊이 있게 이해하게 될 것이라는 가능성을 상상만 해도 가슴 설렌다. 살아 있는 말씀이 세상을 살릴 뿐만 아니라 인간의 역사를 이루어가는 것은 얼마나 놀라운 일인가! 인간의 역사가 말씀의 역사가 되는 것이 아니라, 말씀의 역사가 인간의 역사가 된다는 사실은 우리에게 생생한 흥분과 감동을 가져온다. 예수님이 말씀으로 살아 계신 것 아닌가!

하나님은 이사야서의 저자가 도저히 생각할 수조차 없었던 일을 말씀하셨다. 어린 양이 잠잠히 죽임 당한다는 것을 통해서 '구약의 유월절과 제사에서 사용된 어린 양의 제례적인 의미'와 '그리스도의 죽음'의 연속성을 밝히신다(53:7). '여호와'의 종과 '하나님'의 어린 양이 갖는 연속성도 탁월하다. 왜 하필 요한복음의 저자가 '하나님'의 어린 양이라고 했을까 하는 의문에 대한 단서도 제공한다. 그 종이 그냥 종이 아니라 구체적으로 '여호와'의 종이라는 것은, 하나님의 어린 양이 단순히 어린 양이 아니라 구체적으로 '하나님'의 어린 양이라는 것을 그림자처럼 제시한다.

그리고 가장 중요하게, 본문은 인간의 고난과 슬픔과 죄악을 친히 짊어지신 고난의 그리스도를 말한다(53:4-11).

이 모든 사건은 여호와께서 버려두시거나 방치하신 일이 아니라 즐겨 원하신 일이고 여호와의 뜻이 성취되기 위한 것이었다('즐거워하다', '원하다'라는 의미를 가진 חפץ가 53:10에서 2번 등장한다). 겟세마네 동산에서 예수님이 하신 기도에서 알 수 있듯이 그리스도의 죽음은 하나님이 그토록 원하셨던 일이었다. 이 고난의 종을 십자가에 못 박는 우리 인간들이 그리스도를 향하여 그가 징벌을 받아서 하나님께 맞으며 고난을 당한다고 생각할 것이라는 것까지 미리 알려주신다(53:4). 심지어 악인과 함께 되어서 부자의 무덤에 묻혔다는 것까지(53:9) 그리스도의 죽음의 배경이 되고 있다. 이사야 52-53장이 전하는 말씀이 그리스도를 지향하고 있다는 것은 의심할 여지가 없는 신비다. 그 말씀 속에서 그리스도의 십자가의 의미와 실재를 얼마나 더 깊이 있게 발견하고 그 그리스도와 함께 살아가는가 하는 문제는 우리 모두에게 주어진 과제일 뿐 아니라, 우리 다음의 인류도 그 말씀 속에서 새롭게 누리게 될 더 바랄 수 없는 은총이자 축복이다.

다섯째, 어린 양은 예레미야 11장 19절에 등장하는 순한 어린 양인데, 이사야서의 잠잠한 어린 양과 그 맥락을 같이한다. 여기서는 의로운 자 예레미야의 죽음을 빗대어 순한 양과 같다고 한 부분을 제외하고는 그리스도의 십자가와 직접적인 연관성을 찾기 어렵다.

여섯째, 아주 독특한 어린 양은 신약의 요한계시록의 어린 양이다. 요한계시록에는 어린 양이 20여 차례가 넘게 사용되었다. 그리고 대부분 그리스도를 의미한다. 그런데 왜 하필 종말의 그리스도는 어린 양의 모습을 하고 있었을까? 그리스도는 신약에서만 100여 가지가 넘는 칭호를 가지고 있다. 예수님 자신이 자신을 친구, 물, 떡, 목자, 포도나무 등에 비유했지만 결코 자신을 어린 양이라고 부르지는 않았다. 그럼에도 요한계시록에 의하면, 그리스도를 대표적으로 나타내는 것은 어린 양이다. 그 의미는 무엇인가? 요한계시록의 어린 양은 보좌에 앉으신 지배자, 통치자, 심판자로서 승리의 어린 양으로 이해되어왔다(6:16; 7:17; 22:1-2). 그러나 요한계시록에서 어린 양은 하나님과 인간의 관계에서 단순히 보좌에 앉아서 통치하고 승리하는 모습만을 가지고 있는 것은 아니다. 우선 요한계시록 5장 5-14절을 살펴보면, 어린 양이 보좌와 네 생물과 장로들 사이에 있었는데, 죽임을 당한 것으로 보였고(6절) 보좌에 앉으신 분의 손에서 책을 취한다(7절). 그러자 네 생물과 장로들이 어린 양 앞에 엎드렸다. 그들은 향을 가지고 있었는데 이것은 성도들의 기도였다(8절). 그리고 9절은 다음과 같다.

>>> 그들은 새 노래를 노래하며 말하기를, "당신은 책을 가지시고 그 인봉을 떼어내시기에 합당하십니다. 왜냐하면 당신은 학살을 당하셨고, 하나님께(혹은 하나님을 위하여) 모든 종족, 언어, 사람들, 국가로부터 온 자들을 피로 사셨습니다."

세상을 통치하고 심판할 보좌에 앉으신 그분으로부터 책을 받은 어린 양은 장로들의 새 노래를 듣는데, 그 노래의 내용은 그리스도께서 죽임을 당하셨지만, 모든 나라와 지역으로부터 온 성도들을 그 피로 사서 하나님께로 드렸다는 내용이다. 어린 양과 그리스도의 십자가 죽음이 제사라는 이미지와 함께 직접적으로 연결되어 있다. 그런데 이것은 정말 독특한 제사다. 어린 양의 피로 산 자들이 모든 종족, 언어, 사람들, 국가들로부터 온 자들이라는 점에서 그 피는 가히 우주적인 피다. 그 어느 희생제물이 이렇게 광범위한 대상과 관계할 수 있는가?

또한 희생제물이신 그리스도께서 자신을 하나님께 바친 것이 아니라 성도들을 하나님께 바쳤다. 인간이 어린 양을 바친 것이 아니라 어린 양이 인간을 하나님께 바친 셈이다. 인간이 희생제물을 신적 존재에게 바치는 일반적인 제례의 방식과는 정반대다. 그리고 어린 양은 그저 희생제물로 하나님께 바쳐지는 것이 아니라, 영광과 심판의 보좌에 앉아 계시는 하나님으로부터 책을 받는, 그 직책을 위임받는 직접적인 관계 속에 있다. 하나님은 어린 양을 받는 분이 아니다. 어린 양에게 책을 넘겨주시는 분이다.

7장에는 하나님과 어린 양의 조화로운 모습이 더 생생하게 그려져 있다. 각 나라로부터 온 자들이 "구원이 하나님과 어린 양에게 있도다"라고 외친다(10절). 특별히 고난을 당하는 성도들을 향한 하나님과 어린 양의 조화로움이 돋보인다. 큰 환란을 당한 자들이 어린 양의 피로 깨끗케 되어(14절) 하나님께 나아오는데, 보좌 가운데 계시는 어린 양이 목자가 되어 이들을 생명수 샘으로 인도하고, 하나님은 이들의 눈에서 눈물을 씻어주신다(17절). 승리의 모습보다는 구원과 동행과 인도하심과 위로의 모습이 더 강하다. 제물로 사용되는 피의 어린 양이 바로 목자가 되는 것도 신비이고, 어린 양이 피로 우리의 고난을 희게 하기 위해서 하나님께 자신을 바치는 것이 아니라, 우리를 하나님께로 인도하시어 하나님께서 우리의 눈물을 생명수로 씻겨주시게 하는 것도 신비다. 어린 양의 피가 우리를 고난으로부터 희게 하신다는 점에서 제례적인 의미를 가지고 있지만,

우리를 하나님께로 인도하신다는 의미에서는 우리를 하나님께 바치는 것에 더 가깝다. 하나님과 동행하시는 어린 양이 우리와 동행하신다. 우리는 우리의 이마에 어린 양의 이름과 그 아버지의 이름을 함께 가지게 될 것이다(14:1). 그리고 하나님과 동행하는 어린 양은 우리를 신부 삼으신다 (19:9; 21:9).

이렇게 마가복음 10장 45절의 대속물을 희생제사와 관련지어서 살펴보았다. 유월절, 구약의 제사 제도, 하나님의 어린 양을 통해서 지금까지 논의된 제례적인 십자가의 의미가 결코 간단하지 않다. 이 모든 의미와 이해를 간략하게 요약하면 아래와 같다.

- 유월절:
  (1) 피를 통한 생명 (2) 악의 세력으로부터 구원 (3) 하나님의 약속의 성취
  (4) 장자의 죽음
- 제사 제도:
  (1) 인간의 죄를 무르고 인간에게 축복을 가져옴 (2) 죽음이 반드시 발생함
  (3) 우리도 그리스도 안에서 그리스도의 희생을 살아감
- 하나님의 어린 양:
  (1) 아브라함과 이삭 (i) 번제라는 희생 제도 (ii) 희생제물이 바로 자기
  아들 (iii) 아버지 아브라함의 자기희생 (iv) 죽음에 이르기까지 순종
  (2) 이사야서의 어린 양 (i) 고난의 종 (ii) 여호와의 종 (iii) 의인의 죽음
  (iv) 고난과 질곡의 심오함 (v) 타인의 죄를 짊어진 고난 (vi) 어린 양
  처럼 잠잠히 고난당함 (vii) 하나님이 원하셨던 일 (viii) 인간의 무지:

고난의 종이 자기 자신의 죄 때문에 죽었다고 생각 (ix) 악인과 함께
되어 부자의 무덤에서 장사됨
(3) 요한계시록의 어린 양 (i) 승리의 종말론적 그리스도 (ii) 모든 인류를
모으시는 우주적인 피 (iii) 성도들을 하나님께로 인도함 (iv) 생명수
로 인도하는 목자 (v) 하나님과 함께 동행하는 어린 양

대속물이 제례적인 상황 속에서 이렇게 다양한 의미와 이미지로 성경
속에 등장한다는 것은 참으로 놀라운 일이다. 신학을 가르치면서 내가 늘
느끼는 것이 있다. 성경이 신학보다 더 다양하다는 것이다! 물론 신학은
성경을 근거로 한다. 그리고 신학은 분류와 선택과 조합과 정리를 통해
서 성경 속에서 보다 더 본질적인 주제를 찾아내고 그것들의 연관성을 밝
히며 하나님과 인간과 세계와 그 주제들의 관계에 대해서 체계적인 이론
을 세운다. 신학은 성경의 토대 위에서 신학화하는 작업을 거친다. 그런
데 신학적 주제를 다루다 보면, 성경의 몇몇 구절을 출발점으로 삼긴 하
지만, 몇 걸음 나간 이후에는 우리의 사고와 논리, 인과관계, 상황과의 적
합성, 교회의 전통, 이해 가능성, 철학과 과학의 인증 등에 매달리게 되
고, 결국에는 어느 일정한 좁은 길, 특정하게 선호하는 자신의 길로 가버
린다. 간혹 깊이를 가질 수는 있어도 넓이와 포괄성과 균형이 종종 상실
된다. 십자가론을 전문적으로 다루고 있는 이레나이우스, 안셀무스, 아타
나시우스, 칼뱅과 루터, 맥레오드 캠벨의 저서들과, 심지어 그 심오하다
는 바르트의 신학도, 비록 그들의 신학적 깊이야 우리가 다 가늠할 수 없
지만 최소한 십자가론에서만큼은 성경보다 결코 포괄적이지 않다. 그리
고 많은 경우에 우리가 이해할 수 있는 비유나 사고의 틀을 사용해서 십

자가를 해석하려고 한다. 이것은 참으로 이상한 일이다. 또한 왜 그런지를 오랫동안 고민해야만 하는 지점이다. 때때로 신학이 부끄럽다. 말씀과 십자가 앞에서는 말이다.

　살펴본 사항들에서 알 수 있듯이 성경은 그리스도의 십자가가 어떤 점에서 제례적인 의미를 가지는지를 웅대한 관현악단이 연주하는 구스타프 말러의 교향곡처럼 알려준다. 물론 그 웅장한 소리 속에는 날카로운 불협화음들이 존재한다. 특별히 인간의 제사 제도는 (1) 제물을 신적 존재에게 바친다는 방향성, (2) 인간이 제물을 바친다는 인간 주체성, (3) 제물은 자신이 의지를 가질 수 없는 단순한 희생물에 불과하다는 점에서 결코 그리스도의 희생과 유사할 수 없다. 그리스도의 희생은 (1) 하나님이 수동적으로 제물을 받으시는 분이 아니라 주체적으로 의지적으로 그리스도의 희생에 참여하시고, (2) 인간은 희생을 바치는 주체가 아니라 그리스도께서 인간과 함께 인간을 위해서 희생하는 가운데 하나님으로부터 초대받은 객체의 성격을 가지고 있으며, (3) 그리스도는 단순한 '제물'이 아니라 '희생'을 통해서 하나님의 뜻을 실현하고 인간의 죄를 짊어지며 고난을 씻는다는 점에서 인간의 제례와 다르다.

　예수님이 마가복음 10장 45절에서 말씀하신 '많은 사람을 위한 대속물'이란 어떤 의미일까? 우선 '대속'의 성경적인 의미를 다루었다. 성경적 대속은 인간들이 선호하고 실행하고 상상하는 기계적 대속이 아니다. '함께 죽음'이라는 신비스러운 십자가의 대속은 성경에만 등장하는 개념이다. 그리고 대속의 상업적 의미, 법정적 의미, 제례적 의미를 함께 다루어 보았다. 물론 예수님이 과연 이러한 의미를 의식하고 이 말씀을 하셨다고 단정 지을 수는 없다. 그러나 '대속물'이라는 단어가 갖는 의미를 성경 속에서 찾아내어 그 의미가 형성하고 있는 배경을 주목할 때 이러한 다양한 틀이 잠재적으로 포함되어 있음을 발견한다. 결국 대속물이 상업적·법률적·제례적 의미를 '포괄적'이고 '동시적'으로 갖는다는 것도, 다른 어떤 곳이 아니라 바로 성경에서 선포하고 알려주는 하나님의 모습을 근거로 할 경우에만 가능한 해석이다. 도대체 심판과 용서와 의가 십자가라는 단 하나의 사건에서 포괄적이고 동시적으로 발생할 수 있다는 것을 인간의 철학이나 문화가 상상이나 할 수 있단 말인가? 성경 속의 하나님이 심판과 용서와 의를 포괄적이고도 동시적으로 가지고 계시기 때문에, 그리고 그 하나님을 예수 그리스도께서 가장 잘 드러내시기 때문에, 그리고 신약의 다른 성경들이 이러한 동기들을 제공하고 있기 때문에 이러한 해석이 가능하다.

더 나아가 피를 흘리는 희생적 죽임을 당한 희생제물 예수 그리스도께서, 자신을 보내신 아버지의 선하고 기쁘신 의지를 좇아서, 자신의 죽음에 관련된 모든 일을 준비하시고 실행하셨다는 것이, 인간의 제사 제도에서는 상상이나 가능한 이야기인가? 비록 구약의 제사 제도가 그 외면적 골격에서는 인간의 원시적 제사 제도를 쫓고 있다고 할지라도 그 내면은 하나님과 인간의 관계 회복을 지향하고 있다. 아브라함이 이삭을 바치는 사건, 유월절의 어린 양, 이사야서의 고난의 종, 요한계시록의 어린 양은 과거의 역사 속에 갇힌 사실들을 알려주는 것이 아니라, 십자가라는 새로운 사건, 새 언약(렘 31:31; 눅 22:20; 고전 11:25), 마르지 않는 물(요 4:14), 영생의 떡(요 6:49-51), 새 노래(계 5:9)를 우리에게 들려준다. 우리는 이 모든 사건들이 지향하고 예표하는 것들을 모아서 십자가 사건을 해석할 수 있을 뿐만 아니라, 십자가 사건을 통해서 그 사건들이 가지고 있는 의미를 새롭게 깨달을 수 있다. 소위 해석학적인 순환이 일어나는 셈이다. 이런 점에서, 예수님이 직접 말씀하신 '많은 사람을 위한 대속물'이라는 선언은 신비스러운 십자가의 실재를 드러낸다. 성경이 가지고 있는 내적 증거, 신구약이 드러내시는 하나님의 내면적·외면적 속성, 역사적 사건이 미리 알려주는 예언적 특성, 인간의 문화와 지성이 추구하는 삶의 자리 등을 그 배경으로 해서 볼 때, 예수님의 십자가 죽음이 얼마나 고유한가, 또한 동시에 인간 문화의 보편적 요소들과 얼마나 깊이 있게 연결되어 있는가를 깨달을 수 있다.

그리스도께서 우리가 되어 우리를 짊어지고 십자가에서 돌아가셨다. 그리고 우리도 그리스도 안에서 십자가에서 죽었다. 그리스도의 죽음은 하나님의 심판이자 용서이며 의이자 희생이다. 이 모든 것은 인간의 삶과 역사, 문화 속에 표현되고 드러난, 그러나 인간의 삶과 문화가 다 담을 수조차 없는 성경의 사건이다. 그리스도의 십자가 죽음은 하나님이 우리에게 알려주신 정보나 규칙이 아니라, 그리스도 자신의 피와 살이며, 그 그리스도와 함께 십자가 못 박힌 우리다. 십자가는 거래와 보복과 교환과 미신의 인간 굴레를 깨뜨리고, 참회와 용서와 나눔과 희생과 의로움과 동행과 감사라는 새로운 인간 실존, 새로운 지성의 가치, 새롭고도 아름다운 도덕적·영적 세계로 우리를 향하게 한다. 예수님은 이것을 약속하셨고, 이것을 다 이루었다고 선언하셨다. 십자가 위에서 말이다.

7장 다 이루었다!
요한복음 19:30

우리를 예수님 자신에게로

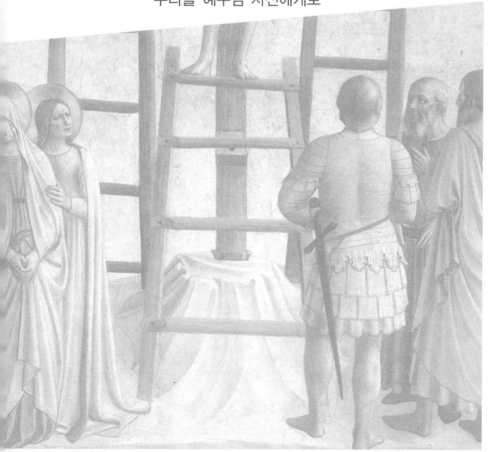

지금까지 우리는 십자가에서의 그리스도의 죽음이 무엇이며, 또한 무엇이 발생했는가에 주로 초점을 맞추어왔다. 그런데 참으로 이상하게도 그리스도는 십자가 위에서 다음과 같이 선언하신다. "다 이루었다!"(τετέλεσται) 이 짧은 한 마디는 어떤 의미일까? 일단 '이루다'라는 한국어는 탁월한 번역이다. 헬라어로 이 단어는 '끝마치다'라는 의미도 있지만, '완성하다', '성취하다', '수행하다' 등의 의미로 더 많이 사용되었는데, 예수님이 의도하신 문맥을 보더라도 끝마쳤다는 것보다는 의도한 바를 충실히 다 이루셨다는 의미에 가깝다. 꼭 따지자면 finish보다는 complete에 가까운 의미이고 영어 성경 번역이 공통적으로 finish를 택하고 있는 데 반해서 독일어(vollbringen), 화란어(volbrengen), 프랑스(accomplir) 성경 번역은 이룬다는 의미에 가까운 단어를 선택해서 이러한 의미를 잘 반영하고 있다.

요한복음은 공관복음과 바울 서신보다 적어도 20-30년 정도 늦게 기록되었다. 요한복음의 저자는 공관복음과 바울 서신을 이미 충분히 알고 있었을 가능성이 높다. 그리고 공관복음은 역사적인 사실들은 기록하는 데 주로 초점을 맞춘 반면에 요한복음은 분명한 의도를 가지고 기록된 복음서다. 요한복음의 저자는, 공관복음과 바울 서신의 내용을 이미 다 알고 나서 "예수께서 하나님의 아들 그리스도이심을 믿게 하려는"(요 20:31) 저작 의도를 가지고 뒤늦게 기록을 시작했다. 특별히 요한복음에서는 십자가 위의 그리스도께서 그 어떤 고통의 모습을 보이지 않으셨다는 점이 흥미롭다. "왜 나를 버리셨나이까?"(막 15:34)를 외치는 고난의 모습도 없고, 자신의 영혼을 아버지 손에 부탁하시는 것도 아니며(눅 23:46), "큰 소리를 지르며"(막 15:37) 운명하신 것도 아니다. 그저 목이 마르시다는 말씀을 하셨을 뿐이다(요 19:28). 그러나 공관복음에서는 등장하지 않는 한 말씀이 요한복음에 첨가되어 있다. "다 이루었다!" 영웅적 그리스도에 초점을 맞춘 것인가? 신적 특성을 더 강조하기 위함인가? 죽음으로 다 이루었다는 것이 과연 그리스도의 신성을 더 드러내는가? 죽음으로 도대체 무엇을 이루셨다는 의미인가? 죽음 그 자체가 무엇인가를 만들어낼 수 있단 말인가?

여기서 가장 중요한 점은, 죽음이 무엇인가를 이루기 위한 출발점이 된다는 의미가 결코 아니라는 점이다. "다 이루었다!"는 말씀은 마침내 죽음으로 그 어떤 것을 이루어내셨다는 의미다. 요한복음을 그 자체로 떼어놓고 보면 이것은 얼른 이해가 되지 않는다. 십자가의 죽음 그 자체가 사랑이 되고(요 15:13), 무엇인가를 이루어내신 것이 될 수 없다. 죽음과 사랑 사이에, 죽음과 성취 사이에 연결고리가 없기 때문이다. 요한복음이 뒤늦게 기록되었다는 점이 십자가 사건에 대한 요한복음의 시각을 의심하게 할 수도 있지만, 오히려 요한복음이 알려주는 십자가 사건의 내용을 이해하는 중요한 고리가 되기도 한다.

요한복음의 저자는 예수님의 십자가 사건에 관해서도, 이미 공관복음을 혹은 심지어 공관복음보다 더 먼저 기록되었을 것으로 여겨지는 많은 문서들을 잘 알고 있었을 것이다. 요한복음 저자는 그런 문서들의 잘못을 수정하려는 의도도 내비치지만 빠진 부분이나 미흡한 부분을 첨가하고 강조점을 또렷이 하려는 의도를 가지고 있었을 것이다. 만일 예수님이 행하신 일을 다 기록해야 한다면 세상도 그 기록된 책을 두기에 부족할 것이다(요 21:25)라는 마지막 말씀에서도 자신이 예수님의 생을 요약, 편집할 수밖에 없음을 알리고 있다. 저자는 십자가 사건에 관해서 공관복음서가 기록한 예수님의 십자가 선언들 위에, 공관복음서가 놓치고 있었던 예수님의 말씀을 첨가해서 그 점을 강조하려고 했던 것으로 보인다. 즉 다른 말씀들은 이미 공관복음이 다 기록하고 있었기 때문에 구태여 반복할 필요가 없었지만, '다 이루었다'라는 그리스도의 말씀은 요한복음의 저자가 중요하게 생각해서 부각시키는 것으로 보인다. 따라서 이 말씀은 요한복음의 중요 사상 가운데 하나로 보아야 하고 요한복음의 맥락에서 이 말씀을 이해할 수 있어야 한다.

우리의 해석과 이해도 이런 흐름을 쫓는다. 두 가지 사항이 중요한데, 첫째로, 일단 우리가 공관복음이 먼저 알려주는 내용을 다 이해하고 있다고 생각하자. 요한복음의 저자도 공관복음과 다른 신약성경의 내용을 잘 이해하고 있었기 때문에 이러한 가정은 유효하다. 예수님이 자신의 피와 살을 나누셨다는 점, 인간의 고난을 함께하셨다는 점, 인간의 죄와 한계를 짊어지셨다는 점이 공관복음과 다른 신약성경에서 이미 언급되었다는 것을 근거로 '다 이루었다'를 이해할 수 있다. 둘째, '다 이루었다'라는 말씀은 공관복음이 놓치고 있는 그리스도의 선언을 요한복음의 저자가 첨가한 것이기 때문에, 요한복음의 상황과 문맥 속에서 이해하는 것이 중요하다. 공관복음과 비교해서 요한복음만이 가지고 있는 독특함이 요한복음 속의 말씀을 이해하는 데 중요한 단서가 된다.

지금까지 우리가 살펴본 말씀은 모두 공관복음의 말씀이었다. 그리스도의 말씀 속에서 우리는 십자가의 실재, 죽음 그 자체, 우리와 자신을 나누심, 우리를 자신에게로 나누심, 우리를 짊어지심 등을 이해할 수 있었다. 그리고 '우리를 위한 대속물'이라는 말씀 속에서 심판, 용서, 의, 희생의 의미를 깨달을 수 있었다. 그 위에 '다 이루었다'라는 말씀으로 십자가의 가장 최종적인 완성, 결국에 하나님께서 의도하셨던 그 무엇이 실행되고 선언되었다. 만약 공관복음만 있다면 우리는 십자가의 궁극적인 실체를 알지 못한다. 그리스도가 우리의 죄와 죽음을 짊어지셔서 결국 무엇을 이루어내신 것인지가 명확하지 않다. 만약 요한복음만 있다면 우리는 던져진 결론이 어떻게 이루어진 것인지 그 내막을 깨달을 수 없다. 왜 하필이면 죽음이 일의 결국을 이루는 것인지를 우리가 알 수 없기 때문이다. 요한복음이 구체적으로 다루지 않는 부분은 공관복음에서 이미 다루었던 내용이다. 그리고 우리는 그 순서를 따라서 공관복음의 내용을 앞에서 이미 다루었다. 이를 토대로 해서, 이제 '다 이루었다'라는 말씀을 요한복음의 맥락 속에서 다루어보자.

공관복음에서 예수님은 자신이 어떤 죽음을 당할 것인지를 반복적으로 예언하셨다. 그러나 요한복음에서는 십자가 사건 그 **자체**, 곧 자신이 어떤 처참한 죽음을 당할 것인지에 대해서 예수님이 직접적으로 언급하시지 않는다. 그런가 하면, 요한복음의 가장 큰 특징은 예수님이 자신의 십자가 사건에 대해서 상당히 구체적이고 강렬하게 그 의미를 밝히신다는 점이다. 공관복음을 살펴볼 때는 예수님이 십자가 사건 자체를 반복적으로 언급하셨기 때문에 **다른 성경의 해석학적 배경**을 바탕으로 해서 예수님의 말씀을 이해했다. 요한복음에서는 예수님이 십자가 사건의 의미를 강렬하게 선포하셨기 때문에, '다 이루었다'는 말씀의 의미를 우선 **요한복음의 배경**을 통해서 보고, 그 이후에는 다른 신약성경의 말씀들과 함께 살펴보도록 하겠다. 요한복음에서는 예수님이 자신이 십자가에 들려야 한다는 것을 세 차례 말씀하신다. 그리고 자신의 죽음이 사랑이라는 것도 함께 선포하신다. 따라서 우리는 요한복음의 특징이 되는 두 가지점, (1) "들려야 하리라" (2) 죽음을 통한 사랑이라는 **요한복음의 내적 배경**을 중심으로 어떤 의미에서 예수님이 십자가 위에서 '다 이루었다'는 포괄적인 선언을 하셨는지를 살펴보고자 한다.

1. 반드시 들려야 하리라!: 영생, 참 지식, 모두를 모으심

예수님은 요한복음에서 내가 들려야 한다고 여러 차례 말씀하셨다. 이것은 십자가에서 돌아가셔야 한다는 것을 의미하신 것이다. 들려야 한다는 말씀은 요한복음에서 다음과 같이 세 군데 등장한다.

>>> 모세가 광야에서 뱀을 든 것같이 인자도 들려야 하리니 이는 저를 믿는 자마다 영생을 얻게 하려 하심이니라(요 3:14-5).

>>> 너희들이 인자를 든 후에 내가 그인(ἐγώ εἰμι) 줄을 알고 또 내가 스스

로 아무것도 하지 아니하고 아버지께서 나를 가르치셨고 그것들을 내가 말하는 줄도 알리라(요 8:28).

>>> 내가 땅에서 들리면 모든 사람을 내 자신에게로 이끌겠노라(요 12:32).

그리스도의 죽음은 믿는 자들에게 영원한 생명을 불러오고, 그들로 하여금 그리스도가 누구신지를 알게 할 것이며, 모든 사람을 그리스도에게로 모을 것이다. 예수님이 "다 이루었다"고 말씀하셨을 때, 예수님은 자신의 죽음이 이런 궁극적인 결과를 이루었다는 것을 선포하신 것이다. 그의 죽음은 '영원한 생명'이며, 하나님에 대한 '참 지식'이며, '모든 민족을 자신에게로 불러들이신 것'이다. 실제로 이런 일이 언제 일어나는가 하는 문제는 하나님과의 질적 차이로 인해서, 시간의 연속성 속에 살아가는 우리가 헤아리기 어려운 신비다. 그러나 요한복음에 의하면 이런 일이 십자가의 죽음으로 이루어졌다는 것을 예수님 스스로 선언하셨다. 그리고 3장 14절에서 예수님은 "반드시 들려야 한다"고 말씀하셨다. 죽음이 반드시 발생해야만 한다는 의미다.

예수님은 한 알의 밀이 땅에 떨어져 죽지 않으면 그대로 있고 죽으면 많은 열매를 맺는다고 말씀하셨다(요 12:24). 그리고 그 다음에 내가 들리면 모든 사람을 자신에게로 이끌 것이라고도 하셨다. 이 말씀을 듣고 무리는 예수님에 대해서 이상하게 생각했다. 그리스도는 영원히 계신다 하지 않았는가?(요 12:34) 무리가 이해하고 기대한 메시아, 곧 그리스도는 영원히 계시는 분이다(시 89:36-37). 즉 죽지 않아야 영생을 이루고, 죽지 않아야 많은 사람을 자신에게로 이끌 수 있다. 그러나 예수님은 자신이 들려야 한다고 말씀하셨다. 그리고 죽어야만 열매를 맺으신다고 하신다. 결국 생명을 중심으로 한 **이중의 예기치 못한 역설**이 십자가 사건에서 발생한다. 생명을 위해서 살아야 하는 것이 아니라 죽어야만 한다는 역설과, 그 죽음이 다시 생명의 열매를 맺는다는 역설이다.

생명을 위해서 죽어야 하며, 그 죽음이 생명이 된다. 요한복음은 이렇게 반드시 죽어야만 한다는 것을 분명히 밝히고 있지만 초점은 죽음 그 자체에 있지 않다. 죽음이 함유하고 있는 궁극적인 실재를 강조한다. 이 점이 참 흥미롭다. 죽음이 발생해야만 한다는 당위성을 언급한 후에는 '다 이루신 내용', 즉 생명과 참 지식과 그리스도에게로 불러들임이라는 궁극적인 열매로 건너뛴다. 죽음의 사실성이 몰고 오는 처참함과 고난과 나눔과 짊어짐에 대해서는 공관복음과 사도들의 글에서 이미 충분히 선포되었기 때문에 이러한 내용을 건너뛴다. 그리고 '다 이루었다'라는 그리스도의 말씀 속에 십자가의 궁극적인 실재를 담는다. 이 세 가지 주제, 즉 영생, 참 지식, 그리스도에게로 하나 됨은 바로 요한복음의 핵심적인 사상인데 이 모두가 다 십자가와 연관되어 있다. 여기에 '다 이루었다'의 깊은 의미가 도사리고 있다.

많은 학자들은 공관복음에는 십자가에 대한 그리스도 자신의 의식이나 사상이 거의 없고, 요한복음에는 십자가가 그저 사랑으로 표현되었다고 이해한다. 즉 우리가 이해하는 십자가 사상은 바울의 작품이라는 것이다. 따라서 그들은 요한복음의 희미한 힌트를 쫓아서 십자가의 죽음은 그 어떤 다른 것이 아니라 바로 '하나님의 사랑'이라고 해석한다. 요한복음의 가르침을 하나님의 사랑으로 이해하는 것은 결코 틀린 것은 아니다. 그러나 요한복음의 가르침만을 선택적으로 이해하는 것은 분명 문제가 있다. 왜냐하면 요한복음은 공관복음과 연속성 속에서 기록되었기 때문이다. 이 연속성 없이는 죽음이 왜 갑자기 사랑이 되는지를 도저히 이해할 수 없다. 요한복음에서 예수님은 '다 이루었다'고 선언하셨다. 공관복음의 다른 선언들을 배척하고 '다 이루었다'만을 남겨놓으신 것이 아니라, '몸과 피', '어찌하여 버리셨나이까?', '많은 사람을 위한 대속물'과의 깊은 연속성 속에서 십자가의 궁극적인 실재를 선포하신 것이다.

한 걸음 더 나아가, 요한복음에서도 '죽음을 통한 사랑'보다 더 상세히 '다 이루었다'의 **내용**이 열거되고 있다. 예수님이 십자가로 들리면 우리가 영생을 얻고, 그리스도와 하나님에 대한 참 지식이 선포되며, 모든 사람이 그리스도에게로 모여서 화해된다. 따라서 우리는 예수님이 십자가에 들리면 '생명'을 얻고, '참 지식'이 드러나고, '예수께로 모든 사람들이 모여든다'는 요한복음의 십자가 사상을 요한복음의 맥락에서 하나하나 살펴보도록 하겠다.

생명

죽음의 궁극적인 실재는 파멸이 아니다. 죽음의 궁극적인 실재는 생명이다. 우리가 그토록 사랑하는 말씀 요한복음 3장 16-17절도 하나님이 멸망이 아니라 영원한 생명을 주시기 위해서 독생자를 주셨다고 말한다. 예수님 스스로 "내가 온 것은 세상을 심판하려 함이 아니요 세상을 구원하려 함이로라"고 말씀하셨다(12:47). 여기서 우리가 조심스럽게 이해해야 할 점이 있다. 요한복음도 심판에 대해서 말한다. 예수님 스스로, 선한 일을 행한 자는 생명의 부활로, 악한 일을 행한 자는 심판의 부활로 나오리라(5:29)고 말씀하시면서 자신의 심판은 의롭다고 하셨다(5:30). 심판이 아니라 구원이라는 말씀은 심판이 소멸되거나 사라졌다는 말씀이 결코 아니라, 하나님의 '궁극적인 일'에 관한 것이다. '다 이루었다'는 말씀 속에서, 십자가 사건의 포괄성과 동시성이 얼마나 중요한 것인지를 우리는 다시금 깨달을 수 있고, 요한복음이 어떤 의미에서 공관복음과 연속성을 이루고 있는가 하는 점도 새롭게 발견할 수 있다. 예수님이 자신의 죽음으로 인간의 죄와 죽음을 심판하시고 용서하셨다. 그리고 십자가에서 궁극적으로 이루어내신 것은 심판이 아니라 영생이다. 그리스도의 죽음은 옛 생명을 심판함으로써 새 생명을 이룬다.

하나님은 멸망의 하나님이 아니라 영원한 생명의 하나님이시다. 공관복음도 영생을 결코 등한시하는 것이 아니다. 사실상 영생에 들어간다는 것은 하나님의 나라에 들어간다는 것과 같은 의미로 보인다(막 9:43-47). 공관복음은 하나님의 나라에 초점을 맞추고 있기 때문에, 영생과 그리스도는 서로 연결되어 있다. 그리고 주린 자와 목마른 자를 대접한 자가 영생에 들어가는 자들이다(마 25:31-46)라고 가르치셨을 때, 예수님은 자신과 주린 자들을 동일시함으로써, 간접적으로 영생과 예수님 자신을 연결시킨다. 그러나 전체적으로 볼 때, 공관복음에서 영생은 주로 "인간이 어떻게 해야 영생을 얻을 수 있는가?" 하는 점에서 제기되고 거론되고 있어서(마 18:8-9; 19:16; 막 10:30), 영생과 그리스도의 관계가 결코 선명하게 드러나지 않는다. 이에 반해서 요한복음은 공관복음과 비교되지 않을 정도로 압도적으로 영생에 관해 말하는 복음서다. 더 나아가 요한복음에서 영생은 직접적으로 그리스도에 관한 것이다.

영생에 관한 한 공관복음은 윤리적이고 인간론적이다. 그러나 요한복음에서 영생은 독생자 예수에 관한 것이다. 하나님이 독생자를 주셔서 영원한 생명을 주시고(요 3:16), 아들을 믿는 자는 영생이 있고(3:36), 예수님이 주시는 물은 영생의 물이며(4:14), 성경에서 영생을 얻는데 성경은 곧 예수에 대해서 증거하는 것이며(5:39), 영생의 양식은 인자가 주시는 양식이며(6:27), 인자의 피와 살을 먹고 마시는 자는 영원한 생명을 가지며(6:53-58), 목숨을 바치는 목자 되신 예수님이 자신을 따르는 양에게 영생을 주시며(10:28), 아들에게 주신 모든 자에게 영생이 있다(17:2). 그리스도와 영생의 관계는 십자가에서 더욱 심화된다. 그 피와 살이 영생이며, 하나님이 독생자를 주심으로써 영생을 주시고, 목숨을 바치는 목자가 영생을 주시기 때문이다. 그리스도와 영생은 요한복음에서 비로소 구체적인 믿음의 내용이 된다. 예수님이 영생을 십자가에서 다 이루셨다.

성경의 기록 순서로 보면 요한복음의 저자는 복음서를 기록할 때, 그리스도의 죽음과 우리의 영생의 관계에 대한 바울의 십자가 사상을 충분히 배우고 함께 공감하는 가운데 '다 이루었다'를 첨가했을 것이다. 영생과 그리스도의 관계가 공관복음에서는 간적접이고 암시적인데 비해, 바울 서신에서는 직접적이고 핵심적인 내용 가운데 하나로 나온다(롬 5:21; 6:22-23; 딤전 1:16). 심지어 영생은 성령으로부터 거둔다(갈 6:8)는 말씀도, 그리스도의 십자가에 우리의 정욕을 못 박은 자들의 모습을 설명하는 기독론적인 맥락 속에 있다(갈 5:24). 즉 요한복음은 영생과 그리스도의 관계, 영생과 믿음의 관계에 관해서 공관복음보다는 바울의 서신으로부터 더 영향을 받은 것으로 보인다.

이로 인해서 역사적 예수 운동을 하는 이들 가운데 일부는, 요한복음은 요한의 개인적인 신학 사상을 배경으로 하여 지나치게 편집된 내용을 담고 있다고 주장하면서, 요한복음을 더 이상 역사적 가치를 지닌 복음서로 다루지 않는 경우도 있다. 그러나 요한의 편집 의도가 많이 반영됐다는 것이 요한복음의 역사적 사실성을 의심하게 하는 것만은 결코 아니다. 앞서 언급한 대로 요한의 편집이란 것을, 빠진 부분에 대한 보충과 강조점의 변화라는 관점에서 이해할 수 있다. 편집이라는 것 자체는 예수님이 실제로 말씀하지 않았다는 것을 결코 입증하지 않는다.

우리가 더 주목해야 하는 것은 요한복음만의 고유함이다. 영생이라는 주제를 신약성경 가운데 요한복음보다 더 강조한 성경은 없다. 그리고 앞에서 살펴본 대로, 그 영생이 바로 십자가의 죽음을 통한 것이라는 사상도 바울 서신보다는 요한복음이 더 강하게 강조한다. 가장 결정적인 것은 예수님 자신의 선포다. '다 이루었다'는 말씀이 예수님이 십자가 위에서 하신 말씀이라는 것을 우리가 받아들일 때, 바울이 십자가에 대해서 해설을 하기 전에 이미 예수님이 자신의 죽음이 가지는 '총체적인 실재'를 선포하셨다는 것을 알 수 있다. 더 구체적으로 요한복음의 핵심적 본문인 3장 14-17절을 생각해보면, 십자가와 영생의 관계가 복음의 핵심적인 주제라는 것을 좀더 선명하게 깨닫게 된다. 해석학적인 순서는 바울 서신이 요한복음보다 앞서지만 그 해석학적인 내용을 제시한 분은 바로 예수님 자신이시다.

참 지식

십자가에서 예수님은 참 지식을 이루셨다. 기독교는 극단적으로 표현하면 "예수님은 누구신가?"라는 질문에 관한 종교다. 귀신들도 예수님이 누구신가라는 문제 때문에 시달렸고(막 3:11; 5:7), 예수님 자신도 이 문제를 자신의 사역의 한가운데에 두시고 제자들에게 자신이 누구인지를 물으셨다(막 8:27). 그리고 예수님이 누구인가라는 문제를 놓고 최후의 심문이 이루어졌다(막 15:2). 사람들은 예수님이 누구신지를 제대로 알지 못했기 때문에 예수님을 십자가에 못 박았다. 그런데 바로 그러한 예수님의 죽음이 예수님과 하나님에 대한 참 지식을 이루었다니, 이 얼마나 기막힌 역설인가!

인간은 예수님을 몰라서 죽였지만 예수님은 그 죽음으로 자신을 알게 하셨다. 사람들은 예수님이 누구신지를 잘 알지 못해서 예수님을 십자가로 처형했다. 그런데 예수님은 이 죽음이 오히려 자신이 누구인지를 드러낼 것이라고 말씀하신다. 죽음을 중심으로 무지와 참 지식이 교차된다. 그리스도의 죽음은 옛 지식을 죽임으로써 참 지식을 이룬다.

죽음이 무엇이길래 그리스도와 그 아버지의 참 모습을 드러내는가? 요한복음 8장에서는 십자가가 그리스도에 대한 참 지식을 나타낼 것이라고 증거하는데, 두 가지 점을 강조하는 맥락에서 이 말씀이 나온다. 그리스도는 (1) 위로부터 오신 (2) 빛이다(1:5; 8:12, 23; 9:5). 8장의 모든 논란은 바로 이 위로부터 온 빛에 관한 것이었다. 먼저 그리스도는 '위로부터 오신 자'였다. 우리는 아래서 났고 세상에 속했지만 그리스도는 위에서 났으며 세상에 속하지 않았다(8:23)는 것이, 그리스도의 죽음이 하나님과 그리스도를 드러낼 수 있는 근거다. 위로부터 온 자는 또한 아버지가 보내신 자다. 십자가의 죽음은 그리스도가 위로부터, 아버지로부터 보내심을 받았다는 것을 드러낸다.

요한복음은 '에고 에이미'(ἐγώ εἰμι, 나는…이다)의 복음서다. 예수님은 예수님 자신에 대해서 선포하시기 위해서 이 땅에 오셨다. 그리고 예수님을 잘 아는 길이 바로 기독교의 하나님을 잘 아는 길이고, 세상과 우리 자신을 잘 아는 길이다. 따라서 예수님이 누구신가를 잘 이해하는 것이 바로 참 진리의 길이다. 요한복음 5장과 8장은 예수님이 누구신가라는 문제와 진리가 어떻게 직접적으로 맞닿아 있는가를 밝힌다. 예수님이 세상의 빛이라고 주장하자 바리새인들은 예수를 심문했다(8:12-13). 예수님이 자신을 입증하기 위해서는 유대의 율법을 따라서 최소한 두 명의 증인이 필요했다(8:17). 그러나 예수님은 요한의 증거나 사람들의 증거에 의존하지 않으셨다(5:34). 자신이 하신 일(5:36), 자신을 보내신 아버지(5:37: 8:18), 성경(5:39), 그리고 자기 자신(8:18)이 바로 자신에 대한 증인이라고 말씀하셨다. 그리고 결정적으로 '자신의 죽음'이 바로 자신이 누구인가를 알려 줄 것이라고 말씀하셨다(8:28). 이 말씀을 하신 후에 예수님은, "진리가 너희를 자유케 하리라"(8:32)는 말씀과 "아들이 너희를 자유케 하면 너희가 참으로 자유하리라"(8:36)는 말씀을 선포하신다. 십자가가 무엇이길래 이 예수를 드러내는가? 그리고 왜 예수님을 아는 것이 진리이고 우리는 이 진리로 인해서 자유함을 얻는가?

예수님이 '메시아 곧 그리스도'라는 것이 우선 가장 중요한 '에고 에이미'(나는…이다)의 내용이다. 우물가에서 사마리아 여인을 만나셨을 때, 사마리아 여인이 "메시아 곧 그리스도라 하는 이가 오실 줄을 내가 아노니"라고 말하자 예수님은 "내가 그(그리스도)다"(ἐγώ εἰμι)라고 말씀하셨다(4:26). '에고 에이미'에 부정어를 붙여서 "나는 그리스도가 아니다"(οὐκ εἰμι ἐγώ ὁ Χριστός, 요 3:18)라고 고백한 세례 요한과 "나는 그리스도다"라는 그리스도의 선언이 묘한 대구를 이룬다. 그리스도는 또한 "나는 생명과 부활이다"(11:25), "나는 주와 선생이다"(13:13)라고 자신을 정의하셨고 마침내 자신을 잡으러 온 로마 병사에게 "누구를 찾느냐?"고 물으시고 그들이 나사렛 예수를 찾는다고 하자 딱 두 단어, "내가…이다"(ἐγώ εἰμι, 18:3)라고 짧게 말씀하셨다. 이렇게 예수님은 '에고 에이미'를 말씀하시어 체포되셨다. 그리스도를 그리스도로 아는 것, 그것이 가장 중요한 참 진리 가운데 하나다.

그러면 '메시아 곧 그리스도'는 어떤 의미에서 그리스도인가? 그리스도는 기름 부음을 받은 자라고 구약이 예언해왔고(삼상 2:10; 시 2:2), 기름 부음을 받은 왕과 선지자와 제사장을 구약 시대가 경험했다. 그러나 나사렛 예수 그리스도는 인간이 예측 가능한 그러한 종류의 기름 부음을 받은 자가 아니었다. 그는 역사상 구체적으로 등장한 나사렛 예수이지만, 하나님의 유일한 아들 그리스도다. 이 예상치 못한 그리스도, 하나님과 아들의 고유한 관계를 공관복음도 증거하고 있다. "내 아버지께서는 모든 것을 내게 주셨으니 아버지 외에는 아들이 누군지 아는 자가 없고"(마 11:25-27; 눅 10:21-22). 그러나 공관복음은 이 구절을 한 번씩 언급할 뿐이다. 이에 반해서, 요한복음은 이 고유한 관계를 지독하리만치 반복하고 있다. 그리고 아버지와 아들이라는 단 하나의 실재를 무한의 얼굴을 가진 양상으로 펼쳐낸다. 바로 이 독특한 관계가 요한복음의 가장 중요한 주제라고 할 수 있다.

복음서 가운데 요한복음만 그리스도를 하나님의 독생자라고 부른다(1:14, 18; 3:16, 18). 요한일서 4장 9절을 제외하고는 심지어 신약 전체에서도 그리스도를 하나님의 외아들로 칭하는 곳은 요한복음이 유일하다. 외아들이란 단 하나뿐인 아들이라는 의미다. 예수님이 부활하신 후에 자신과 제자들을 함께 하나님의 아들로 부르셨지만(요 20:17), 하나님께는 '나사렛 예수 그리스도'만이 외아들, 독생자, 유일한 아들이다. 그리스도가 본성상 하나님의 아들이고, 믿는 자들은 양자로 삼아진 아들들이라고 칼뱅은 구분했다.[32] 요한복음이 알려주는 아버지와 그 외아들의 독특한 관계는 다음과 같이 깊고도 다채롭다.

>>> 아버지 품에 있는 외아들 외에는 **아버지를 나타내는 자가** 없다(1:18).

>>> 아버지께서 **아들을 사랑하사** 만물을 그에게 다 주셨다(3:35).

>>> 아버지께서 **안식일에** 일하시면 아들도 일할 수 있다(5:17).

>>> 아들은 아버지께서 하시는 일을 **보았고** 그 일을 할 수 있다(5:19-20).

>>> 아버지께서 죽은 자들을 **살리시듯이** 아들도 죽은 자들을 살린다(5:21).

>>> 아버지는 아무도 심판하지 않고 **아들에게 심판을 다 맡기셨다**(5:22).

>>> 아버지를 **공경하듯이** 아들을 공경해야 한다(5:23).

>>> 아들과 아버지의 말을 믿는 자는 **사망에서 생명으로** 옮겼다(5:24).

>>> 아버지 속에 생명이 있듯이 아들에게도 **생명이** 있다(5:25).

>>> 아버지께서 친히 아들이 누구인지를 **증거한다**(5:37).

>>> 나는 **아버지의 이름으로 왔다**(5:43).

>>> 아들은 아버지가 봉인(seal)한 자다(6:27).

>>> 나는 하늘로부터 와서 **아버지의 뜻을** 이룬다(6:38).

>>> 아버지가 **주신** 자를 아들은 하나도 잃지 않고 다 살린다(6:39).

>>> 나를 보내신 **아버지께서 이끌지** 않으면 아무도 내게 올 수 없다(6:44, 65).

>>> 하나님에게서 온 자만이 **아버지를 보았다**(6:46).

>>> 살아 계신 아버지께서 나를 보내셨고 내가 **아버지 때문에 사는 것처럼** 나를 먹는 자는 살리라(6:57).

>>> 내 교훈은 내 것이 아니고 **나를 보내신 자의 것이다**(7:16).

>>> **보내신 자의 영광을** 구하는 자는 참되니 그 속에 불의가 없다(7:18).

>>> 나를 보내신 자는 참되시고, **너희는 그를 알지 못하지만 나는 알며**, 그가

나를 보내셨다(7:29-30; 17:25).

>>> 나는 조금 있다가 나를 보내신 자에게로 간다(7:33; 17:11, 13).

>>> 아버지와 나는 하나다(10:31).

>>> 내가 아버지께로 말미암아 선한 일을 보였다(10:32).

>>> 아버지께서 내 안에 내가 아버지 안에 있다(10:38; 14:10; 17:21).

>>> 아버지여 내 말을 들으신 것을 감사하나이다(11:41).

>>> 사람이 (누구든지) 나를 섬기면 내 아버지께서 그 사람을 영예롭게 할 것이다(12:26).

>>> 나를 믿는 자는 나를 보내신 자를 믿는 것이며 나를 보는 자는 나를 보내신 자를 보는 것이다(12:44-45).

>>> 내 스스로 말하는 것이 아니라 나를 보내신 자, 아버지께서 무엇을 말할지를 명령한다(12:49).

>>> 나를 보낸 자를 영접하는 자는 나를 영접하는 것이요 나를 영접하는 자는 나를 보내신 자를 영접하는 것이다(13:20).

>>> 지금 인자가 영광을 얻었고 하나님도 인자 안에서 영광을 얻었다(13:31).

>>> 만약 하나님이 인자 안에서 영광을 얻었다면 하나님도 하나님 자신 안에서 인자를 영광스럽게 할 것인데 즉시 영광스럽게 할 것이다(13:32).

>>> 내가 곧 길이요 진리요 생명이니 나로 말미암지 않고는 내 아버지께로 올 자가 없다(14:6).

>>> 나를 알았더라면 내 아버지도 알았으리라(14:7).

>>> 나를 본 자는 아버지를 보았거늘 어찌하여 아버지를 보이라 하느냐(14:9).

>>> 내가 **아버지께로** 간다(14:12, 28; 20:17).

>>> 내가 **아버지께 구하겠으니** 그가 또 다른 보혜사를 너희에게 주사 영원토록 너희와 함께 있게 하시리라(14:16).

>>> 나를 사랑하는 자는 내 아버지께 **사랑**을 받을 것이다(14:21).

>>> **내가 아버지를 사랑하는** 것과 아버지의 명하신 대로 행하는 것을 세상이 알게 하려 함이라(14:31).

>>> 나는 참 포도나무요 내 아버지는 **농부라**(15:1).

>>> 내가 **아버지의 계명을** 지켜 그의 **사랑 안에** 거하는 것같이(15:10).

>>> 나를 미워하는 자는 또 내 아버지를 미워하느니라(15:23).

>>> 아버지께 있는 것은 **다 내 것이라**(16:15; 17:10).

>>> 아버지여 때가 이르렀사오니 **아들을 영화롭게** 하사 아들로 **아버지를 영화롭게** 하소서(17:1, 5).

>>> **영생은** 참 하나님과 그가 보내신 자 예수 그리스도를 아는 것이라(17:3).

>>> 아버지께서 내게 주신 것이 다 **아버지께로서** 온 것인 줄 저희는 알았다(17:7).

>>> 우리(아버지와 아들)와 같이 저희도 **하나되게** 하소서(17:11, 22).

>>> 아버지께서 **창세 전에 나를** 사랑하시므로(17:24).

>>> 아버지께서 나를 보내신 것 같이 나도 너희를 보내노라(20:21).

우리가 이 말씀들을 정말 가슴 깊이 묵상한다면 독생자 그리스도 예수께서 하나님과 얼마나 독특한 관계 속에 계신가를 깨달을 수 있다. 아들은 보내신 자와 보내심을 받은 자만이 갖는 유일한 관계 속에 있다. 그리고 하나님 아버지와 그의 외아들 예수 그리스도의 관계는 하나님과 그 아들인 우리의 관계와도 다르고, 세상의 아버지와 아들의 관계와도 질적으로 다르다. 예수 그리스도만이 진리와 영생을 위해서 보내심을 받았고, 아버지께로 가며, 창세 전부터 하나님의 사랑을 받은 분이다. 아버지에 의해서 봉인된 자요, 영화롭게 된 자요, 영화롭게 하는 자요, 아버지와 사랑으로 하나 된 자요, 만물과 심판을 위임받은 자요, 아버지 안에 거하는 자요, 자신 안에 아버지를 거하게 하는 자요, 아버지가 듣는 자다. 그리스도만이 하나님의 독생자시다.

아버지와 아들의 이 독특한 관계 자체가 죽음으로 드러난다. 그리고 그 관계의 구체적인 내용도 드러난다. 왜냐하면 아버지께서 외아들 예수를 사랑하시는 이유는, 예수님이 목숨을 얻기 위해서 목숨을 버렸기 때문이다(10:17). 죽음이 어떻게 아버지와 아들에 대한 참 지식을 드러내는가 하는 질문의 궁극적인 대답이 여기에 있다.

피조물인 우리의 목숨을 살리시기 위해서 자신의 목숨을 버리는 이, 그분이 바로 우리 하나님과 예수 그리스도시다. 영광, 진리, 생명, 구원, 사랑의 하나님 아버지와 그 외아들 독생자의 참 모습이 바로 여기에 있다. 자신을 내어줌으로써 우리를 살리시는 하나님이시다. 그분의 죽음으로 우리는 비로소 '기독교 하나님의 신적 실체'를 이해하게 되었다. 아버지와 아들의 독특한 관계만큼이나 그 관계의 내용도 독특하고 고유하다. 죽음으로 살리시는 분이요, 죽음으로 사랑하시는 분이다. 자신을 버림으로써 목숨을 얻는 아들을 한없이 사랑하시는 아버지에게서 아버지와 아들의 '고유한 관계'와 그 '관계의 구체적인 내용'이 드러난다. 목숨을 버림으로써 목숨을 살리시는 그리스도와, 바로 그 이유 때문에 외아들 그리스도를 사랑하시는 아버지의 고유한 모습은 십자가가 아니고는 올바로 이해할 수도, 감히 상상할 수도 없다.

또한 위로부터 오신 그리스도는 '빛'이시다. 예수님이 죽음으로 우리에게 드러내시는 하나님과 자신의 모습은 빛으로 찾아오시고 빛 되신 하나님이다. 8장의 모든 논란도 이 빛에 관한 것이고, 12장에서 무리가 인자가 누구냐고 묻자(34절), 예수님은 빛이 세상이 있고 없음을 말씀하심으로써 자신이 바로 빛이라고 대답하셨다(35-36절). 요한복음의 중요 주제도 빛에 관한 것이다. 그리스도 안에 생명이 있는데 이 생명은 빛이다(1:4). 요한은 자신이 그리스도가 아니듯이 또한 빛이 아니라는 것과 참 빛에 대해서 증거했다(1:7). 그리스도는 세상(1:9; 3:19; 8:12; 9:5)과 어두움(1:5)과 사람(1:4, 9)을 비추는 참 빛이시다(1:9). 참 빛만이 진리의 빛이기 때문에 진리를 좇는 자는 빛으로 온다(3:21). 예수님이 빛으로 세상에 오셨기 때문에 믿는 자는 어두움에 거하지 않는다(12:46). 이 빛은 세상을 창조한 빛이고 자신이 창조한 세상에 왔지만(1:10), 어두운 세상이 빛을 빛으로 알아볼 수도 없었고(1:5), 받아들일 수도 없었다(1:11).

빛과 어두움은 대비된다. 빛이 어두움과 반대되는 그 자체의 속성을 가지고 있을 뿐만 아니라, 빛으로 인해서 비로소 어두움이 자신의 어두움을 깨닫게 되기 때문이기도 하다. 십자가가 하나님과 그리스도 자신을 드러내는 것은 빛이 세상의 어두움을 밝히는 것과 같다. 세상과 사람이 빛 없는 어두움처럼 이 땅을 살아가고 있어서 어두움이 그려내고 예상하는 신적 존재는 인간의 사고와 문화와 철학의 부산물일 뿐이다. 희미하거나, 인간의 생각 속에 있어서 볼 수도 없고 경험할 수 없거나, 혹은 경험할 수 있더라도 우리보다 조금 덜 어두운 존재를 그려낼 뿐이다. 죽을 수 있는 그리스도 안에서, 죽기까지 사랑하는 그리스도의 빛 안에서 비로소 우리는 어두움의 예측과 전혀 다른 빛의 하나님을 발견한다. 그리스도의 빛은 하나님 아버지와 그 외아들 자신을 비추는 빛이다.

빛이 세상과 사람과 어두움을 비춘다는 것은 보이지 않던 세상을 비로소 보이게 하는 빛의 역할을 의미하는 것만은 아니다. 빛은 마침내 어두움을 몰아낸다. 죽음으로 이 빛이 생명의 빛이 된다면 이 빛은 생명 그 자체다. 죽음이 생명 그 자체가 될 수 있는 유일한 가능성은 죽음의 그리스도가 생명을 가져오는 자가 아니라 생명 그 자체여야 한다. 그는 이 세상을 창조한 생명의 빛이요(1:10), 죽음으로써 죽음을 몰아내는 생명의 빛이다. 이 생명의 빛 속에서 우리는 창조주의 빛과 구원자의 빛을 발견한다. 이 빛 속에서 우리는 하나님 아버지의 영광과 그 아들의 영광을 만난다. 이 빛 속에서 구약의 빛과 신약의 빛을 만난다.

죽음은 하나님과 그리스도에 대한 참 지식을 드러낸다. 아버지와 그 외아들이 죽음으로 자신들의 참 모습을 밝히신다. 목숨을 얻기 위해서 자기 목숨을 버리는 하나님, 어두운 세상과 사람을 비추는 하나님, 생명 되신 하나님이, 그리스도의 죽음으로 자신을 밝히 드러내셨다.

모든 사람을 내게로 이끈다

그리스도는 자신의 죽음으로 모든 사람을 자신에게로 이끈다고 선언하셨다. 참으로 대담한 말씀이 아닐 수 없다. 누가 죽음으로 모든 사람을 자신에게 이끌 수 있겠는가? 누가 죽어가는 자에게, 죽은 자에게 몰려들겠는가? 죽음은 예수님을 따르는 자들을 예수님으로부터 멀리 흩어놓지 않았던가? 인간은 죽음을 향해 모여들기보다는 죽음으로부터 멀어지기를 원하지 않는가? 죽음이 **모든 사람**을 이끌 수 있는가? 죽음이 모든 사람을 **그리스도 자신에게로** 이끌 수 있는가? 죽음이 모든 사람을 그리스도 자신에게로 **이끌 수 있는가?** 죽음이 영생을 가져오고, 죽음이 하나님과 그리스도를 알리는 참 지식이 되는 것을 이해하기 어려운 만큼이나, 죽음이 모든 사람을 죽는 자에게로 이끈다는 것도 쉽게 파악되지 않는다.

십자가의 죽음으로 예수님이 모든 사람을 자신에게로 이끈다는 사상은 십자가의 가장 중요한 실재다. 궁극적인 실재다. 나와 너를 넘어서는 실재이며, 공동체와 문화를 극복하는 실재다. 인간이 자기 자신과 서로를 소외시키는 가장 근원적인 이유는 어디로 모여야 할지를 알지 못하기 때문이다. 우리는 끝도 없이 자신의 길로 간다. 혹은 우리 자신에게로 돌아온다. 혹은 우리가 우상화하는 사람들, 우리가 바라는 이상을 좇는다. 그리고 우리의 틀과 이상과 우상의 노예로 살아간다. 하나님을 찬양하고 예배하기 위해서 모일 때조차도, 백인은 백인끼리, 흑인은 흑인끼리, 한국인은 한국인끼리만 모이지 아니하는가! 만약 인간이 어디로 모여야 할지를 알 수만 있다면 이것은 구원을 이루는 것이나 마찬가지다. 더구나 그 모여야 하는 중심이 신적 존재라면 이것이야말로 진정으로 '다 이루는 것'이다. 예수님은 과연 자신의 죽음으로 이런 기적을 이루신 것인가?

요한복음 12장을 보면, 십자가의 죽음으로 하나님의 '영광'이 드러나고(28절), 세상을 심판함으로써 세상을 지배하는 임금들이 쫓겨나서(31절), 빛이 드러나면(35-36절), 모든 사람이 그리스도에게로 모인다. 어두움의 사람들이 빛을 좇아 모여들 것이다. 그러나 어떤 맥락에서 영광과 심판이 '모든 사람을 모음'과 연관 있는지 명확히 알기는 쉽지 않다. 그리스도의 죽음이 어떤 내용을 가지고 있다는 것을 미리 구체적으로 깨닫고 있지 못하면 결국에 드러난 궁극적인 실재를 이해할 수 없다.

　에베소서 1장 7-10절에서도 예수님의 피가 죄를 용서할 것이고 하늘과 땅의 모든 것을 모을 것이라고 말한다. 물론 10절에 나오는 '모으다, 통일하다'라는 단어의 의미를 두고 수많은 해석이 있다. 대체로 '모으다, 회복하다, 새롭게 하다'라는 세 가지 의미 정도로 요약할 수 있다. 골로새서 1장 16절은 "만물이 그리스도를 위하여 창조되었다"고 한다. 여기서 '그리스도를 위하여'라는 단어는 '그리스도에게로'라고 번역해도 무방하다. 그리고 이어지는 20절은 "십자가의 피로 화평을 이루사 만물과 화해시켰다"고 말한다. 그리스도에게로 모이는 것은 십자가로 만물과 하나님이 평화를 이루었다는 의미다. 요한복음 12장의 구절만으로는 본문이 의미하는 바를 정확히 알기 어렵지만, 에베소서와 골로새서를 배경으로 하면, 모은다는 것은 '용서'와 '화해'로 인해서 단절된 벽이 무너지고 하나님께로 인간이 나아간다는 의미에 가깝다. 그럴 수밖에 없을 것이다. 단순히 신적인 존재이기 때문에 모여든다는 것보다 더한 그 무엇인가가 있을 것이다. 단순히 빛이기 때문에 어두움이 물러가고 빛으로 모여든다는 것보다 더한 그 무엇이 있을 것이다. 모일 수 없게 했던 그 어떤 결정적인 담이 먼저 무너져야 할 것이고, 모여들어야만 하는 분명한 내용과 이유가 있어야 할 것이다.

　요한복음은 이 하나 됨과 모여듦의 근거가 사랑이라고 선포한다. 사랑으로 분열의 담이 무너졌으며 사랑이라는 새로운 '신의 내용'을 발견하게 된다. 예수님의 십자가는 하나님의 사랑이요, 그 사랑으로 하나님과 인간이, 인간과 인간이 서로 하나 된다는 것이 요한복음의 가장 중요한 주제다. 그 가장 중요한 주제가 십자가에서 '이루어진 것'이다. '죽음을 통한 사랑'은 하나님과 아들의 관계, 아들과 인간의 관계의 궁극적 내용이다.

친구를 위하여 목숨을 버리는 것보다 더 큰 사랑은 없으며(15:13), 또한 목숨을 얻기 위해서 자기 목숨을 버리는 자를 아버지가 사랑하신다 (10:17). '죽음을 통한 사랑'만이 모두를 하나로 모은다. "우리와 같이 저희도 하나가 되게 하옵소서"(17:11). 인간을 향한 예수님의 간절한 소망은 하나님의 사랑과 하나 됨이 인간에게 궁극적으로 실현되는 것이다. 요한복음이 아버지와 아들의 신비스러운 관계를 그토록 반복적으로, 화려하고 다양한 스펙트럼 속에 밝혀놓은 이유는, 하나님이 예수님의 '죽음을 통한 사랑' 속에서 우리가 하나 되기를 간절히 원하셨음을 드러내려고 하기 때문이다. 예수님이 들리면 모든 사람을 자기 자신에게로 모으신다.

2. 화해와 평화

예수님의 죽음의 궁극적인 실재는, 그리고 '다 이루었다'는 예수님의 최후 진술의 내용은 요한복음만을 근거로 해서 이해할 수 있는 내용은 아니다. 죽음과 다 이루었다는 것이 바로 연결되지도 않고, 죽음과 사랑도, 죽음과 하나 됨도 쉽게 연결되지 않기 때문이다. 그러나 앞서 언급했듯이 요한복음은 다른 복음서와 서신들이 놓치고 있는 것들에 초점을 맞춘 복음서다. 따라서 우리는 이미 읽히고 있었던 복음서들과 서신들의 내용을 다 이해하고 있다고 가정하고 '다 이루었다'의 내용을 생각할 수 있다. 죽음으로 예수님 자신을 나누심, 인간의 참혹한 고난을 함께하심, 고난과 죄와 한계를 짊어지심, 심판과 용서와 의를 이루심, 유월절과 제사의 어린 양으로 자기희생을 하심 등의 궁극적인 실재는 화해와 평화를 이루시는 것이다. 이는 앞에서 다룬 '사랑과 하나 됨'이라는 사상과 가장 잘 부합된다.

흔히 우리는 사랑과 평화를 부르짖는다. 이 두 가지는 인류 역사에서 꾸준하게 정치적·사회적 모토가 되어왔을 정도로 흔한 개념이다. 그런데 그 사랑과 평화가 죽음을 통해서 이루어지는 궁극적인 실체라고 하면 이야기가 달라진다. 단순히 무엇인가를 '이루어내는 것'이라는 전향적인 이상이 아니라 인생의 차갑고 어두운 현상, 두렵고 아픈 상처들, 분열과 싸움의 고난으로부터 이루어진 사랑과 평화를 의미한다. 더욱이 인간들이 경험하고 있는 '죽음을 통한 사랑과 평화'가 아니라 '신적 존재의 죽음을 통한 사랑과 평화'라고 한다면 우리가 흔히 상상하는 장미 빛 사랑과 평화는 더 이상 아닌 듯하다. 성경이 말하는 사랑과 평화는 하나님에 관한 것이다.

화해

신이 자신의 죽음을 통해서 인간과 화해를 이루는 것이 십자가다. 이 얼마나 이상하고 기괴한 사상인가! 절대자가 자신의 위엄을 포기하거나, 인간이 신적 존엄을 가질 수 있어야만 가능한 일이 아닌가? 도대체 얼마나 무능한 신이길래 인간과 화해하는 일이 그렇게 힘들다는 말인가? '다 이루었다'는 예수님의 최후의 진술은, 하나님이 지독하게 능력이 없거나, 지독하게 연약하다는 것을 반증하는 것은 아닌가?

십자가의 죽음은 신과 인간의 수평적 화해가 아니라 하나님이 그리스도 안에서 인간을 자신에게로 **모아서** 자신에게로 화해시키는 것이다. 하나님과 인간이 각각 제 갈 길로 가다가 중간에 만나서 화해하는 것이 아니다. 하나님과 인간이 서로 마주보며 기 싸움을 벌이다가 마침내 화해하는 것이 아니다. 하나님과 인간이 저울 위에서 그 무게를 놓고 서로 경쟁하다가 마침내 내려와서 서로 화해의 악수를 나누는 것이 아니다. 하나님이 인간을 자신에게로 모으셔서 인간의 참혹한 본성을 심판하고 용서하고 의롭게 하시고 회복시키시어 자신에게로 화해시키는 것이다. 따라서 문제는 하나님과 인간 사이에 화해가 가능할 수 있느냐라는 '하나님의 능력'에 관한 것이 아니라 '인간의 자격'에 관한 것이다. 인간이 하나님께로 모일 수 있을 만큼 그 정결함을 회복할 수 있는냐에 관한 것이다. 예수님의 십자가 죽음이란 하나님께로 도저히 연합될 수 없는 인간이 예수님의 죽음으로 예수님께로 모아져서 하나님과 화해되는 것을 의미한다. 바로 그런 이유로 하나님이 예수님을 통해서 이루신 평화는 죽음을 통한 사랑의 화해다. 참혹한 인간을 심판하시고 용서하시고 의롭게 하시어 하나님 자신에게로 모으셔서 화해시키셨다.

신약성경의 네 곳에서 그리스도의 죽음은 구체적으로 화해와 평화를 의미한다.

>>> 우리가 아직 죄인 되었을 때에 그리스도께서 우리를 위하여 **죽으심**으로 하나님께서 우리에게 대한 자기의 **사랑**을 확증하셨느니라. 이보다도 훨씬 더하게, 이제 우리가 그 피 안에서 **의롭게 되었기** 때문에 그를 통해서 진노로부터 구원을 얻을 것이라. 곧 우리가 원수 되었을 때에 그 아들의 **죽으심**을 **통해서 하나님**과 **화목**되었고, 화목된 자로서는 더더욱 그의 생명(살아나심)을 통해서 구원을 얻을 것이라. 이뿐 아니라 이제 우리로 화

목을 얻게 하신 우리 주 예수 그리스도를 통해서 하나님 안에서 또한 즐거워하느니라(롬 5:8-11).

이 본문에서, 십자가라는 하나의 사건을 중심으로 지금까지 거론된 많은 일이 함께 일어나고 있다. 그리스도의 십자가 죽음을 통해서 (1) 하나님이 자신의 사랑을 확실히 보여주셨고 (2) 우리가 의롭게 되었고 (3) 하나님과 화목하게 되었고 (4) 하나님 안에서 즐거워한다. '하나님의 진노'와 '원수 된 우리'라는 말은, 인간이 하나님과 도저히 화해될 수 없다는 심각함을 적절히 표현한 것이다. 앞뒤의 우선순위를 구태여 따질 필요도 없고 정밀하게 파악할 수 있는 것도 아니지만, 예수님이 십자가를 통해서 '다 이루신 것'은 도저히 하나님과 평화를 누릴 수 없는 참혹한 상태에 놓여 있는 인간들을 하나님이 말할 수 없는 사랑으로 자신에게로 모으셔서 자신과 화해하게 하셨다는 것이다. 서로 원수가 된 두 집단이 대칭적으로 화해를 이루었다는 것이 아니라, 하나님이 우리를 의롭게 하시어 하나님께로 불러주셨다는 의미에 가깝다. 십자가의 사랑과 화해가 '나에게로 이끌 것'이라는 예수님의 말씀에 의해서 이해되어야 하는 이유가 여기에 있다.

로마서 5장 1절에서 "예수 그리스도를 통해서 하나님과 평화를 누린다"는 것이 5장이 말하고자 하는 주된 사상임을 바울은 천명한다.

>>> 그리스도의 사랑이 우리를 사로잡고 있다. 이것을 생각해보면, 한 사람이 모든 사람을 위해서 죽었고 따라서 모든 사람이 죽었다.…그런즉 누구든지 그리스도 안에 있으면 새로운 피조물이라 이전 것은 지나갔으니

보라 새 것이 되었도다. 모든 것이 하나님께로 났나니 저가 그리스도로 말미암아 우리를 자기 자신과 화목하게 하시고 또 우리에게 **화목하게 하는** 직책을 주셨으니(고후 5:14, 17-18).

이 말씀은 하나님과 화해될 수 있는 자들의 변화를 분명히 표현하고 있다. 단순히 양자 간의 화해가 아니라 인간의 정결이 회복되어야 하나님께로 화해될 수 있다는 것을 말한다. 기독교의 화해와 사랑의 개념은 인간을 옛 사람에서 새 사람으로 만드는 것이다. 십자가에서 예수님이 짊어지신 것은 옛것이지만 이루신 것은 새것이다. 이것은 하나의 동일한 사건 속에 포함되어 있는 여러 측면이다. 죽음이 품고 있는 일체의 부정적인 것들(원수, 죄, 멸망, 한계, 불의, 임시적 존재, 깨어진 관계, 참혹, 고난, 비참함, 슬픔)을 예수님이 십자가에서 짊어지시고 용서와 희생을 통해서 일체의 긍정적인 것(화해, 의, 사랑, 관계의 회복, 기쁨)을 이루어놓으신다. 이 모든 것이 십자가에서 동시에 일어나는 신비스러운 일이다. 모든 부정적인 '옛것'들은 지나가고 모든 '새것'들을 이루셨다. 모든 사람을 그냥 있는 그대로 자신에게로 모으신 것이 아니다. 옛 사람을 새 사람으로 만들어 자신에게로 모으신다.

평화

하나님은 평화의 하나님이시다. 평화는 하나님의 본질이다. 왜냐하면 하나님께서 우리를 향해서 가지고 계신 생각을 스스로 아시는데 그것은 재앙이 아니라 바로 샬롬이라고 스스로 말씀하셨기(렘 29:11) 때문이다. 하나님이 자신의 생각에 대해서 스스로 알고 있는데 그것을 평화라고 하셨다면, 자신의 본질이 평화라고 **자기규정**을 하신 셈이다. 타자나 인간에 의해서 규정되고 알려진 하나님이 아니라, 하나님이 스스로 자신에 대해서 알고 있는 자기 지식은 바로 우리를 향한 평화다. 그리고 그리스도께서 십자가에서 마침내 이루신 것은 바로 이 하나님의 평화와 화해다.

>>> 만물이 그 안에서, 그에 의해서, 그에게로(그를 위해서) **창조되었고**…만물이 그 안에 함께 **존재하고**(세워져 있고), 모든 **충만**(πλήρωμα)이 그 안에 거하게 하시기를 기뻐하셨고, 그의 **십자가의 피**를 통해서 **평화**를 이루어, 만물 곧 땅에 있는 것들이나 하늘에 있는 것들을 그로 통해서 그 자신과 **화목케** 되기를 기뻐하셨다(골 1:16-17, 19-20).

이제 우리는 어떻게 신적인 화해가 가능한가를 분명히 깨달을 수 있다. 요한복음에서 예수님은 창조주요 구속자의 빛이다. 이 본문에서도 예수님의 실체와 십자가 사건의 성취가 함께 잘 선포되고 있다. 골로새서 1장 15-20절에는 '위로부터의 기독론'의 핵심적인 내용인 그리스도의 모습이 잘 요약되어 있다. 예수님은 세상의 만물을 창조하셨고(16절), 교회의 머리가 되시며 죽은 자들 가운데 먼저 나시어 만물의 으뜸이 되셨고(18절), 천상의 신적 실체들의 총체적인 연합(모든 *pleroma*)을 자신 안에 거하게 하셨고(19절), 그 피로 자신과 만물을 화해시켰으며 평화를 이루었다. 창조주, 구속주, 부활의 하나님, 교회의 머리라는 그리스도의 모든 총체적인 모습이 이 짧은 구절 속에 녹아 있다. 우리가 여기서 주목하는 것은 16절에서 만물이 그에게로 창조되었다는 것과, 20절에서 그가 그 피로 평화를 이루고 자신과 만물을 화해시키기를 기쁘게 원하셨다는 것이다. 죽음이 어떻게 평화와 화해를 이룰 수 있는가 하는 질문에 대해서 두 가지 실마리를 발견할 수 있다.

첫째, 예수님은 그야말로 모든 것, 하늘의 것들과 땅의 것들, 세상의 권력들, 보이는 것들과 보이지 않는 것들(16절)을 만드셨고, 천상의 모든 신적인 실체가 그 안에 거하시는 창조주 하나님이시다(19절). 만물을 창조한 존재의 근원이야말로 죽음으로 세상에 평화와 화해를 가져오실 수 있다. 만물이 그 안에 있고, 그에게로 향하고, 그 안에서 함께 세워져 있는 (16-17절) 존재의 담지자, 존재의 유지자야말로 만물을 자신에게로 화해시킬 수 있다.

둘째, 이 모든 것은 하나님께서 즐겨 원하시며 기뻐하시는 일이다. 19-20절에서 모든 충만이 그 안에 거하기를 즐거워하신 분이 누구인지, 20절에서 십자가로 만물을 자신과 화해시키기를 원하신 분이 누구인지 명확하지는 않다. 문맥으로 봐서 성부 하나님이라고 할 수도 있고 예수님 자신이라고 할 수도 있다. 어쨌든 하나님은 그리스도 안에서 만물이 하나님 자신에게로 화해되기를 즐거워하며 원하신다. 만물을 창조하신 분이 그 자신의 죽음으로 만물을 자신에게로 모아서 자신과 화해되기를 원하셨다면, 그것은 반드시 이루어질 수 있는 일이다. 만물을 창조하시고 만물을 자신에게로 모으시는 바로 그분이 죽으시면서 '다 이루었다'고 하셨다면 그 일은 다 이루어질 수밖에 없는 일이다. 만든 자, 모으신 자, 화해시킨 자가 모두 동일한 바로 그 한 분 예수 그리스도시다. 그는 자신의 죽음으로 만물에 평화를 이루셨다. 예수님은 존재의 본질과 근원이자, 의지의 실체다.[33]

이제 우리는 화해와 평화의 결론에 해당되는 에베소서 2장을 살펴보아야 한다.

>>> 전에 멀리 있었던 너희들이 지금 그리스도 예수 안에서 **그리스도의 피**로 가까워졌다. (그리스도) 그 자신이 우리의 평화다. 그의 육체 안에서 그는 둘을 하나로 만드셨고, 분리하는 벽, 즉 적대(증오)를 허물었고, 법령에 포함되어 있는 계명의 율법을 폐해서, 자기 안에서 둘(이방인과 유대인)을 **하나의 새로운 사람**으로 만들어 **평화**를 이루셨고, **십자가**를 통해서 이 둘을 **하나의 몸**으로 하나님과 화해시켰고 적대(증오)를 십자가 안에서 죽였다 (엡 2:13-16).

십자가의 죽음으로 이루신 일의 결국은 화해와 평화다. 그런데 이 본문에서는 '자신의 육체', '새로운 사람', '하나의 몸'이 언급되었다. 그리고 그 그리스도의 몸이 바로 우리를 서로서로 한 몸으로 만들고 또한 우리 모두를 하나님께로 화해시킨다. 화해와 평화는 그리스도의 육체 안에서 이루어진 일이다. 그리스도는 자신의 죽음으로 인간이 품고 살아가는 증오와 적대를 죽이셨다. 죽음으로 죽음을 죽이신 것이다. 옛 사람이 죽음으로써 새로운 사람이 만들어지고, 한 몸이신 그리스도께 모여서 모두가 화해와 평화로 한 몸을 이룬다.

그리스도의 십자가 죽음이 어떻게 만물을 자신에게로 모으며 화해와 평화를 만들어낼 수 있는가? 지금까지 언급해온 내용을 종합하면 다음과 같은 다섯 가지 점이 중요한 내용으로 드러난다.

(1) 하나님은 사랑의 하나님이시다. 아버지와 아들도 죽음으로 사랑을 나누고 확인한다.
(2) 그리스도는 만물의 빛이자 창조주시다.

(3) 하나님은 그리스도의 죽음으로 만물을 자신에게로 화해시키기를 원하셨다.

(4) 의로운 하나님과 그리스도께서 죽음으로 인간의 불의와 옛 사람을 십자가에 못 박고 새로운 사람을 만드시어 자신에게로 모아 화해시킨다.

(5) 그리스도의 육체가 갈라진 우리를 새로운 하나의 사람으로 만든다.

이 다섯 가지 본질적인 사항이 십자가의 죽음으로 만물을 화해시키는 것을 가능하게 한다. 하나님의 본질, 하나님의 관계, 하나님의 의지, 그리스도의 의, 그리스도의 한 몸이 십자가 사건의 뿌리가 되어서, 모든 사람을 자신에게로 모아서 화해와 평화를 이루게 된다. 예수님이 십자가에서 마침내 다 이루신 것이다.

예수님은 십자가에서 "다 이루었다"고 선언하셨다. 그 선언의 내막은 요한복음의 맥락을 따라서 '영원한 생명', '하나님에 대한 참다운 지식', 그리고 '사랑과 하나 됨'이라고 요약할 수 있다. 공관복음에서 예수님은 "받아라 이것은 나의 몸이다", "나의 하나님 어찌하여 나를 버리셨나이까?", "자기 목숨을 많은 사람을 위한 대속물로 주려 함이니라"라는 말씀으로 자신의 십자가 죽음의 실재를 드러내셨다. 의와 순종, 승리의 동기뿐 아니라, 대부분 인간의 고난과 죄, 죽음, 한계 등의 옛 사람을 예수님이 나누고 짊어지셨다는 동기가 공관복음 속에 녹아 있다. 요한복음에서는 "다 이루었다"는 말씀과 "죽음보다 더한 사랑은 없다"는 말씀으로 예수님이 십자가의 죽음으로 마침내 이루어내신 사랑과 평화를 천명한다. 예수님은 만물을 지으시고 자신에게로 불러 모으시고 만물의 분열의 담을 허무시어 평화와 사랑이라는 새로운 세상을 이루셨다. 예수님이 들리면, 모든 사람을 모은다. 그 옛 사람을 십자가에서 죽이고 새 사람으로 변화시켜 마침내 그리스도 자신과 더불어 화해와 평화를 이루시는 것이다. 그리스도는 죽음으로 사랑을 이루시고 죽음으로 평화를 이루신 것이다. 그것은 만물이 자신 안에 있는 독생자 예수 그리스도 그분만이, 만물의 모든 신성한 것이 육체로 오신 바로 그 신-인간 예수 그리스도만이 하실 수 있는 일이며, 또한 동시에 예수님을 보내신 하나님이 그토록 원하시고 기뻐하신 일이다. 아버지와 아들의 그 고유한 관계, 아버지와 아들의 고유한 본질과 속성, 죽음이라는 심오한 실재가 함께 어우러져 이 신비스러운 일이 이루어졌다.

3. 평화는 어디에?

그러나 우리는 참으로 심오한 도전에 직면한다. 정말로 십자가에서 예수님은 평화를 이루셨는가? 이루셨다면 그 평화는 지금 어디에 있는가?

나는 중학교 3학년 때 톨스토이의 중편소설 「지옥의 붕괴와 부활」을 읽고 심각한 고민과 충격에 빠진 적이 있다. 그 소설의 전반부에는 지옥의 악마 대장과 십자가 사건에 관한 이야기가 등장한다. 지옥의 악마 대장은 예수님과 같은 시대에 살고 있었는데, 예수님이 돌아가시기 전에도 이미 앞으로 일어날 십자가 사건의 의미를 잘 알고 있었다. 악마 대장은, 십자가 위에서 예수님이 "다 이루었다"고 선포하면 이제 자신의 역할이 끝날 것도 미리 알고 있었던 영적인 존재였다. 이 끔찍한 일이 일어나기 전에 그는 지옥의 가장 구석진 곳으로 몸을 피해서 잠을 자고 있었다. 그런데 자신의 어깨를 두드리는 이들이 있어 깨어나 보니 자신이 거느리고 있었던 부하 마귀들이었다. 이 부하 마귀들은 각각 자신이 맡은 전문 영역이 있는 마귀들이었다. 악마 대장은 깜짝 놀랐다. "아니 어떻게 너희들이 아직 살아 있는냐? 십자가가 너희들을 다 망하게 했을 터인데." 그러나 그들은 악마 대장을 오히려 조롱하며 이렇게 대답했다.

> "대장님, 아직도 인간이 누구인지를 모르십니까? 그들이 십자가 사건 이후에도 조금도 변하지 않았다는 것을 알지 못하십니까? 십자가 사건 이후에도, 우리가 우리의 전문 분야에서 얼마나 맹활약을 하고 있는지를 대장님께 보고하면 아마도 대장님은 깜짝 놀랄 만큼 즐거워하실 겁니다!"

그리고 부하 마귀들이 자신의 활약상을 하나하나 보고하는 것으로 이야기는 계속된다. 십자가 사건 이후에도 인간이 전혀 변화하지 않았다면, 마귀가 해야 할 역할이 오히려 더 많아졌다면, 도대체 십자가는 우리에게 무엇을 의미하는가? 도대체 십자가로 무엇을 이루신 것인가?

오늘 우리는 이 질문에 대해서 크게 두 가지로 나누어서 생각해볼 수 있다.

(1) 예수님이 평화라고 하시는 그 평화가 이 땅에서 우리에게 이루어진 것인가?
(2) 만약 이루어지지 않았다면 우리는 어떻게 해야 하는가?

그리스도인이든 비그리스도인이든 간에, 인간이 이루어놓은 놀랄 만한 진보가 우리에게 적당한 재산과 편리함을 가져왔고 따라서 인간은 가난과 슬픔과 고난을 대부분 극복했으며 우리는 지금 평화롭게 살고 있다고 생각할 수도 있다. 그렇다면 평화의 문제는 특정 지역의 문제이거나 혹은 특정 시기의 문제일 수 있다. 그러나 문제가 그리 간단해 보이지 않는다.

우선 인류 전체에 대해서 생각해보면, 인간이 겪어온 잔혹한 전쟁의 역사가 인간의 평화를 늘 위협한 것을 볼 수 있다. 구약 시대에 전쟁은 생존을 위해서 일어났다. 히브리어의 빵이라는 단어 '레헴'(ﬦﬤﬥ)은 전쟁을 의미하는 '라함'(ﬦﬤﬥ)이라는 단어에서 왔다. 이것은 '전쟁은 빵을 위한 것'이었던 당시의 상황을 보여준다. 생존을 위한 전쟁은 차라리 용서받을 수도 있다. 그러나 오늘날 전쟁은 권력, 재산, 정치와 연결되어 있다. 이라크 전쟁뿐만 아니라, 한국이 지금 대면한 전쟁의 위험에도 너무나 많은 불순한 요소들이 포함되어 있다. 현대의 전쟁은 생존이 아니라 소유나 유희와 깊은 연관이 있다. 인간은 소유를 위해서 인간을 죽인다.

종교는 인간의 일상적 수준을 넘어서는 평화와 영원과 같은 초월을 갈망한다. 그러나 인간이 역사 속에서 경험해온 것은 오히려 정반대다. 종교가 폭력의 근원이 되어왔다. '샬롬'을 인사로 주고받는 이스라엘과 팔레스타인 땅이 지금도 이 세상에서 가장 폭력적인 땅으로 남아 있다. 같은 종교 안에서도 분쟁은 끊임없이 일어난다. 종교개혁 당시에 가톨릭과 개신교 사이에 벌어진 전쟁은 말할 것도 없고, 개신교 내에서, 심지어 한 교회 내에서도 심각한 분열을 경험하곤 한다. 다행인지 불행인지, 교회 내의 분쟁은 결코 한국만의 문제는 아니다. 내가 속해 있는 미국의 개혁교회의 통계에 의하면 상당수 교회가 교인들 간의 갈등을 현재 겪고 있다. 또 지금 일어나고 있는 중동 지역의 자살폭탄 테러도 회교도 내의 다른 종파를 겨냥해서 일어나곤 한다. 인간은 동일한 신의 이름으로 서로를 죽인다.

몇 년 전에 미국의 오바마 대통령이 독일에 갔을 때, 유대인 학살이 자행되었던 감옥을 방문했다. 그때 함께 동행했던 노년의 유대인 생존자가 한 명 있었는데, 그의 연설이 청중에게 많은 생각을 불러일으켰다. 제2차 세계대전 때 그는 지금 자신이 서 있는 바로 그 감옥에 갇혀 있었고, 아버지는 그 감옥에서 끔직한 고통을 당하며 죽어갔다고 한다. 기적적으로 생존한 후에 그는 이렇게 생각했다고 한다.

"그래 바로 이거야. 이게 마지막일 거야. 인류는 이제 분명히 달라질 거야. 이 끔직한 유대인 학살을 통해서 인간이 다시는 이러한 비극을 만들지 말아야 한다는 교훈을 너무도 분명히 배울 거야."

그런데 70년이 지난 지금 그는 이렇게 고백한다.

"정말로 인류가 분명히 깊은 교훈을 배운 것인지 아직도 난 잘 모르겠습니다."

평화의 문제는 인류 전체에 해당하는 문제가 아니라 "일부에만 해당하는 문제다"라고 여길 수도 있다. 그러나 우리는 정치적이고 윤리적인 평화뿐만 아니라 종교적인 평화도 함께 생각해보아야 한다. 평화란, 인간이 외면적으로 누리는 보편적인 발전이나 인간 일반에 관한 문제보다 훨씬 더 심각한 문제다. 에베소서 2장 16절에서 말하듯 평화는 '원수된 것을, 혹은 증오를 없애는 것'이라고 이해한다면, 평화의 문제는 인간의 깊은 내면을 모두 포함하는 총체적인 문제이며, 또한 동시에 하나님 앞에 서 있는 인간의 모습에 관한 것이다.

나는 나의 내면과 평화를 이루고 사는가?
나는 하나님 앞에 홀로 선 인간으로 하나님과 평화를 누리는가?
내가 속한 공동체가 하나님과 화해하고, 주위의 다른 공동체와 평화를 이루고 사는가?

인간 내면 깊은 곳에 자리 잡고 있는 인간의 끝없는 한계로 인해서 우리는 우리 자신과 평화를 이룰 수 없고, 하나님과 화해할 수도 없는 존재들이다. 뼈 중의 뼈요, 살 중의 살로 나눔을 입은 거대한 인류 공동체가 자신의 뼈와 살에게 도저히 말로 다 옮길 수 없는 고난을 만들어내고, 또한 고난을 당하고, 또한 고난을 외면한다. 하나님의 숨결을 숨 쉬는 거룩함을 상실했다. 편리함이라는 명분으로 땅과 물을 파괴하는 독선에 빠져서 산다. 자신만 아는 자기애, 무지, 끝없는 외면과 분열, 질병, 죄악, 인간의 지성조차 만족시키지 못하는 지성의 한계, 생의 무의미와 불합리, 마음의 상처와 분노, 어두움, 시공의 한계, 오만, 인종 차별, 중독, 정치적·종교적 박해와 고난 속에서 살아간다.

우리는 고난을 만드는 자와, 고난을 당하는 자, 고난을 깨닫지 못하는 자, 고난을 외면하는 자 가운데 한 명일 뿐이다. 우리는 죄를 짓는 자, 죄를 짓게 하는 자, 자신의 죄를 깨닫지도 못하는 자, 죄를 혹 깨달아도 인정하지 않는 자 가운데 한 명일 뿐이다. 우린 그저 아예 무지한 자와, 점점 더 자신의 무지를 알아가는 자, 자신의 무지조차도 알지 못하는 자 가운데 한 명일 뿐이다.

인간은 하나님으로부터 인간에게로 처절하게 버림받았다. 이 버림받은 인간 속에서, "어찌하여 나를 버리셨나이까?"라고 외치시던 그리스도의 부르짖음을 듣는다. 자신의 피와 살을 우리로 먹게 하셔서 뼈 중의 뼈요, 살 중의 살을 소생시키시는 우리 하나님의 거룩한 희생을 만난다. 그리고 마침내 "다 이루었다"고 선언하시는 그리스도의 평화를 경험한다.

평화의 문제는 나의 부요와 지성이 겉모습을 지탱하는 장식된 내가 아니라, "인간의 가장 깊은 속에 도사리고 있는 인간 내면의 본 모습, 벌거벗은 모습(naked humanity)이 참 평화를 누릴 수 있는가?"에 관한 문제다. 왜냐하면 바로 우리의 가장 깊은 내면은 하나님 앞에 서 있기 때문이다. 따라서 예수님이 평화시라는 에베소서 2장 14절에 나오는 평화, 즉 예수님의 평화와 인간이 지금 이 땅에서 만들어가고 있는 평화가 동일한지에 대해서 깊은 의문을 가지게 된다.

예수님의 평화와 우리의 평화를 어떻게 이해해야 하는가? 만약에 예수님의 평화와 우리의 평화가 다르다면 왜 성경은 평화를 선포하는가? 우리는 이 문제를 어떻게 이해해야 하는가? 종교라는 것은 윤리적인 내용을 반드시 포함해야 하지만 윤리적이기만 하다면 종교성을 상실한다. 기독교도 이 양자의 긴장으로 인해서 많은 문제를 가지게 된다. "우리가 얼마나 선해져야 하는가?"라는 문제를 만약 기독교가 포함하고 있지 않다면, 즉 성화가 구원과 영생과 아무런 연관이 없다면 기독교는 인간의 실질적인 현재의 삶에 아무런 영향도 끼치지 못하는 죽은 종교가 되어버릴 것이다. 반대로 만약 기독교가 오로지 윤리적이고 지금 여기서 인간이 얼마나 선해지는가에 달려 있다면 기독교는 초월성을 상실해버릴 것이다. 인간은 선해봐야 기껏 인간 가운데서 가장 선한 인간일 수밖에 없기 때문이다. 예수님이 평화이신 그 평화와 우리가 만들어가는 평화의 관계도 이와 비슷한 특성을 가진다.

우리의 평화와 예수님의 평화는 서로 다른 것인가? 예수님의 평화는 인간의 평화와 동일할 수는 없다. 만약 그 둘이 동일하다면 가변적이고 일시적이며 순수하지 못한 인간의 평화와 동일한 정도로 낮은 예수님의 평화를 우리는 결코 쫓으려 하지 않을 것이다. 이와 반대로, 만약 예수님의 평화가 이 땅의 평화와 전혀 다른 별개의 것이라면 성육신의 가치에 대해서 깊은 의문을 품게 된다. 초월적이며 내재적인 하나님의 평화가 이 땅에서 우리의 평화를 얼마나 압도하고 있는가 하는 문제는 하나님이 인간과 어떻게 관계하시는가 하는 보다 더 본질적인 문제와 연관이 있을 수밖에 없다.

우리는 예수님의 평화를 이해할 수 있는가? 좀더 어려운 문제는 우리의 평화와 예수님의 평화의 실체를 올바로 이해할 수 있는 능력이 과연 인간에게 있는가 하는 점이다. 만약 인간이 지향하는 평화와 예수님이 십자가로 이루신 평화의 실체가 다르다면, 그리고 예수님의 평화가 인간의 평화보다 질적으로 우월하다면, 과연 인간은 예수님의 평화를 이해할 만한 능력을 가지고 있는가? 낮은 수준의 가치만을 가지고 있는 자는 높은 수준의 가치를 올바로 이해할 수조차 없는 것은 아닌가?

왜 예수님은 우리에게 찾아오셨는가? 만약 그렇게 다른 별개의 평화를 이 땅에서 선포하셨다면, 만약 우리가 이해조차 못하는 평화를 이루신 것이라면, 예수님의 평화는 우리에게 아무런 변화를 가져오지 못하는 죽은 평화가 되어버릴 것이다. 과연 예수님의 평화가 이 땅에서 이루어진 것인가라는 질문 앞에 우리는 스스로의 한계를 인정할 수밖에 없다. 이 긴장은 우리의 지성이 감당할 수 있는 범위를 넘어선다. 빌립보서 4장 7절의 말씀대로 우리의 가장 높은 본성(nous)을 넘어서는 하나님의 평화에 관한 것이기 때문이다.

이런 한계에도 불구하고, 예수님의 평화가 무엇이며 우리가 그 평화 앞에서 어떤 존재이어야 하는가에 관해 성경을 근거로 해서 세 가지 점을 함께 생각해볼 수 있다. 첫째, 기독교의 평화의 복음, 곧 그리스도의 평화의 메시지가 현세적으로도 분명히 의미 있고 가시적이라는 점을 결코 포기해서는 안 될 것이다. 에베소서 2장은 이 평화가 비록 예수님 안에서 이미 이루어진 것이지만, 우리에게는 이루어져가는 것이라고도 말한다. 15절과 16절은 전체가 "…하기 위해서"라는 목적을 나타내는 절로 구성되어 있다. 예수님의 평화가 이 땅에서 이루어지게 하기 위해서 예수님은 십자가로 평화가 되셨다.

학살과 전쟁의 인류 역사만큼이나 한 개인의 회심, 한 사회의 해방의 역사가 구체적이고 현실적으로 나타나기도 한다. 비록 그 회심과 해방이 완전하지 못해서 다시 본래의 모습으로 돌아가는 경우가 있고, 그저 피상적인 변화에 불과해서 다시 더 큰 분쟁의 싹이 되기도 하지만, 십자가에서 이루신 그리스도의 평화가 끼치는 영향으로 인해서 이 땅에서 아주 점진적인 변화가 일어날 수 있다는 소망, 특히 인간의 가치와 생명에 대한 복음적인 이해가 용서와 화해의 구체적인 사건으로 드러날 수 있다는 소망을 결코 포기해서는 안 될 것이다.

그리스도의 평화가 인간 문명에 실질적으로 이루어놓은 성과가 무엇인가라고 질문한다면, 우리는 답하기를 주저할 수도 있다. 바로 기독교 위에 과거의 어두운 종교제국주의의 그림자가 짙게 드리워 있기 때문이다. 그러나 다른 한편으로 인류가 절대 파멸의 나락에 떨어지지 않도록 그나마 우리를 그 품에 안고 가늘고도 긴 생명의 끈을 잡고 계시는 분이 바로 십자가의 그리스도라고 단언할 수 있다. 그분의 죽음을 통한 평화가 없었더라면 인류는 이미 멸망 속에 있었을 것이다. 이미 잿더미 속에 사라졌을 수도 있다. 어두움으로는 어두움의 분열을 막을 길이 없지만 그리스도의 평화가 인간의 가슴 깊이 파고들고 무의식과 의식의 깊은 자리에 둥지를 틀어서, 그나마 인류가 공동체를 이루고 살아갈 수 있는 유일한 토대가 되어왔다고도 단언할 수 있다. 초월자의 자기희생은, 자기 자신으로부터 뿔뿔이 흩어진 인간이 자신으로부터 조금이나마 거리 두기를 할 수 있는 유일한 빛, 유일한 가치, 유일한 영원성, 유일한 평화다. 예수님의 평화는 평화를 만들어낼 뿐 아니라 우리를 **지키는 평화**다.

이 유일한 평화로 인해서 우리는 평화에 대한 믿음과 소망을 가진다. 믿음은 실천과 소망이라는 두 날개를 가졌다. 행동 없는 믿음은 환상에 불과하지만, 소망 없는 믿음은 현실의 반복에 그칠 가능성이 높다. 비록 예수님의 평화를 우리가 다 실현할 수 없다 할지라고 우리는 최선의 노력을 다해서 이 땅에 평화를 이루어가야 한다. "할 수 없다"는 것은 "하지 않아도 된다"는 것을 결코 보장하지 않는다. "다 이루었다"는 예수님의 선포와 다르게 우리가 내놓는 "결코 다 이룰 수 없다"는 고백은 오히려 점진적인 변화를 갈구하고 그 당위성을 열어놓는다.

그리스도의 우주적 평화는 바로 나 한 사람을 포함하지 않고는 결코 우주적일 수 없다. 가족 간에, 이웃 간에, 교회의 거룩한 무리 가운데, 믿는 자와 믿지 않는 자 간에, 먼 데 있는 자와 가까이 있는 자 가운데(엡 2:13), 가난한 자와 부유한 자, 약하고 병든 자와 강하고 힘 있는 자 사이에, 예수님의 평화가 우리에 의해서 지금 여기에서 이루어져 가기를 갈망해야 한다.

둘째, 이 땅에서 현실적으로 평화를 이룰 수 있다는 소망을 우리가 가져야만 한다면 이제 그 소망을 이룰 방법이 중요하다. 그리스도의 평화는 '힘과 권력'에 의한 평화가 아니라 '십자가의 희생'에 의한 평화다. 에베소서 2장 13절은 그리스도의 피로 먼 데 있는 자가 가까워졌다고 하고, 16절에서는 십자가로 우리가 하나님과 화해되었다고 선포한다.

우리는 하나님의 전능하심을 우리보다 더 강한 슈퍼파워 정도로 생각하는 경향이 있다. 그러나 신적인 전능함은 인간을 위해서 참고 희생하는 전능함이다. 만약 인간이, 그리고 주를 믿는 그리스도인들이 감히 그리스도의 평화를 이 땅에 실현하기를 원한다면, 이루어야 할 평화의 내용뿐만이 아니라 그 과정도 함께 인식해야만 한다. 왜냐하면 예수님께로 나아갈 수 있는 유일한 길은 예수님을 통한 길이기 때문이다. 십자가의 죽음이 이룬 평화는 인간 이성(nous)이 합리적으로 파악할 수 있는 공평한 분배, 정의로운 거래, 정치적인 능력을 통해서가 아니라 바로 죽음이라는 희생을 통해서다.

인간은 십자가 앞에서조차 승리만을 외친다. 성급히 십자가의 결과물로 관심을 옮기고, 무엇인가를 획득하기를 원한다. 오늘날 우리가 열광적으로 하나님의 위대하심을 찬양하는 배후에는 그 위대함이 바로 나의 소유물이 되기를 원하는 지극히 세속적인 동기가 도사리고 있다. 모두 십자가의 승리에 대해서 얘기하지만, 그 승리의 구체적인 내용이 죽음이라는 것은 아무도 논하려 하지 않는다. 그러나 한 알의 밀알조차 썩어지지 않으면 생명을 이룰 수 없듯이 그리스도의 평화는 죽음으로부터 시작한다. 기독교 성화의 구체적인 내용은 희생이어야만 한다. 희생이 없는 사랑은 사치스러운 장식에 불과하다. 진정으로 십자가의 예수를 닮기 원한다면, 그리고 그 평화를 통해 이 땅에 현실적으로 하나님이 거하시는 성전으로 이루어져 가기를 원한다면, 그것은 권력과 부, 욕망과 자기 사랑의 세속적 가치를 버리는 희생으로부터 시작될 것이다. 그리스도의 평화는 평화를 통해서 이루어지는 것이 아니라 희생을 통해서 이루어진다.

셋째, 예수님 바로 그 자신이 평화다. 궁극적인 기독교는 바로 여기에 있다. 기독교 철학의 정수가 여기에 있다. 예수님은 평화를 우리에게 던져주신 것이 아니라 그 자신이 바로 평화다. 우리도 십자가를 따라가야 하지만, 십자가의 궁극적인 결론은 그리스도 자신이 바로 평화라는 사실이다. 우리가 기대하고 만들어내고 소유한 평화는 우리에 의해서 파괴되어버린다. 우리의 평화는 깨어지기 쉬운 위태위태한 장난감과 같다. 놀이와 자랑과 힘의 과시로 만들어진 질그릇이다. 그리스도의 평화와 인간의 평화 사이의 질적인 차이, 그리스도의 평화를 이 땅에 이룰 수 없는 인간의 영적·도덕적 한계, 그리스도의 평화의 실체를 다 이해할 수 없는 인간의 인식론적 한계를 모두 극복하는 것은 바로 그리스도 자신이 평화라는 성경의 선포다.

기독교의 역설이 여기에 있다. 예수님 그 자신이 평화다. 우리에게 확인되고 검증되고 승인되고 소유되고 그래서 마침내 우리에 의해서 파괴되어버릴 그런 평화가 아니라, 우리의 지성을 압도하고 우리의 잣대를 파괴하며 우리의 욕망을 넘어서는 '고난의 평화'다. 예수님은 평화가 되시거나 평화를 선물로 주시거나 평화를 만드시거나 평화를 우리 손에 맡겨 놓으신 것이 아니라, 그 자신이 바로 평화다.

에베소서는 우리에게 예수님이 평화를 선물로 툭 던져주셨다고 말하지 않는다. 예수님 자신이 평화라고 선포한다. "그는 우리의 평화다"(엡 2:14). 예수님은 평화를 만드신 것이 아니라 평화다. 인간의 가치로 환원되지 않는 평화, 인간이 함부로 소유할 수 없는, 따라서 인간이 파괴할 수 없는 그 평화다. 예수님의 피와 살이 인간과 인간을 화해시키고 인간과 하나님을 화해시킨다.

우리의 평화가 이 땅에 진정한 평화를 가져오지 못할지도 모른다. 인간의 고난과 비극이 변함없이 계속될 것이기 때문이다. 지옥에 몸을 숨긴 어두움의 세력이 지금도 활개 치며 활동하고 있고, 홀로코스트의 교훈으로도 인간의 본성이 결코 바뀌지 않을 것이다. 이 지구상에 고난받는 자들이 얼마나 많은지 우리가 다 상상할 수도 없다. 그러나 마약에 취한 채 총과 칼로 끔찍한 살육을 저질렀던 시에라리온의 젊은이들과, 그들에 의해서 잘려나간 발을 이끌며 평생을 살아가는 자들의 고난 속에서도, 날 때부터 인종 탄압 속에서 살아가야 하는 미얀마의 첸 부족, 마약 조직의 폭력에 노예가 되어 죽음에 내던져 살아가는 수많은 남미 사람들, 인도 불가촉천민의 삶 속에서도, 부모가 진 빚 단돈 3만 원의 이자를 지불하기 위해서 수년간을 채석장에서 하루 종일 돌을 쪼개며 살아가는 어린아이들의 삶 속에서도, 생명을 위협하는 말라리아에 몇 해 걸러 한 번씩 걸리고 마는 솔로몬 군도 바누아투의 가난한 사람들의 삶 속에서도, 깨어진 가정에서 자라나 교육과 의료 사각지대에서 살아가는 아시아의 수많은 도시빈민 아이늘의 삶 속에서도, 그리스도는 임마누엘의 하나님으로, '고난의 평화'로 함께하신다. 평화-파괴자, 평화-유희자, 평화-자랑자 인간에게 진정으로 필요한 것은 '우리만의 평화'나 '당신들만의 천국'이 아니라, 평화이신 독생자 예수 그리스도시다.

인간이 이해하고 기대하는 평화로는 인간을 해방시키지 못한다. 인간이 이루어놓은 평화는 인간에 의해서 파괴되기 때문이다. 하나님과 화목하게 하는 평화는 그리스도의 부산물이 아니라 그리스도 그 자신이어야 한다. 우리와 함께 계시며 우리의 눈에서 눈물을 씻기시고 우리의 고난을 짊어지시는 그리스도의 그 말로 다할 수 없는 평화가, 비록 우리 눈으로 언제나 확인하지는 못한다고 할지라도, 우리 모두에게 참 평화의 샘으로 늘 솟아나기를 소망한다. 예수님은 평화시다!

3장 자기를 부인하고, 십자가를 지고, 나를 따르라

마가복음 8:34

끝나지 않은 이야기

예수님이 십자가에서 다 이루었다고 말씀하셨지만, 십자가의 이야기는 우리에게는 아직 끝나지 않은 사건이다. 예수님은 우리도 (1) 자기를 부인하고 (2) 십자가를 지고 (3) 예수님을 따라야 한다고 말씀하셨다(막 8:34; 마 16:24). 그리고 '매일' 십자가를 지라고도 하셨다(눅 9:23). 이 말씀을 하신 배경도 소중하다. 예수님은 자신이 누구라고 생각하는가를 제자들에게 물으신 후에 십자가에서 죽으실 것을 미리 알리셨다. 그리고 제자들을 향해서 제자들도 자신을 부인하고 십자가를 지고 예수님을 따라야 한다는 말씀을 덧붙이셨다. 상황은 참으로 심각하다. 예수님은 자신이 누구인가를 물어보신 후에 십자가의 죽음이라는 자기 정체성을 드러내고 나서, 바로 우리에게 예수님 자신의 길을 따라오라고 말씀하신 것이다.

"그리스도가 누구신가?"라는 질문은 "그리스도가 십자가에서 돌아가셨다"라는 것으로 확정되고 설명된다. 그리스도의 본질(Christ's nature and person)은 십자가의 사역(Christ's work on the cross)과 맞물려 있다. 그런데 우리의 본질적인 참 모습(substantial nature)도 우리가 십자가를 지고 예수님을 따라가는 것(our work taking up the cross)에 의해서 결정된다. 이것은 우리가 해도 좋고 안 해도 그만인 그런 선택사항이 아니다. 십자가로 죽음을 맞이한다는 것이 예수님의 본질적인 '자기 정체성'(Christ's identity)이라면, 십자가를 지고 예수님을 따르는 것이 바로 예수님의 지체들인 우리의 '자기 정체성'(his followers' identity)이다.

십자가는 그리스도가 누구신가를 이해하는 본질적인 잣대다.
십자가는 우리가 누구인가를 이해하는 본질적인 잣대다.

그리스도 예수의 십자가는 단 하나뿐인, 단 한 번뿐인 유일한 실재이지만 또한 우리 모두의 실재다. 예수님은 단 한 번 죽으심으로써 매일 죽으신다. 십자가에서 예수님은 다 이루셨지만 우리 안에서 자신을 이루어 가신다. 물론 예수님의 십자가와 우리의 십자가는 분명히 구분되어야 한다. 예수님의 십자가는 십자가의 원형이요, 우리의 십자가는 우리 자신의 것이 아니라 예수님의 십자가가 우리 안에서 실현되는 것이다. 그리스도의 희생과 그리스도인들의 희생을 함께 다루면서 인간의 희생도 강조한 교부신학자 오리게네스도 우리의 희생은 우리 자신의 것이 아니라 그리스도의 희생이 우리 안에서 이루어지는 것으로 이해했다.[34]

그렇다면 자기를 부인하고 십자가를 지고 예수님을 따른다는 것은 무엇을 의미하는가? 예수님을 도덕적인 모범으로 삼아서 그분의 하신 일을 우리도 하는 것을 의미하는가? 제자들의 발을 씻기신 예수님이 직접 제자들에게 "내가 너희에게 행한 것같이 너희도 행하게 하려고 모범

(*exemplum*)을 보였다"(요 12:15)고 말씀하시지 않으셨던가? 십자가가 우리에게 하나의 모범이 된다는 이론을 도덕적 모범론(moral exemplary theory)이라고 한다. 그리고 이런 사상은 예수님이 우리를 대신(substitution)하신 것이 아니라 대표(representation)하신 것이라고 생각하는 많은 진보적 신학자들의 견해와 그 맥락을 같이한다. 그러나 도덕적 모범론은 다음과 같이 다양한 유형이 있다.

(1) 십자가는 도덕적 모범의 가치만 가지고 있다.
(2) 십자가의 우선적인 의미는 도덕적 모범이고, 그 다음에 사랑과 화해 등의 의미도 있다.
(3) 십자가는 여러 의미가 있는데 도덕적 모범도 그 가운데 하나다.
(4) 대신론 혹은 대속론이 논리적으로 모순적이기 때문에 도덕적 모범론에 더 강조점을 둘 수밖에 없다.
(5) 십자가는 먼저 우리의 죄와 죽음을 대신하신 것이고, 그 다음에 도덕적 모범의 가치도 가진다.
(6) 십자가는 우리를 대신하신 것이고 도덕적 모범의 가치는 없다.

도덕적 모범론의 가장 극단적인 유형이 (1)이고, 이러한 견해는 역사적 예수 연구를 하는 이들의 기독론에서 흔히 발견된다. 도덕적 모범론의 가장 치명적인 문제는 죽음과 도덕을 연결하는 어떤 연결고리 없이는 죽음이 그 자체로 도덕적인 가치를 가질 수 없다는 점이다. 물론 명예를 위해서 자결한다던가, 자신의 주장을 더 극단적으로 밝히기 위해서, 국가의 운명을 더 국제적으로 알리기 위해서 스스로 목숨을 끊기도 한다.

또한 도스토예프스키가 묘사한 철학적 자살도 있다. 인간은 초월을 꿈꾸지만 초월을 소유하지 못하는데, 이러한 조건을 초월자가 인간에게 부여한 것이라면 이것은 인간을 저주하는 폭력에 가깝다. 따라서 그런 부당하고 폭력적인 초월자에게 사형을 선고할 수 있는 유일한 방법은 그 초월자가 우리에게 부여한 생명을 스스로 끊음으로써 초월자에게 거룩하게 대항하는 것이라고 한다면, 이러한 자살은 초월적·철학적 의미를 가지고 있다.

그러나 어떤 목적을 가진 자살은 목적인(final cause)을 가지고 있고, 비록 목적이 이루어지는 것은 죽음 이후라 할지라도 목적인이 행위를 유발한다는 측면에서는 그것이 하나의 동기로서 죽음보다 앞서 있다. 따라서 이러한 죽음은 죽음 그 자체가 도덕적인 가치를 가지고 있다고 하는 주장을 뒷받침할 수 없다.

(1)-(3)의 견해는 십자가의 죽음을 도덕적으로 해석하기 위해서 반드시 가져야 하는 그 어떤 앞선 실체를 인정하고 있지 않다는 점에서 모순적이다. 논리의 모순을 네 가지 점으로 요약할 수 있다. 첫째, 죽음은 그 자체보다는 죽음의 내용이 중요하다. 어떤 죽음은 결코 도덕적인 가치를 가질 수 없다. 자살한 자, 사고나 질병으로 죽은 자들을 우리는 도덕의 모범으로 삼을 수 없다. 따라서 죽음 그 자체보다는 죽음의 내용을 먼저 확인해야 하고 죽음의 내용을 확인한다는 것은 이미 죽음을 그 자체로 다루고 있지 않은 것을 의미한다. 둘째, 죽음 그 자체는 인간이 따르고자 하는 그 어떤 도덕적인 가치를 가지고 있지 않다. 한마디로 죽음과 도덕은 범주가 서로 다르다. 죽음은 도덕적 범주에 속하는 것이 아니라 인간의 현상적 실재일 뿐이다. 셋째, 많이 양보해서 만약 죽음이 그 자체로 도덕적

가치를 가지고 있다고 할지라도, 우리는 그 어떤 도덕적 노력을 가할 필요조차 없다. 우리 모두는 죽기 때문이다. 따라서 죽음이 도덕적 가치만을 가진다면, 역설적으로 도덕적 가치를 가질 수 없다. 이루고자 하는 목표가 죽음이라면 인간은 도덕적인 노력 없이도 모두가 그 지향하는 도덕적인 결실(죽음)에 이를 수 있기 때문이다. 이것은 도덕적 가치의 본질에 위배된다. 마지막으로, 더 결정적인 것은 죽음은 인간이 가장 따라가기를 꺼려하는 실재다. 죽음은 그 자체로는 도덕적 가치와 가장 반대되는 인간의 실재인 셈이다.

(4)의 견해, 즉 대속론이 논리적으로 잘못이라고 생각해서 도덕적 모범론을 주장하는 견해는 주로 진보적 사상가들 사이에서 널리 발견되는 생각 가운데 하나다. 그런데 이것은 앞에서 대신론을 다룬 부분에서 이야기했듯이, 기계적 대속론이 아니라 성경적 대신론, 즉 우리가 그리스도와 함께 십자가에 죽었다는 것을 올바르게 이해하면 대부분의 어려운 점이 해결된다. 그리고 "심판과 용서와 의와 희생이 동시적으로 이루어지는" 십자가의 신비를 이해하면, 대신론이야말로 하나님이 우리의 허물과 죄악과 한계를 짊어지신다는 십자가의 가장 깊이 있는 의미를 나타내고 있다는 것을 깨달을 수 있게 된다. (6)의 견해는 또 다른 극단적인 견해다. 십자가가 윤리적인 면이 없다고 하는 것도 결코 성경적이지 않다. 예수님 스스로 공관복음과 요한복음에서 우리에게 자신을 따라오라고 말씀하셨고, 십자가의 죽음은 예수님의 자기 정체성이자 우리의 정체성이기 때문이다. 베드로전서도 예수님의 고난을 설명하면서 그 고난에 우리가 동참하도록 예수님이 모범을 보이셨다고 가르친다(벧전 2:21-24).

그리스도의 십자가와 무관한 기독교 윤리는 모래 위에 지은 집과 같다.

물론 "십자가 그 자체가 과연 윤리적인 면을 가지고 있는가?" 하는 질문은 그리 간단한 문제가 아니다. 만약 우리가 기계적 대속론을 따른다면 예수님이 우리를 대신하셨기 때문에 우리는 아무것도 할 필요가 없는 것으로 결론날 수도 있기 때문이다. 쉽게 얘기해서, 공짜 점심을 먹는 자가 왜 또 점심값을 내야만 하는가? 그러나 그리스도와의 신비스러운 연합을 점심식사와 비교하는 것은 인생을 라면 한 그릇에, 맥주 한 병에 비유하는 것과 마찬가지다. 여러 가지를 함께 고려해야 한다. 우선 십자가의 대속과 대신은 기계적 대체가 아니라 함께 죽는 것이기 때문에 우리가 실제로 이 땅을 살아갈 때에 그리스도의 죽음이 우리 삶의 가장 중요한 정체성이어야 한다. 그리스도와 함께 죽었기 때문에 지금 여기서도 함께 죽는 것이다.

둘째, 우리가 얼마나 죽을 수 있는가 하는 문제도 연관이 있지만 그것은 부차적인 문제다. 십자가의 죽음이 윤리적인 면을 가지고 있는가 하는 점은 그리스도에 관한 주제, 즉 기독론의 주제다. 그리스도는 만물을 지으시어 만물 속에서 만물을 세우시고 만물을 모으셔서 만물을 회복시키셨다. 만물이 어떻게 살아가야 하는가 하는 문제는 철저하게 그리스도의 십자가에 달려 있다. 인간이 윤리적인 구원이나 성취가 불가능하다는 것은 인간론의 영역이지만, 예수 그리스도의 십자가의 죽음이 윤리적인 면을 포함하고 있는가 하는 것은 기독론의 영역이다. 그리스도는 지혜, 의, 성화, 구속이 되신다(고전 1:30).

셋째, 그리스도와 우리의 존재론적 차이도 중요하다. 우리의 윤리적인 결과와 성취가 그리스도의 십자가가 이룬 것을 침해하지 않는다. 우린 그리스도와 경쟁할 수 있는 상대가 아니다. 아무리 우리가 엄청난 금액의 점심값을 치르더라도 십자가의 대가를 치를 수 있는 것은 아니다. 생명과 구원의 떡은 그리스도의 몸과 피다. 우리는 그 피에 참여할 뿐이다. 우리의 믿음과 삶과 행위를 통해서 하나님의 부르심에 대답하고, 잔치에 참여하고, 감사의 축제를 살아간다. 우리가 하는 일체의 행위는 그리스도의 몸과 피를 만드는 것이 아니라 먹고 마시는 것이다.

이렇게 세 가지 점을 고려하면, 성경적으로도 논리적으로도 가장 바람직한 견해는 (5)의 견해라고 할 수 있다. 고난을 나눔, 희생, 용서, 의, 심판을 짊어짐과 같은 가치가 십자가에 있어야만 비로소 그 가치들을 근거로 해서 십자가의 죽음은 도덕적인 가치를 가지게 된다. 그리스도에게서 발생하는 실재와 우리에게서 발생하는 실재는 서로 연결되어 분리되지는 않지만 서로 구분된다(distinctio sed non seperatio).

(1) 자기를 부인하고 (2) 자기 십자가를 지고 (3) 그리스도를 따르는 것은 어떤 것일까? 도덕적 모범론이 암시하는 치명적인 또 다른 문제는 이 세 가지를 도덕적인 범주로만 제한한다는 점이다. '우리 자신'을 부인한다는 것은 도덕적 진보를 이룬다는 의미인가? 우리 자신은 도덕적 실체에 불과한가? 예수님이 "자기를 부인하고 자기 십자가를 지고 나를 따르라"고 하실 때 과연 인간의 도덕적 영역으로 한정지어 말씀하신 것인가?

십자가는 우리의 머리와 지성에서만 존재하는 것이 결코 아니다. 십자가를 지고 그리스도를 따르는 것은 결코 도덕적인 면에만 치중하는 것이 아니다. 우리 존재의 총체적인 실존이 그리스도와 연합된다는 것을 의미한다. 종교를 윤리적으로 바라보는 것은 좁은 시각이다. 인간의 내면과 외면의 가장 깊은 것과 관계하는 것이 그리스도시다. 문제는 우리 '자신'

이지, 우리 자신의 '도덕'이 아니다. 우리의 어두운 마음과 광적으로 집착하는 자기 사랑을 부인해야 십자가를 지는 것이다. 우리의 습관적인 미움과 타인과 함께하지 못하는 무관심을 부인해야 십자가를 지는 것이다. 십자가를 진다는 것은, 전염병과 같은 죄, 용서로 인해서 발생하는 부담, 평화를 이루기 위해서 희생해야 하는 수많은 것들을 짊어지고 살아가는, '일체의 사건과 행위'를 총괄적으로 의미한다.

그 총괄적인 사건과 행위는—우리에 관한 한—바로 우리 (1) 자신을 부인하는 것으로부터 시작된다. 기독교 고유의 가치는 획득과 소유가 아니라 버림과 자기부인이다. 우리가 "다 이루었다"라는 선언을 한다는 것은 바로 나 자신을 부인하는 것이다. 이렇게 십자가는 시작과 끝이 서로 맞물려 있는 신비다. 그리스도의 몸을 우리가 함께 나눈다는 것은 그리스도의 몸이 우리의 몸을, 우리 자신을, 우리의 옛 사람을 죽인다는 것이다. 우리가 우리 자신을 부인해야 그리스도께로 연합된다. 그리고 우리가 십자가를 짊어지고 결국에 이루어내는 것은 화해와 평화다. 우리 자신을 부인함으로써 우리 자신과 화해한다. 우리 자신을 부인함으로써 타자와 화해한다. 우리 자신을 부인함으로써 그리스도와 화해하다.

그리고 우리는 우리의 (2) 십자가를 짊어진다. 내 십자가는 예수님이 자신에게로 모으신 인간 모두를 향한 거룩한 연대 속에 있다. 하나님의 일은 베드로의 일보다 더 큰 일이다(막 8:33). 예수님이 인류를 십자가로 짊어지신 것처럼, 우리의 십자가도 인류의 고난과 비참함을 함께 나누고 짊어지는 것이다. 십자가로 모여든 인류에게, 예수님은 인류를 갈라놓은 일체의 담을 허물고 평화를 이루신다. 우리는 바로 그 십자가를 짊어진다. 나를 부인함으로써 나를 회복하고, 나를 부인함으로써 인류와 한 몸을 이룬다. 새로운 사람(엡 2:15)이 되는 것이다.

(3) 그리스도를 따른다는 것은 신적 실체에 참여하는 것이다. 나를 넘어서, 인류를 넘어서, 초월로 향한다. 천상을 가득 메운 '플레로마' (*pleroma*)에 참여하는 것이다. 죄와 죽음과 자기애와 무지의 한계를 넘어서 신적 의, 불멸, 지식, 사랑, 평화에 참여하는 것이다.

나를 부인하여 나와 화해하고, 십자가를 지고 인류와 평화를 누리며, 그리스도를 따르면서 그리스도와 평화를 누린다. 십자가로 그리스도를 따른다는 것은 인간의 존재와 행위 일체가 십자가에서 그리스도와 함께 죽는다는 것을 의미한다. 그리고 종교적·영적·신비적 실체에 참여한다는 것을 의미한다. 십자가는 인간 존재와 그 깊숙한 마음의 심연과 그 행위와 그 거룩한 연대와 그 영적인 교제와 그 신비적인 연합이라는 포괄적인 완성이다. 우리가 얼마만큼 이루어내느냐, 얼마만큼 이룰 수 있는냐 하는 것이 중요한 것은 아니다. 예수님이 이루셨기 때문이다. 우리가 어떤 방향을 향하고 있느냐 하는 것이 훨씬 더 중요하다. 자기를 부인하는 길로 가고 있는가, 아니면 자기를 획득하는 길로 가고 있는가. 십자가를 향하고 있는가, 아니면 영광을 향하고 있는가. 그리스도를 따르고 있는가, 아니면 인간을 따르고 있는가. 이러한 본질적인 방향이 훨씬 더 중요하다. 사도 바울은 매일 죽는다고 고백했다. 얼마나 죽지 않으려 하기에 매일 죽어야 하는가! 나를 부인하고 십자가를 진다는 것은 나의 능력에 관한 것이 아니다. 그리스도의 실재에 관한 것이고 나의 지향성에 관한 것이다. 그리고 우리 삶의 궁극적인 완성은 용서와 희생이라는 자기부인을 통해서 사랑과 화해와 평화를 이루는 것이다. 예수님은 바로 이것을 이루셨고, 또 우리에게서 이루시기를 간절히 소망하셨다. "우리와 같이 저희도 하나가 되게 하옵소서"(요 17:11).

예수님은 우리를 자신에게 초대하셨다. 그런데 그 초대 방식이 예수님 자신만큼 독특하다. 자기를 부인하고, 자기 십자가를 지고, 나를 따르라. 예수님의 이러한 초대의 말씀 속에서 인간이 가질 수 있는 유일한 희망을 발견한다. 약속으로 주신 그리스도의 몸을 먹고 마시는 자에게는 그 약속이 소망의 유일한 근거다. 부르신 초대에 응하는 자에게는 그 초대가 유일한 소망이다. 그 약속 위에, 그 초대 위에 말씀과 복음이 서 있다. 그 약속과 초대 위에 바울 서신이 기록되었다. 그 약속과 초대를 믿고 야고보는 믿음의 실천을 강조했다. 그 약속과 초대를 믿고 요한은 우리가 서로 사랑해야 한다고 가르쳤다. 그 약속과 초대 위에 그리스도와 함께 죽고 함께 사는 세례가 있고 성찬이 있다. 오라 초대하신 자도 그리스도시요, 자신의 몸과 피를 주신 자도 그리스도시며, 자신과 연합될 것을 약속하신 자도 그리스도시다. 나의 도덕적 정결함과 위엄 때문이 아니라, 나의 도덕적 노력의 가치 때문이 아니라, 나의 도덕적 행위 가능성 때문이 아니라 그리스도의 약속과 초대 위에서 우리는 그리스도를 경험하고 믿으며 따른다.

십자가로 돌아간다는 것은 십자가로부터 시작한다는 것이다. 기독교 윤리와 삶의 모든 기본이 여기에 있다. 그리스도를 따르는 자들의 원칙이 여기에 있다. 우리가 이루는 모든 것은 그리스도와 함께 죽는 것이다. 우리는 그리스도와 함께 죽었고 우리의 생명은 하나님께 감추어져 있다 (골 3:3). 일체의 이룸과 성취와 성공은 십자가로부터 시작되어야 한다. 희생은 획득의 도구가 아니다. 자기를 부인하는 것은 자기를 세우기 위한 것이 아니다. 예수님이 죽음으로 이루신 일의 결국은 이 혼돈과 무질서와 폭력의 세상을 압도하는 신적 평화와 화해였다. 기독교는 인간의 행동과 윤리를 넘어서는 종교다. 예수님의 십자가를 따른다는 것은 참으로 엄청난 일이다. 전혀 다른 세상이다. 새로운 사람이 세워지는 것이다. 피조세계가 해방되는 것(롬 8:21)에 참여하며, 우주(cosmos)의 죄가 용서함 받는 것(요일 2:2)을 경험하는 것이다. 나를 죽이고, 모두에게로 향하며, 초월을 경험한다. 십자가에서 예수님이 우리와 함께 죽으셨고 우리를 자신에게로 모으셔서 우리를 짊어지고 죽으셨다. 우리는 그리스도와 함께 죽었고 지금 또한 함께 죽고 있다. 창세기의 이야기에서는 생명이 먼저고 죽음이 따라왔다. 십자가의 이야기에서는 죽음이 먼저고 생명이 따라온다. 우리 모두는 죽은 자이기 때문에 죽음이 죽어야 비로소 생명이 생겨난다. 죽음이 없는 그리스도인은 죽은 자다. 죽음이 없는 교회는 죽은 교회다. 그리고 그 죽음에 머물러 있을 때 비로소 생명이 함께한다.

예수님이 우리가 되시어 우리를 짊어지고 십자가에서 돌아가셨다. 우리는 그리스도 예수의 죽음으로 오늘을 살아간다. 우리는 십자가 때문에 그리스도를 따를 수 없다. 그분 홀로 우리를 짊어지셨기 때문이다. 우리는 십자가 때문에 그리스도를 따라야 한다. 예수님의 죽음이 우리의 삶과 죽음, 일상과 소망으로 흘러넘치기 때문이다. 그분 홀로 죽으셨고 우리도 모두 함께 죽었다. 수정과 같이 맑은 생명수의 강이 어린 양의 보좌로부터 흘러내려서 강 주위의 생명나무를 적시고, 그 나무는 실과를 맺고 잎사귀들은 모든 나라를 소생시킬 것이다(계 22:1-2). 십자가는 그리스도만의 유일한 실재이자 사건이며 동시에 우리 모두의 실재이자 사건이다. 유일한 그리스도(Christus unicus)이자 총체적인 그리스도(Christus totus)께서 십자가에서 돌아가셨다.

주

1. 성경 인용은 원문을 근거로 내가 해석한 사역을 주로 사용했으나 특별히 다르게 표현할 필요가 없을 때는 한글 개역개정 성경을 인용했다.
2. "영광의 신학자(*theologus gloriae*)는 악을 선이라고, 선을 악이라고 부른다. 십자가의 신학자(*theologus crucis*)는 사태가 실제로 그러한 것을 그것이라고 부른다. 분명한 것은 이것이다: 그리스도를 알지 못하는 자는 고난 속에 감추어진 하나님(*Deum absconditum*)을 알지 못한다. 그러므로 그는 고난보다 행위를 선호하고, 십자가보다는 영광을, 약함보다는 힘을, 어리석음보다는 지혜를, 일반적으로, 추한 것보다는 좋은 것들을 선호한다. 사도 바울은 이런 자들을 바로 그리스도 십자가의 원수들이라고 불렀다[빌 3:18]"(*Heidelberg Disputation* 21). 영어 번역에서는 영광의 신학자가 아니라 영광의 신학(a theology of glory)이라고 번역했지만[*Luther's Works*, vol. 31. ed. Helmut Lehmann (Philadelphia : Fortress), 53, 이하 *LW*로 표기], 라틴어 원문에는 신학이 아니라 신학자라고 되어 있어서 이를 바로잡는다[*D. Martin Luthers Werke: Kritische Gesamtausgabe* (Weimar, 1883), 1.362.21]. 과연 하나님의 모습이 십자가에서 드러났는가 감추어졌는가에 대해서 루터는 심오한 신학을 펼친다. 십자가에서 드러난 고난의 모습을 하나님으로 이해하는 자는 드러난 하나님을 볼 수 있지만, 영광의 신학자에게 십자가는 하나님의 모습이 감추어진 것이다. 이 역설

적인 하나님의 모습을 루터는 "하나님의 등"(*posteriora Dei*)이라고 표현했다
(*Heidelberg Disputation* 20, WA 1.362.2-4).

3. "텍스트에 자기 자신의 유한한 이해 능력을 부과(imposer)하는 것이 아니라, 텍
스트에 자신을 드러내고(exposer) 텍스트로부터 보다 넓은 자기 자신, 세계의
명제(제안된 세계)에 가장 적합한 방식으로 응답하는 실존의 명제(제안된 실존)
인 자시 자신을 받아들이는 것(recevoir)이다. 따라서 이해는 주체가 열쇠를 가
지고 있는 구성과는 정반대가 된다. 이런 관점에서 보면 '자기'는 텍스트의
'사물'에 의해서 구성된다고 말하는 것이 좀더 정확할 것이다"[폴 리쾨르, 『텍
스트에서 행동으로』 박병수, 남기영 역(서울: 아카넷, 2002), 133; *Du texte à
l'action: Essais d'herméneutique II* (Éditions du Seuil: 1986), 130]. 리쾨르
에 의하면 텍스트를 이해한다는 것은 텍스트에 자신을 씌우는 것이 아니라 텍스
트를 통해서 자신을 노출시키는 것이다. 더 나아가 성경을 이해한다는 것은 성
서의 독자성을 텍스트의 사물/사태(chose) 속에서 찾는 것이다. "결국 텍스트의
세계는 자신의 의도에 따라서 독자의 자기존재(être-soi)를 형성하고 변형시킨
다. 이 말 속에는 신학적으로 중요한 의미가 포함되어 있다. 해석학의 첫 번째 과
제는 독자로 하여금 결정을 내리게 만드는 것이 아니라, 먼저 성서 텍스트의 '사
물'(chose)인 존재 세계로 하여금 스스로 자신을 전개하게 하는 것이다. 이와 같
이 성서의 언어에서 말하는 새로운 세계, 새로운 계약, 하나님의 왕국, 새로 태어
남과 같은 세계의 명제는 감정, 기분, 신앙, 비신앙을 넘어선 곳에 있다. 이런 것
들은 우리를 대하기 위하여 텍스트 앞에 전개되어 있는 실재들이지만 텍스트로
부터 전개된 실재들이다"(『텍스트에서 행동으로』, 144-5; *Du texte à l'action*,
140-1). 따라서 성서 해석학은 일반 해석학과 구분되는 고유한 것이다. "성서가
말하는 새로운 존재(l'être nouveau)는 여러 텍스트 중의 하나의 텍스트인 이 텍
스트의 세계 내에서(dans le monde de ce texte) 탐구되어야 하기 때문에 특수
한 사례다.…그러나 유일한 사물이 우리에게 말을 걸고 있는 텍스트의 세계로서
말하기 때문에, 텍스트의 사물로서 말하기 때문에, 성서 해석학은 유일한 사물을
말한다고 주장할 수 있다"(『텍스트에서 행동으로』, 148-9; *Du texte à l'action*,
145). 성경의 사태와 인물은 일차적으로 성경의 세계 내에서 이해되어야 한다.
이러한 해석학적 방법론은 모든 성경에 일관적으로 다 적용될 수 있는 것은 아니
다. 인간이 문화와 철학을 통한 유비가 성경의 많은 사건이나 사상을 이해하는

데 유일한 단서일 수도 있다. 그러나 삼위 하나님이나 십자가 사건처럼 그 유사한 사례를 인간의 삶의 자리에서 찾아볼 수 없을 때, 우리의 세계가 성경의 세계를 해석해내는 것이 아니라, 성경이라는 텍스트의 세계가 우리의 세계를 압도하고 해석하고 변화시키고 마침내 구원한다.

4. 사사기에서 길르앗 사람 용사 입다는 암몬 자손을 이기고 돌아오면 자신을 영접하는 첫 사람을 하나님께 바치겠다고 서원한 후에 전쟁에서 승리하게 된다. 그런데 돌아오는 그를 반긴 자는 바로 자신이 가장 사랑하는 딸이었다. 딸은 입다의 서원을 이해했고 이것은 여호와께서 입다를 위해서 한 일이라는 것을 고백하면서 하나님께 드려지는 제물이 된다(삿 11:29-40). 순교자의 죽음이 어떻게 희생이 되며 다른 이들에게 혜택을 줄 수 있는가를 다루면서 오리게네스는 사사기 11장에 등장하는 입다의 이야기를 언급한다. 오리게네스는 입다와 딸이 서원의 본질을 잘 이해하고 있었다는 것을 말한 후에 다음과 같이 주장한다: "인간을 구원하기 위해서 이런 종류의 희생제물을 바쳐야 하는 그 존재는 아주 잔인한 자라는 것을 이 이야기는 제시한다. 하나님의 섭리에 반해서 발생한 이 어려운 문제를 우리의 마음과 능력이 풀 수 있도록 요청하고, 그런 것들을 설명할 수 있어야 하며, 그런 것들이 신비이며 인간의 본질을 넘어서는 것이라는 것을 깨달을 수 있도록 요청한다"[Commentary on John VI.36, Anti-Nicene Fathers vol.9 (Peabody: Hendrickson, 1995), 377].

5. Anselm, Proslogion 2, Anselm of Caterbury: the Major Works, Oxford World's Classics (Oxford: Oxford University, 1998), 87.

6. 가능태(potentiality)보다 현실태(actuality)가 더 우월하다고 주장한 아낙사고라스의 주장을 아리스토텔레스는 그의 『형이상학』에서 소개하면서 그 논지를 따르고 있고 안셀무스도 이러한 그리스 철학의 논지를 따르는 것처럼 보인다[Aristotle, Metaphysics 12, 1072a5-9, The Complete Works of Aristotle: The Revised Oxford Translation, ed. Jonathan Barnes (Princeton: Princeton University, 1984), 1693-4].

7. Thomas Aquinas, Summa Theologiae Ia.2.2-3, St. Thomas Aquinas Summa Theologiae: Latin text and English translation, Introduction, Notes, Appendices and Glossaries (London: Eyre & Spottiswoode, 1964), 8-17. 제1운동이 움직임을 당하지 않지만 움직이게 하는 자(the Unmoved mover)라는

아퀴나스의 개념은 그리스의 철학자 아리스토텔레스에게 영향을 입은 사상이다: "그것들을 움직이게 하는 어떤 것이 존재하는 것이 틀림없다. 그리고 움직여지면서 움직이는 것은 중간적인 것이기 때문에 움직임을 당하지 않으면서 움직이게 하는 것, 영원한 것, 본질, 실재(현실태)가 존재한다"(*Metaphysics* 12, 1072a24-26, *The Complete Works*, 1694).

8. *Summa* Ia.2.3, *St. Thomas*, 14.

9. 신의 존재를 입증하려는 여러 시도가 있어왔다. 안셀무스의 존재론적 증명도 사실 그 내막을 살펴보면 여러 가지 주장이 함께 섞여 있고, 아퀴나스도 다섯 가지 방법을 제시했지만 그 속에는 몇 가지 다른 논지들이 포함되어 있다. 인간이 보편적인 도덕적 원리를 가지고 있다는 사실로부터 그 근원을 찾아서 신의 존재를 증명하는 도덕론적 논증도 있고, 우주의 질서 속에서 그 질서를 만드신 초월자의 존재를 입증하는 목적론적 논증도 있다. 이러한 논증들을 다시 크게 나누면 연역적 방법과 귀납적 방법으로 나누어볼 수도 있다. 잘 알려져 있다시피, 귀납적 방법은 인간과 하나님 사이의 유비가 가능해야만 타당한 논증이 될 것이고 연역적 방법은 전제 속에 신의 존재에 대한 암시와 정보를 미리 가지고 있지 않다면 새로운 정보를 창출해내기가 어렵다는 한계를 가진다. 이러한 신 존재 증명은 아직도 신학과 철학에서 계속 논의되고 있는 중요한 주제 가운데 하나다.

그러나 이런 논의가 가지고 있는 치명적인 결함은 '신의 존재'와 '신의 존재를 입증하는 진술' 사이의 간격이다. 이 간격 때문에 우리가 진행하는 신 존재 증명을 위한 논의 자체가 상당히 불합리할 수 있다. 신의 존재 유무는 신의 존재에 관한 것이고, 신의 존재를 입증하는 진술은 인간의 지적 능력에 관한 것이기 때문이다. 만약에 우리가 '신의 존재'와 '신의 존재 증명'이 서로 범주가 다르다는 것을 인정하게 되면 신 존재 증명이라는 논증 자체가 별 의미가 없어져 버린다. (1) 비록 신이 존재한다 하더라도 인간은 그 신의 존재를 입증할 수 없을 수도 있다. (2) 반대로 만약 신이 존재하지 않는다면 비록 우리가 만들어놓은 신 존재 증명이 아무리 논리적이고 타당하더라도 그것은 신의 실재를 올바로 반영하지 못한 '진술'이 되어버리고 만다. 우리들의 게임이요 우리들의 생각일 뿐이다.

혹은 신 존재 증명이 신의 존재와 깊이 연관되어 있다고 생각할 수도 있다. 신 존재 증명이 신의 존재를 올바로 설명하거나 반영한다고 생각할 수도 있다. 이럴 경우에는 신 존재를 증명하는 진술이 신의 존재 자체를 분석하거나 설명하는 것이 아니라(체험이나 객관적인 신의 현현이나 역사적인 사례나 계시 속의 신 존재를 그 자체로 지칭하고 설명하고 분석하는 것이 아니라) 반드시 제3의 어떤 사태나 매개를 통해서 신 존재 유무의 논지를 전개해야 한다. 그런데 '진술'과 '존재'를 잇는 매개 개념이나 사태가 존재해야 한다면 그 제3의 매개나 사태와 신의 관계, 제3의 매개나 사태와 신 존재 증명의 진술의 관계가 먼저 설정되어야 하는데 이것은 상당히 복잡한 일이 되어버린다. 토마스 아퀴나스의 신 존재 증명의 경우에도 '인과관계'와 '존재, 비존재'라는 제3의 사태를 먼저 분석하고 규명할 수 있어야 타당할 수 있다. 또 악의 존재로 인해서 신의 존재를 부정하는 것도 악이라는 제3의 사태를 통해서 신을 부정하는 것이 된다.

예를 들어, 영국의 철학자 데이비드 흄은 (1) 만약 하나님이 전능한데도 악이 존재한다면 하나님은 선하지 않고(악을 제거할 수 있는 능력이 있음에도 불구하고 여전히 악이 존재한다면 하나님은 선하지 않다), (2) 만약 하나님이 선하지만 악이 존재한다면(악을 제거할 수 없기 때문에) 하나님은 전능하지 않은데, (3) 악이 존재하기 때문에 전능하고 선하신 신은 존재하지 않는다고 주장했다[*Dialogues Concerning Natural Religion*, part X, ed. Richard H. Popkin (Indianapolis: Hackett, 1980), 63-66]. 이러한 주장에 대해서 알빈 플란팅가는 "악이 존재한다"는 진술과 "전능하고 선하신 하나님이 존재한다"는 진술이 서로 충돌하지 않도록 그 사이에 여러 가지 다른 진술을 삽입해서 이 문제를 해결하려 했다[*God, Freedom, and Evil* (Grand Rapids: Eerdmans, 1974), 12-29]. "흄의 논리는 논리의 문제이기 때문에 논리적으로 타당한가는 살피기만 하면 된다"고 플란팅가는 주장한다. 흄의 주장이 놓치고 있는 보다 본질적인 문제는 흄의 논리가 타당하려면 악과 하나님의 관계가 어떻게 되는가 하는 제3의 진술을 먼저 확정해야 그의 주장이 성립될 수 있다는 점이다. 하나님과 악의 관계가 어떻게 전개되느냐에 따라서 논지의 결과가 아주 달라진다. 하나님과 악이 무관하다면 악이 존재해도 하나님은 존재할 수 있다. 하나님과 악이 연관이 있지만 인간을 통해서 간접적으로 연관이 있다면 인간과 악의 관계, 인간과 하나님의 관계를 먼저 설정해야 악과 하나님의 관계를 규명할 수 있다. 하나님과 악이 직접적 연관이 있다면 어떻게 하나님과 악이 직접적 연관이 있는지를 또한 먼저 설명할 수 있어야 한다(예를 들어, 전능하지만 그 전능함을 스스로 억제하는 하나님, 선하지만 인간의 자율적인 선을 기대하는 하나님, 악을 통해서 세상의 죄를 심판하시는 하나님, 더 큰 선을 위해서 악을 부분적으로 허용하는 하나님, 악을 스스로 짊어지는 하나님 등등). 이렇게 신 존재 증명과 신 존재가 연관이 있다면 몇몇 다른 사태에 의존할 수밖에 없고 그 사태를 우리가 어떻게 해석하느냐에 따라 그 사태에 의존하는 신 존재 증명의 타당성이 결정된다. 문제는 논리적으로 신의 존재보다 더 우위에 있는 제3의 사태를 상정할 수 없기 때문에 그 어떤 제3의 사태를 가져오더라고 신의 존재를 결정할 수 있는 요소가 되지는 못한다는 점이다.

극단적인 경우에는 신 존재 증명이 마치 신 존재를 결정하는 관계에 있는 것처럼 생각할 수도 있다. 그러나 신 존재 증명이 가능하기 때문에 신이 존재한다고 주장한다면 인간이 바로 신의 창조자가 되어버리고 인간이 신보다 더 우월하다는 결과를 초래해서 자기모순에 빠진다. 종합해보면, '신의 존재'와 '인간의 신 존재 증명' 사이에 간격을 인정한다면 신 존재 증명이 무의미하고, 만약 깊은 연관성 속에 있다면, 우리의 지적 진술이 신의 존재 유무를 결정하기에는 상당한 무리가 따른다는 것을 알 수 있다. "신이 존재한다"는 **신의 실재**와 "신의 존재를 입증한다"는 **인간의 논리**에 관한 진술, 이 두 가지를 서로 연결한다는 것은 상당히 어려워 보인다.

10. 有生於無, 도덕경 40, 김상대『도덕경 강의』(서울: 국학자료원, 1996), 133.

11. 하나님이 스스로 자신을 낮추어서 우리에게 찾아오셨다는 견해는 칼뱅 사상의 중요한 특징 가운데 하나다. 칼뱅에 의하면, 하나님 자신은 무한하시지만, 우리의 마음이 그 광대무변한 영광에 압도되지 않도록, 그 측정될 수 없는 아버지께서 아들 안에서 유한하게 되셨고, 그 자신이 우리의 작은 척도에 맞추시어 낮아지셨다[patrem, qui immensus est, in filio esse finitum, quia se ad modulum nostrum accommodavit (『기독교강요』 II. 6. 4, *Institutes of the Christian Religion 1559*. ed. John T. McNeill and trans. Ford Lewis Battles. Philadelphia: Westminster, 1960), 347, *Corpus Reformatorum Ioannis Calvini opera quae supersunt omnia*. eds. G. Baum, E. Cunitz and E. Reuss, et al. vol. 30 (Brunsvigar, 1864), 252, 이하 CR로 표기]. 이레나이우스를 인용했다고 칼뱅 스스로 밝히고 있는 이 개념은 인간 마음의 한계를 가리키는 것과 함께, 그리스도의 성육신이 바로 하나님의 '낮추어 맞추심'이라는 존재론적 의미도 나타내고 있다. 칼뱅은 '낮추어 맞추심'(accommodation)의 개념을 라틴어 동사 accommodare, attemperare, submittere로 다양하게

표현한다. "칼뱅이 이 개념을 실제로 얼마나 넓고 깊게 자신의 신학에 적용하고 있는가?"라는 문제는 칼뱅 전문가에 따라서 견해가 다양하다. 칼뱅은 하나님이 교육적이고 목회적인 목적을 위해서 자신의 능력과 뜻을 인간에게 맞추시는 것과, 인간의 인식론적 한계로 인해서 인간에게 낮추어 오신 것을 의미하는 것으로 이 개념을 많이 사용한다. 이 개념 속에서 우리는, 무한의 전능한 능력(*potentia absoluta*)과 그 능력을 인간에게 맞추어서 사용하시는 하나님의 절제된 능력(*potentia ordinata*) 사이의 조화를 발견할 수 있고, 하나님의 의지의 개방성을 엿볼 수 있다[Jon Balserak, "Accommodatio Dei," in *The Calvin Handbook*. ed. Herman J. Selderhuis (Grand Rapids: Eerdmans. 2009), 376-377; 차재승, "캘빈의 포괄적 십자가 사상의 가치와 한계", 「신앙과 학문」 47 (2011), 259, 주3 참조].

12. "결론이 부분으로부터 전체로 타당하게 추론될 수 있는가? (부분과 전체가) 어울리지 않기 때문에 모든 비교나 추론이 불가능한 것은 아닌가? 머리카락의 성장을 보고서 우리는 인간의 번식에 관한 어떤 것을 배울 수 있는가?"(David Hume, *Dialogues*, part II, 19).

13. "그 대상이, 현재 논의하는 경우처럼, 유일하고, 개별적이며, 비교할 수 있는 대상이 없는 경우에 이러한 논증을 적절히 전개한다는 것은 설명하기 어려워 보인다"(David Hume, *Dialogues*, part II, 21).

14. Alvin Plantinga, *God and Other Mind: A Study of the Rational Justification of Belief in God* (Ithaca: Cornell University, 1990), 268.

15. Stanley J. Grenz, "Articulating the Christian Belief-Mosaic: Theological Method after the Demise of Foundationalism," in *Evangelical Futures: A Conversation on Theological Method*, ed. John G. Stackhouse, Jr. (Vancouver: Regent College, 2000), 109-119. 그렌츠는, 철학이 더 이상 불변의 정초(foundation)로부터 시작하지 않는 다는 것을 설명하면서 신학에서도 이러한 정초가 무너졌다는 것을 받아들인다. "왜 철학의 정초가 무너지면 신학도 정초가 무너졌다고 해야 하는가?"를 설명하지 않고 당연한 전제로 받아들인다. 그러나 철학은 단 하나의 텍스트를 가지고 있지 못하지만 신학은 단 하나의 그 텍스트(The Text)를 가지고 있다. 이 단 하나의 텍스트를 "어떻게 이해하고 해석해서 신학이라는 하나의 학문의 그 어떤 흔들지 않는 정초를 세울 것

인가?" 하는 문제에 있어서는 철학과 공유하는 점들이 많지만, 신학은 분명히 단 하나의 텍스트를 가지고 있고 그 텍스트가 계시라는 점에서는 철학과 분명히 구분되어야 한다.

16. 이 논의는 라오디케아의 아폴리나리우스(약 주후 310-390)에 의해서 촉발되었는데, "로고스와 그리스도의 육이 얼마나 완전하게 결합되었는가"를 강조하고 '로고스가 인간의 구원의 주체'라는 것을 밝히기 위해서 "로고스가 인간의 영혹은 이성의 부분을 차지했다"고 주장하게 되었다[Richard A. Norris ed. and trans., *The Christological Controversy* (Philadelphia: Fortress, 1980), 103-111]. 그러나 그의 주장은 예수님의 인성이 인간의 영, 혹은 이성을 가지지 못한 인성이요, 따라서 완전하지 않다는 것으로 이해되고 귀결되었다. 사실 그는 기독교 신앙의 뼈대를 놓은 아타나시우스와 친분이 있었기 때문에 아타나시우스와 신학을 많이 공유했을 것이라고 추측할 수도 있고, 또한 콘스탄티노플 공의회(381)에서 파문된 후에 그의 저작 대부분이 파손되었기 때문에, 그의 진의와 주장의 내용을 정확히 알기는 어렵다. 아폴리나리우스의 이런 주장에 대해서 나지안조스의 그레고리우스(약 주후 329/30-389/90)는 그리스도의 인성이 완전한 인성이어야 함을 주장하면서 이를 비판했지만, "(예수님이) 성육신하지 않은 (인간의) 부분은 치료(구원)받지 못한다"(The unassumed is the unhealed, ἀπρόσληπτον ἀθεράπευτον, *quod assumptum non est, curationis est expers*; *Letter on the Apollinarian Controversy* 101.5, *On God and Christ, Popular Patristics Series* 23.158, *MPG* 37.181C10, 182C10-183A1)라는 견해를 근거로, 인간의 구원의 필연성이 그리스도의 본성을 결정한다는 그 유명한 주장을 펼쳤다[*Letter on the Apollinarian Controversy* 101, *Nicene and Post-Nicene Fathers 2* vol.7 (Peabody: Hendrickson, 1999), 440]. 핵심적인 논리를 살펴보면: (1) 만약 예수님이 인간의 인성 가운데 일부만을 취하셨다면, 인간은 예수님이 취하신 일부만 구원받을 수 있다. (2) 그러나 인간은 전 인격이 구원받아야 한다. (3) 따라서 그리스도의 인성은 인간의 전 인격을 다 취하셨다. 오늘날까지도 이러한 주장이 되풀이되고 있지만 이 주장은 분명히 한계를 가진다. 구원론과 기독론이 뒤섞여버렸고, 필연성과 본성에 대한 서술이 혼동되었다. "그리스도가 누구신가?"라는 질문은 "인간이 구원받아야만 한다"는 당위성에 의해서 결정될 수 있는 주제가 아니다.

17. *De Incarnatione* 20, Athanasius, *Contra Gentes and De Incarnatione*, ed. and trans. Robert W. Thomson (Oxford: Oxford University, 1971), 182. 여기서 아타나시우스는 육으로 나타나셨다는 것이 가지는 의미를 네 가지로 요약한다: 창조주 그리스도가 부패한 것을 부패하지 않도록 하고, 성부의 진정한 형상이 인간에게서 하나님의 형상을 재창조하며, 생명 그 자체인 주 예수 그리스도께서 죽을 수밖에 없는 것을 죽지 않게 하며, 우주에 질서를 부여하는, 성부의 유일한 독생자 로고스께서 성부에 대해서 가르치고 우상을 없애버리신다 (*De Incarnatione* 20, *Contra Gentes* 183). 이렇게 아타나시우스는 성육신 그 자체가 인간에게 구원이라는 현대적인 사상의 초석을 놓았을 뿐만 아니라, 그리스도의 인성이 성육신과 관계하는 포괄성을 다채롭게 전개시키고 있다.

18. 기독교 역사는 "예수님의 인성이 과연 무엇인가?"라는 질문에 충분히 주목하지 못했다. 만약 우리와 아주 동일한 인성만을 강조하면, 인성과 신성의 간격이 멀어져버린다. 이럴 경우에는 그리스도의 인성이 점점 더 신성과 하나 되어간다는 안디옥 학파의 견해를 따르거나, "신성이 과연 정말로 인성과 연합한 것인가?" 하는 의문을 가지게 된다. 따라서 우리는 예수님의 인성은 우리와 아주 동일한 한 측면과 우리와 다른 고유한 인성, 즉 두 측면을 가지고 있다고 이해하는 것이 더 좋다. 고백자 막시무스는 예수님의 인성을 세 측면(우리와 동일한 인성, 주님으로서의 인성, 신성한 의지와 하나 된 인성)으로 이해했지만, 자신의 주장을 더 이상 전개하지는 않았다[*Opusculim 6, On the Cosmic Mystery of Jesus Christ: Selected Writings from St. Maximus the Confessor*, trans. Paul M. Blowers and Robert Louis Wilken (Crestwood: St. Vladimir's Seminary, 2003), 174].

예수님의 신성도 단선적인 것만은 아니다. 우리가 기대하고 예측할 수 있는 신성이 있고, 우리가 감히 예상치 못하는 신성도 있다. 십자가에서 돌아가신 그리스도의 신성은 우리가 예측하지 못한 신성이다. 전통적으로 신성은 불변하기 때문에 십자가에서 죽을 수 없다고 주장해왔지만 이것은 우리가 예측하고 정의하는 신성의 특성일 뿐이다. 중보자 예수 그리스도의 신성은 우리가 예측조차 못하는 신성을 가지고 계시고 그 신성의 참 모습이 십자가에서 고난으로 드러났다. 이렇게 그리스도의 신성과 인성을 각각 두 측면이 있는 것으로 이해하면, 우리는 안디옥 학파와 알렉산드리아 학파, 개혁교회와 루터교의 기독론 논쟁을 포괄적으로 수용할 수 있는 이점을 가지게 된다. 이렇게 그리스도의 신성과 인성을 여러 측면으로 분석한다는 것은 분석한 후에 어떤 특정한 것을 선택해야만 한다는 것을 의미하는지는 않는다. 분석은 선택을 강요하기보다는 풍부함을 드러낼 수도 있다. 모든 것을 자신에게로 모으신 예수님이 우리가 예수님을 이해할 때 발생하는 여러 측면의 긴장과 갈등을 화해시킬 것이다. 그리스도는 기독론의 파괴자이자 화해자이시다.

19. 일반적인 해석법을 따라서, 예수님이 최후의 만찬을 통해서 성찬을 선포하신 것이라고 간주해보자. 성찬에서 우리가 먹고 마시는 떡과 포도주는 그리스도의 몸과 피를 나타낸다. 성찬이 그토록 중요한 이유는 우리가 성찬에 참여할 때 어떤 형식으로든지─상징적으로, 문자적으로, 신체적으로, 영적으로, 참으로 (vere)─그리스도께서 우리와 함께하시고 우리가 그리스도의 몸과 피를 먹고 마신다는 점이다. 그런데 그리스도께서 십자가에서 돌아가신 그 몸과 피를 먼저 설정하지 않고서는 성찬 자체가 성립이 되지 않는다. 십자가의 죽음이 없다면, 떡과 포도주가 그리스도의 몸과 피가 될 수 있는 그 어떤 근거도 찾을 수 없다. 혹은 "떡과 포도주는 바로 내 자신을 상징할 뿐이다"라는 말씀으로 이해해야 하는데 유대의 문화적인 환경에도, 인간의 일반 정서에도 떡과 포도주가 어떤 인간을 상징한다는 것은 도저히 이해 불가능한 메타포다. 십자가의 죽음이 없다면 성찬에서 우리가 그리스도의 몸과 피를 먹고 마신다는 것을 이해할 수 있는 구체적인 단서가 없는 것으로 보인다. 다시 말하면 최후의 만찬이 성찬을 우리에게 가르치신 것이라고 이해해도 성찬의 원형이 바로 십자가의 죽음이다.

칼뱅은 바로 이점을 깊이 주목해서 성례(the Sacraments)는 깨끗하게 함과 구원과 거룩하게 함의 증거인데 이 모든 신비는 놀랍게도 그리스도의 십자가에서 드러났고(*Institutes* IV.14.22), 특히 생명의 떡을 우리가 먹는다고 예수님이 천명하셨기 때문에 이것을 행함으로써, 성례는 우리를 그리스도의 십자가로 보낸다(*ad Christi crucem mittere*)고 주장했다(*Institutes* IV.17.4). 성례가 우리를 그리스도의 십자가로 보낸다면 그리스도의 죽음이 성찬의 원형(archetype)이고 성찬에서 우리는 성찬의 원형인 십자가에 참여한다. 예수님이 최후의 만찬에서 성찬을 선포하신 것이라고 간주해도 이미 그 성찬의 내용은 십자가의 죽음을 전제로 하고 있다. 이런 점에서, 우리가 최후의 만찬에서 예수님이 하신 선포를 성찬을 가르치신 것이라고 해석해도, 결국에 예수님은 자신의 죽음의 실재에 대해서 선포하고 계시다는 전제를 먼저 가져야만 그 해석이 가능해진다. 예수님은 최후의 만찬에서 무엇보다도 자신의 죽음에 대해서 선포하신 것이다.

20. Abraham van de Beek, *Jezus Kurios: Christologie als hart van de theologie* (Kampen: Kok, 1998), 253.

21. 초기 교부 가운데 니사의 그레고리우스(*The Great Catechism* 24), 대 그레고리우스(*Morals on the Book of Job* 33.7), 다마스쿠스의 요한(*Exposition of the orthodox Faith* III.27) 등이 낚시의 비유를 생생하게 묘사하면서 그리스도의 죽음과 연관시키고 있다. 루터는 「창세기 강해」(*LW* 5.150-151), 「갈라디아서 강해」(*LW* 26.267)에서 이러한 비유를 사용하고, 「히브리서 강해」(*Luther: Early Theological Works*, The Library of Christian Classic, vol. 16 (Philadelphia: The Westminster, 1962), 59-60]와 「탁상담화」(*Tischreden* 197, database on-line, http://www.ccel.org)에서 욥기서를 성경의 근거로 언급한다.

22. 일반적으로 중세의 신학자 안셀무스는 이러한 구도를 비판하고 충족(*satisfactio*)이라는 개념을 사용하면서 '하나님과 사탄'의 관계를 '하나님과 인간'의 관계로 돌려놓았다고 평가받는다. 우리는 간혹 이렇게 십자가론들을 단순화시켜서 초기 교회는 사탄과의 구도로, 중세는 인간과의 구도로 이해하기를 즐긴다. 이렇게 신학을 단순화시켜 놓으면 신학도 우리의 본능의 노예가 된다. 복음은 단순하지만 도대체 그 복음에 대한 이해치고 단순한 것은 단 하나도 없다. 초기 교회 신학자들이 십자가에 대한 해석을 '하나님과 사탄'의 관계로 이해한 것은 아주 다양한 여러 이해 가운데 하나였을 뿐이다. 초기 교회에도 형벌적 대속론이 주된 십자가 이해로 등장했고, 참 지식이 드러남, 교환의 논리, 희생제사의 논리, 윤리적인 모범의 논리, 사랑의 실현 등 다양한 이해가 존재했다. 중세에도, 심지어 안셀무스 자신도 사탄과의 구도를 완전히 배제한 것은 결코 아니었다. 중세에 도덕적 모범론을 주장한 것으로 알려져 있는 피에르 아벨라르에게서도 희생적 대속론이 함께 등장하고, 피에르 아벨라르가 반대한 안셀무스에게도 도덕적 모범론이 등장한다. 루터의 경우는 더 복잡하다. 교환의 개념, 충족의 개념, 용서의 개념 등이 복합적으로 등장하고 있어서 윤리적 모범론만 약할 뿐이지 상당히 다양한 모티브들이 루터에게 공존한다. 신학자들이 몇몇 패러다임을 구체적으로 누구누구에게 연결시키는 이유는 그들에게서 그러한 강조점이 발견된다는 것을 의미할 뿐이다. 이것은 한편으로는 십자가의 실재가 대단히 풍

요롭고 깊이 있음을 의미하기도 하지만, 다른 한편으로는 십자가의 실재가 개개 신학자의 지성과 학문이 담을 수 있는 범위를 훨씬 능가한다는 것을 반증하기도 하다. 누가 어떤 십자가 사상을 전개했는가 하는 주제는 앞으로 출판될 『7인의 십자가 사상』(새물결플러스 출간 예정)에서 보다 더 전문적으로 다룰 것이기 때문에 여기서는 정확한 출처를 밝히지 않고 이러한 간략한 개괄로 갈음한다.

23. *LW* 25.148, *LW* 26.284.

24. Paul Ricoeur, *Figuring the Sacred: Religion, Narrative, and Imagination*, ed. Mark I. Wallace, trans. David Pellauer (Minneapolis: Fortress, 1995), 161. 편집자인 월리스는 이 책의 서문에서 "성경이라는 텍스트에 관한 해석이 아니라 텍스트 안에서(in the text), 텍스트로부터(through the text)의 해석"이 리쾨르가 강조한 점이라고 밝혔다. 그는 또 이러한 접근법을 삶의 자리(Sitz-im-Leben)를 넘어서서 말씀의 자리(Sitz-im-Wort)를 통한 이해라고 해석했다["Introduction" in *Figuring the Sacred*, 24, 참조, F.-X. Amhert, "The Hermeneutics of Paul Ricoeur: Implications for Homiletics and Practical Theology," in *Paul Ricoeur: Poetics and Religion*, ed. J. Verheyden et al. (Leuven: Uitgeverij Peeters, 2011), 171.

25. Anselm, *Why God became Man* I.5, II.16, *A Scholastic Miscellany: Anselm to Ockham*, ed. Eugene R. Fairweather (Philadelphia: Westminster), 106, 166, *Virgin Conception and Original Sin*, 1, 15, *Anselm of Canterbury*, 359, 374. "인간은 죄 덩어리다"라는 용어와 개념은 교부 암브로시아스터의 로마서 5장 12절 주석과 아우구스티누스의 설교 26에서 이미 나타난다(*A Scholastic*, 106, 주13, 참조, Augustine, *On Nature and Grace* 5). 원죄와 개인적인 자범죄를 다 받아들이는 안셀무스의 '죄에 대한 이론'은 상당히 복잡한데, 그는 "죄의 무게가 얼마나 무거운지 너[안셀무스의 대화 상대자 보소]는 아직 제대로 고려하지 못했다"는 명구를 남기며, '하나님 앞에서 인간의 죄'가 얼마나 심각한지를 다룬다(*Why God*, I.21, *A Scholastic*, 138-9). 안셀무스는 흥미롭게도 이 문제를 예수님의 '죄 없음'과 연결해서 논의를 진행한다. 한편으로는, 죄란 행동이나 일과 같은 어떤 '실체'라기보다는 '나쁜 의지'이기 때문에 의지가 존재하지 않는 유아상태는 죄가 없다고 할 수 있고, 다른 한편으로는 유아가 인간이 되면 반드

시 죄를 저지를 것이기 때문에 그 죄의 '필연성'으로 인해서 이미 죄가 그들에게 있다고도 할 수 있다(*Virgin Conception*, 15, *Anselm of Canterbury*, 374). 그런데 이런 필연성이 없는 예수님은 죄 없이 수태되었다고 할 수 있다. 더욱이 처녀 수태의 시점에서 보면 예수님의 죽음이 미래에 발생할 것이지만, 이 미래에 발생할 죽음(future death)이 이미 마리아를 깨끗케 하기 때문에 예수님은 원죄 없이 태어났다고 안셀무스는 주장한다(*Why God*, II.16, *A Scholastic*, 169). 안셀무스의 죄 덩어리라는 표현과 유사하게, 머리부터 발끝까지 인간의 모든 부분이 죄로 압도되었다는 것을 표현하기 위해서 인간은 '대홍수'(*diluvio*)에 빠진 것과 같다고 칼뱅은 생생하게 묘사한다(*Institutes* II.1.9, CR 30.184).

26. 내가 쓴 논문 "캘빈의 포괄적 십자가사상의 가치와 한계", 「신앙과 학문」 47 (2011), 255-284은 칼뱅의 형벌적 대속론이 어떤 점에서 직접적 유형인지를 다루고 있다.

27. Hendrikus Berkhof, *Christian Faith: An Introduction to the Study of the Faith*, trans. Sierd Woudstra (Grand Rapids: Eerdmans, 1979), 133-140.

28. *Peri Pascha* 46.25-47.9, Origen, *Treatise on the Passover and Dialogue of Origen with Heraclides and His Fellow Bishops on the Father, the Son, and the Soul*, trans. Robert J. Daly (New York: Paulist, 1992), 54.

29. *Peri Pascha* 13.1-32, *Treatise on the Passover*, 34-5.

30. *On Pascha* 103, Melito of Sardis, *On Pascha and Fragments*, ed. Stuart G. Hall (Oxford: Oxford University, 1979), 58-9.

31. *On Pascha*, 8-17.

32. "그가[그리스도께서] 그의 아버지 그리고 우리의 아버지께 올라간다고 말하는 두 번째 부분에는, 그와 우리 사이에 하나의 다양성이 있다; 왜냐하면 그는 본성상 하나님의 아들이지만 우리는 오로지 양자 삼음에 의한 아들들이기 때문이다"[요한복음 주석 20:17, John Calvin, *Commentary on the Gospel according to John*, vol 2, The Calvin Translation Society (Grand Rapids: Baker, 1998), 263].

33. 아리스토텔레스 이후로 오랫동안 서양 철학은 의지나 관계보다 본질을 우선시해왔다[Leron Shults, *Reforming Theological Anthropology: After the Philosophical Turn to Relationality* (Grand Rapids: Eerdmans, 2003), 12-

32]. 본질은 불변하지만 의지는 가변적이라는 이유 때문일 것이다. 그러나 성경 속에 녹아 있는 기독교 사상은 이러한 이원론적 사고를 넘어선다. 약속, 의지, 초청이 십자가의 '본질과 실체'를 이룬다.

34. Origen, *Commentary on the Gospel of John* 10.12 [*Ante-Nicene Fathers*, eds. Alexander Robert and James Donaldson, vol. 9 (Peabody : Hendrickson, 1995), 389 이하 *ANF*로 표기], *Commentary on the Gospel of Matthew* 12.25 (*ANF* 9.464).

십자가, 그 신비와 역설

예수님은 자신의 십자가 죽음을 어떻게 이해하셨는가?

Copyright © 차재승 2013

1쇄발행_ 2013년 3월 20일
2쇄발행_ 2015년 9월 18일

지은이_ 차재승
펴낸이_ 김요한
펴낸곳_ 새물결플러스
편 집_ 왕희광·정인철·최율리·박규준·노재현·최정호·최경환·한바울·유진·권지성
디자인_ 이혜린·서린나·송미현
마케팅_ 이승용
총 무_ 김명화·최혜영
영 상_ 최정호

홈페이지 www.hwpbooks.com
이메일 hwpbooks@hwpbooks.com
출판등록 2008년 8월 21일 제2008-24호
주소 (우) 158-718 서울특별시 양천구 목동동로 233-1(목동) 현대드림타워 1401호
전화 02) 2652-3161
팩스 02) 2652-3191

ISBN 978-89-94752-37-2 03230
책값은 뒤표지에 있습니다.